나는 매년 책을 쓰기로 했다

나는 매년 책을 쓰기로 했다

초판 인쇄 | 2023.9.8
초판 발행 | 2023.9.15

지은이 | 변은혜
디자인 | 사라
발행인 | 변은혜
발행처 | 책마음

출판 등록 | 2023.01.04 (제 2023-1호)
주 소 | 원주시 서원대로 427, 203-1401
전 화 | 010-2368-5823
이메일 | book_maum@naver.com

값 16,800원
ISBN | 979-11-981676-8-2

본 책은 저작자의 지적 재산으로서 무단 전재와 복제를 금합니다.

나는 매년 책을 쓰기로 했다

변은혜 지음

책마음

프롤로그

쓰면 특별해진다

누구나 글을 쓰는 시대가 왔다. 그리고 누구나 책을 쓸 수 있는 시대가 되었다. 소수의 기득권층만 읽고 쓰는 시대는 지나갔다. 디지털의 발달로 우리 손에 쥐어진 작은 도구들은 어디에서든 누구든 자신의 목소리를 낼 수 있는 통로가 되었다. 여성인지 남성인지, 아이이든 어른이든, 젊든 나이가 들었든, 상사이든 직원이든, 이제 수평으로 촘촘히 연결된 네트워크는 우리의 목소리를 평준화시켰다. 진정한 민주주의 시대가 도래할 수 있는 시스템이 갖추어진 것이다. 물론 이에 따라 혼란과 부작용도 만만치는 않다. 익명성의 댓글, 거짓 뉴스의 범람은 오히려 수많은 사람을 소리소문없이 죽이고 있다.

그런데도 역사를 통틀어서 이렇게 누구나 읽고 말하고 쓸 수 있는 시대가 있었을까? 오히려 너무나 많은 플랫폼과 도구들로 우리의 메시지가 응집되지 못하고 흩어져 있는 것은 아닌지 걱정된다.

퇴직 후 첫 책을 썼다. 수년을 읽기만 하는 사람이었다. 그러나 대학원을 다닐 때 한 교수님이 지나가는 말로 "책 한 번 써 보지?"라는 말에 "제가 무슨 책을요. 저는 너무 평범한 사람인데요."라고 대답했었다. 그렇게 책을 좋아했으면서도 한 번도 내가 저자가 되기를 탐한 적이 없었다. 그 후 몇 년 동안은 그 말이 내 안에 씨앗처럼 심어졌는지 언젠가부터는 나도 책을 쓰고 싶다는 은밀한 욕망이 움트고 있었다. 그 욕망이 올라올 때마다 내 안에 익숙한 목소리는 새로운 목소리를 지우고 늘 습관처럼 살아갔다.

도저히 참지 못하던 날, 첫 책을 쓰게 되었다. 첫 책을 손에 쥐던 날, 얼마나 많은 독자가 생기는지를 떠나 내 이야기가 조금이나마 세상에 노출된다는 생각에 잠시 설레이기도 했고, 깊은 희열도 느꼈다. 한편 잠시 지웠던 자기 검열이 다시 작동하기도 했다.

첫 책을 썼다고 해서 특별한 일은 일어나지 않았다. 그러나 그 특별한 일은 가장 먼저 나에게 일어났다. 인생의 한 편을 정리했다는 편안함, 현재에 우뚝 서 있는 듯한 느낌, 미래를 향해 더 전진할 수 있을 것만 같은 희망을 내 손에 쥐었다. 그리고 느껴지는 특별하다는 감각이 내게는 참 오랜만이었다.

나는 참 오랫동안 낮은 자존감으로 인한 깊은 슬픔과 수치심, 우울감이 내 존재 전반에 드리워진 사람이었다. 바쁘고 싸움이 잦았던 부모님 사이에서 안전하고 물질적으로는 부족함 없이 자랐지만 섬세한 돌봄의 손길은 받지 못했다. 스무 살이 되고 난 후 주위에 사람이 늘 가득했지만 내 존재는 텅 비어 있었고 허무했고 늘 괜찮은 척 포장하며 살았다.

졸업 후 대학생들의 성장을 돕는 일을 했고, 매우 이른 나이에 지역의 작은 단체 대표역할도 맡았지만 늘 충만하지는 않았다. 내가 믿고 배우고 싶은 여성 리더십 모델도 부족했다. 그때마다 나는 책으로 달려갔다. 거기서 위로를 얻었고, 희망을 얻었고, 일어설 힘을 얻었다. 그렇게 독서로 내 존재가 단단해진 20여 년의 시간이었다. 그리고 퇴직했다. 그 단단함이 내 존재 어딘가에 있었지만, 무엇인가 부족함을 느꼈다.

첫 책을 내고 지역 도서관 팀장을 만나게 되었다. 이달의 작가로 선정해서 홍보해 주기로 했었다. 그 뒤의 몇 가지 대화가 오갔다. 일터를 떠나니 나의 과거의 경력이 그리 유용하지도 딱히 내세울 만한 것도 없음을 직면했다. 책 한 권 홍보하는데 나의 지난 이력들이 낱낱이 필요했다. 상을 받거나 살아온 이력들을 모조리 원했다.

나를 노출하는 것을 그리 좋아하지는 않았기에 모든 것을 드러내야 하는 것에 굉장한 불편함을 느꼈다. 그리고 들려오는 한마디, 작가님의 무엇을 믿고 우리가 홍보해 드릴 수 있겠냐는 것이었다. 증명을 요구했다. '그렇지, 세상은 나를 모르지. 지난 일터에서만 나를 조금이나마 알아줄 뿐이지, 일터를 떠나니 나는 아무것도 아니었던 거야.' 나는 나를 새롭게 증명해야만 했다.

책을 쓰고 투고하는 과정은 쉽지 않았다. 평범한 학벌과 스펙을 가진 내가 겨우 책 한 권 내기 위해 투고하고 기다리는 과정은 회사에 입사하듯 나를 증명해 내야만 할 거 같은 압박감을 주었다. 책을 팔아야 살아남는 출판사도 저자들의 SNS 활동을 강력히 지지하고, 마케팅할 줄 아는 저자를 찾는다. 독자가 줄고, 출판 시장도 어렵기 때문에 이 모든 것을 충분히 이해한다. 그러나 그런 과정들이 나에게는 맞지 않는 옷을 입은 것 같았다.

취업을 앞둔 졸업생들의 마음이 느껴져 왔다. 수많은 학점과 상장 등의 스펙으로 자신을 증명하기 위해 바쁘게 뛰어다니는 대학생들이 떠올랐다. 얼마나 힘들고 외로웠을까. '나를 증명해야만 하는 시대구나. 책 한 권 썼다고 나를 알아주지 않는구나.' 세상이 그러함을 알고 있었지만 한 번 더 인지하게 되는 시간이었다. 나는 이미 단단해져 있었기에 이 모든 상황이 상처로 다가오지는 않았지만, 내 맘에 질문으로 계속 남아 있었다. 22년 머물렀던 일터를 떠났다. 아무도 나를 모른다. 이 나이에 조직에 들어가기도 힘들 뿐만 아니라 들어갈 마음이 조금도 없었다. 그러면 이제 나는 어떻게 살아가야 하나.

나를 증명하기 위해 청춘들처럼 1부터 스펙을 다시 쌓아가야 할까.

첫 책을 쓰고 난 후 이 질문에 대한 답을 내리지 못해 난 매일 했던 SNS 활동도 책쓰기도 6개월 동안 잠시 중단했다. 두 번째 책을 곧이어 쓰고 싶었던 마음의 동기도 꺾였다. 나를 증명하기 위해서만 책을 쓴 것이 아니었는데 내가 추구하는 삶의 방식과 이유와는 이 세상이 너무 배치되었다. 그러나 각 사람은 살아갈 이유가 있다. 그 사람만이 살아내야 할 소명이 있다. 그저 고립되어 혼자 자기 삶만을 보듬으며 살아가기에 우리 각 인생이 그리 작지 않다.

6개월의 은둔 후 다시 조금씩 세상에 나와 얼굴을 내 비추었다. SNS에서 연결된 사람들이 가끔 안부를 묻기도 했었는데, 다시 보이니 아무렇지 않게 인사를 건네 왔다. 나는 다시 써야만 하는 사람이었다. 세상은 끊임없는 증명을 원했지만, 내 삶의 의미는 거기에만 있지 않았다. 무엇보다 씀으로 나를 들여다보고 나를 발견해가는 그 시간에서 무한한 기쁨을 느꼈다. 단어 한 조각, 문장 하나하나를 다듬는 과정에서 나는 지치고 곤한 내 영혼을, 삶을 보듬는 기분을 만끽했다. 그리고 그런 글쓰기를 사람들에게 알려주고 싶었다.

꼭 유명해야만 책을 쓸 수 있을까? 전문직을 갖고 있어야만 책을 쓸 수 있을까? 나같이 평범한 사람은 책을 쓸 수 없을까? 모든 사람이 글을 쓰는 시대인데 누구나 쉽게 책을 쓰고 출간도 할 수 있으면 얼마나 좋을까? 글 쓰는 것도 힘든데 투고하고 거절 받는 긴 시간을 기다려야 할까? 꼭 베스트셀러가 되어야만 할까? 책을 쓰는 모든 사람이 유명해지고자, 베스트셀러 작가가 되기 위해서만 쓰지는 않을 것 같다. 나처럼. 물론 많은 독자에게 자신의 이야기가 가 닿는다면 이것만큼 보람된 것은 없겠지만 말이다.

그리고 알게 되었다. 글을 쓰는 매체가 다양하듯, 출판의 통로도 다양해졌다는 것을. 누구나 조금의 공부와 기술을 습득하면 무료로도 출간할 수 있는 길이 열렸다. 그저 글을 쓰고 싶고, 책을 쓰고 싶은 사람들의 마음을 알아주듯 사회는 이 모든 시스템을 갖추고 있었다. 글을 쓰기만 하면 되었다. 다시 접었던 마음을 일으켜 세웠다. 그래 보통 사람의 글쓰기를 해야겠다. 나 같은 평범한 사람도 글을 쓰며 지나온 세월을 보듬으며 치유를 경험하고 미래를 향해 나아갈 힘을 경험하는 책쓰기를 해야겠다고.

이젠 취향의 시대다. 작은 취향도 쓰면 특별해진다. 우리의 작은 이야기를 책에 담으면 작품이 된다. 누구나 책을 낼 수 있다. 많은 이들이 함께 글을 쓰다 보면 이런 하소연을 한다. "내 이야기는 너무 평범해요.", "그냥 일기 같아요." 그런데 아니다. 내가 읽어보면 그들의 이야기가 너무 특별하다. 절대 작지 않다. 그 이야기가 자신에게는 너무 익숙해 있을 뿐이다. 아무도 살아보지 못한 인생이다. 비슷한 듯 보여도 우리의 인생은 모두 다르다. 똑같은 인생은 하나도 없다. 자신을 믿고 쓰는 것이 중요하다. 누군가 말했듯이 책은 문맹이 아니면 누구나 쓸 수 있다. 자신을 믿고 써라. 부정적이든 긍정적이든 모든 경험은 가치가 있다. 글을 쓰면서 그것을 수용하고 받아들이는 경험을 하게 된다. 그러니 자신이 살아온 이야기를 믿고 써라.

소설 《작은 아씨들》의 조는 이렇게 푸념을 털어놓는다.

"내 이야기는 글로 쓸만하진 않은 것 같아."

이 말을 들은 동생 에이미가 답변을 내 놓는다.

"쓰지 않기 때문에 중요해 보이지 않는 거야. 계속 쓰면 중요해진다니까."

이 책은 나 같이 보통 사람의 책쓰기를 돕기 위해 썼다. 그들이 용기를 가지고 쓸 수 있도록 돕고 싶었다. 현재 독서 코칭뿐 아니라 글쓰기 기초 클래스, 공저 프로젝트, 100일 책쓰기 클래스를 진행하며 여러 사람을 만나고 있다. 막연히 책을 쓰고 싶다는 마음 하나로 조심스레 문을 두드렸던 그들의 얼굴이 떠오른다. 나의 몇 년 전 모습과 흡사하다. 그들에게 용기를 건네기 위해, 계속 쓰자고 말하고 싶어서 이 책을 썼다. 평범한 듯하지만 쓰면 특별해지는 이 기적의 과정으로 여러분을 초대한다.

변은혜

목차

프롤로그 쓰면 특별해진다 • 4

1장 책쓰기에 대한 오해

내 평범한 이야기도 책으로 낼 수 있나요? • 14
유명한 사람만 책을 낼 수 있나요? • 18
누구나 저자가 되는 시대 • 23
내 삶의 재료는 누군가에게 희망이 된다 • 27
책을 쓰려면 글을 잘 써야 하나요? • 31

2장 쓰면 특별해지는 10가지 이유

치유 : 쓰는 순간 달라진다 • 38
발견 : 최고의 나를 찾아간다 • 42
역사 : 삶의 뿌리가 되는 기록 • 45
성장 : 탁월함으로 가는 여정 • 47
독립 : 내가 주인이 되는 길 • 49
수련 : 함부로 살지 않겠다는 다짐 • 54
자존감 : 쓰면 단단해진다 • 56
고령화 : 평생 현역으로 살아가기 • 60
브랜딩 : 나는 브랜드가 되기로 했다 • 63
메신저 : 지식과 경험이 책이 된다 • 67

3장 누구나 저자가 되는 책 기획법

나만의 주제를 찾는 법 • 74
책 기획할 때 제일 중요한 이것 • 81
나만의 콘셉트를 차별화하는 법 • 86
매력적인 목차 만드는 방법 • 91
출간 기획서는 네비게이션 • 95
본격 원고 쓰기 • 104
모든 초고는 쓰레기다 • 110
공저로 책 출간 도전하기 • 117
누구나 저자가 되는 출판 방법의 비밀 • 122
나만의 출판사를 찾는 법 • 129

4장 누구나 저자가 되는 글쓰기 레벨업

글쓰기에 대해 하고 싶은 말 • 138
글쓰기의 쓸모 • 146
원고를 완성하는 비법 • 152
글이 산으로 가게 하지 않기 위해 중요한 이것 • 154
쓰기 위해 읽어야 한다 • 156
글은 글쓰기 책으로 배울 수 없다 • 161
싱싱한 글감을 찾는 방법 • 165
하루 한 페이지 100일이면 충분하다 • 172
일기 같은 글도 에세이가 될 수 있을까? • 176
챗GPT가 인간의 글쓰기를 능가할 수 있을까? • 180
계속 써라 • 183

5장 환경설정은 너무나 중요해

작가라는 이름 • 190
실패로 가는 지름길 • 196
미루기의 달인 • 202
생산적인 글쓰기 루틴을 위한 세 가지 필수 기술 • 206
망하는 책쓰기의 7가지 원인 • 209
시스템이 책을 쓰게 한다 • 214
슬기로운 슬럼프 대처법 • 219
읽고 쓰며 책도 만들고 있습니다 • 227

6장 책만 쓰면 끝이 아니다

출간 후가 진짜 시작이다 • 236
출간 후 마케팅 전략 A~Z까지 • 240
마케팅을 열심히 해야 하는 이유 • 254
책쓰기로 나만의 비즈니스 창조하기 • 257
한 권 출간하면 두 번째부터는 쉽다 • 261

에필로그 나도 책 한 권 써 볼까요 • 264
100일 책쓰기 클래스 • 266

최고의 자기 계발은 독서가 아니라 책쓰기다. 책을 쓰는 과정에서 엄청난 공부가 된다. 그 분야를 좋아하는 사람은 이런저런 자료들을 조사하고 정리하면서 내가 좋아하는 분야의 더 깊은 맥락들을 이해하고 체계를 잡아갈 수 있다. 이미 그 분야의 전문가라도 그 주제를 정리하고 엮는 과정에서 더 체계가 잡히고 흩어져 있던 구슬이 꿰어지며 내공을 탄탄히 쌓아가게 된다. 책쓰기는 평범한 사람이 전문가로 탁월함으로 가는 여정이다.

1장

책쓰기에 대한 오해

내 평범한 이야기도
책으로 낼 수 있나요?

> 글을 쓰는 것은 두렵지만 숭고한 작업이다. 치유의 효과를 가지고 있지만 한편으로는 치명적이다. 나는 세상을 다 준다고 해도 내 인생을 맞바꾸지 않을 것이다. _레이놀즈 프라이스

"너무 개인적인 소재인데 이 글을 책으로 낼 수 있을까요?, 내 이야기는 글로 쓸만하진 않은 것 같지 않아요."

많은 이들이 첫 번째로 하는 질문이다. 글쓰기 모임, 공동저자 프로젝트, 개인 책쓰기 코칭을 진행하며 단골로 등장하는 물음이다. 수줍은 마음으로 글쓰기 과정을 신청했지만, 막상 글을 많이 써 보지 않으신 분들은 민낯을 드러내는 것과 같은 부끄러움을 느낀다. 그래서 막상 책 쓰는 과정을 등록하고 나서도 끊임없이 자신을 의심한다.

내 이야기가 너무 평범하고 개인적인 것 같다고, 뭔가 더 자극적이고 특별한 경험을 가져야지만 책을 쓸 수 있는 것이 아니냐고 물어온다. 이는 자신에게는 그 이야기가 매우 익숙하기 때문이다. 비슷한 듯하지만, 그 내밀한 이야기 속으로 파고들다 보면, 그 이야기를 중심으로 한 배경과 문맥, 그 이야기 속에 품고 있는 글쓴이의 생각과 통찰은 모두 제각각이다. 이것이 글을 특별하게 만들어 준다. 그렇기에 당신의 평범함은 절대 평범하지 않다. 오히려 지극히 개인적인 소재라야 출판에 더 용이하다. 그 이유는 다음과 같다.

첫째, 지극히 개인적인 것이 보편적인 것이다.
한 여성학자는 이렇게 말했다. "가장 개인적인 것이 정치적이다."라고. 이 말은 무슨 뜻일까? 개인적인 이야기는 그 시대 문맥과 동떨어질 수 없다. 그 이야기 속에 포함된 고민, 문제, 해결점 등은 나 혼자만 가지고 있는 것이 아니다. 그 시대에 살고 있는 많은 이들이 이미 동일한 배경 안에서 고민하고 혼자 끙끙 앓고 있다. 그러나 누군가 책이라는 매체를 통해서 '나도 이랬고, 이런 고민을 했고, 이렇게 문제를 해결해 갔어!'라는 메시지를 조용히 건네준다면, 독자는 무한한 공감과 긍정을 얻게 된다. 가장 개인적인 글이 정치적인 영향력을 미칠 수도 있는 것이다. 이는 어떤 전문가들의 식견보다 나와 비슷한 처지인 사람의 글을 더 선호하며 읽는 이유이기도 하다.
심리학자 칼 로저스도 비슷한 이야기를 했다. 그는 "가장 개인적인 것이 가장 보편적인 것이다"라고 말했다. 자신의 개인성 안에 그 시대의 모든 사람이 공감할 만한 보편성이 있다. 너무 개인적인 소재가 문제가 아니다. 그 소재로 공감대를 형성하는 콘텐츠를 생산해 낼 줄 모르는 것이 문제다. 개인적인 이야기가 보편적인 유용성과 만나서 매력적인 콘텐츠가 되는 것이다.
얼마 전 번아웃에 대한 책을 읽었다. 밀레니얼 세대들이 자신이 좋아하는 일을 하고 있음에도 번아웃에 빠져 일을 잠시 내려놓고 쉼을 통해 삶의 리듬을 되찾아 가는 이야기이다. 여러 명의 인터뷰 내용을 중심으로 다양한 직종에 속한 사람들의 이야기를 담아냈다. 한 사람 한 사람의 이야기는 지극히 개인적이지만, 번아웃과 슬럼프에 빠진 이 시대, 특히 밀레니얼 세대들이 공감할 만한 소재이다. 누구나 한 번쯤은 번아웃에 빠진 경험이 있기에 이는 지극히 평범한 소재일 수 있지만, 그것이 글로 펼쳐졌을 때 그 이야기는 특별한 이야기가 되어 결핍을 가진 이들에게 다가간다. 그러니 밖을 보지 말고 당신 안으로 깊이 들어가라. 그래서 당신만의 이야기를 캐내어라.

당신이 쓰려는 책은 당신 안에 이미 있다. 자기 안에서 캔 자기 것이라야 당당히 시대와 소통할 수 있다. 당신의 고민, 신음, 해결책은 유일하지만 작지 않으며 자신에게 진실할 때 그 이야기는 울림이 되어 보편적이고 정치적인 영향력도 미칠 수 있게 된다.

둘째, 비슷해 보여도 다 다르다.

같은 새벽 기상 챌린지를 하더라도, 그 결이 다 다르다. 플랫폼도 다르다. 어떤 이는 유튜브 라이브로, 어떤 이는 인스타 라이브로 진행한다. 나는 줌으로 조금은 폐쇄된 공간에서 새벽 모임을 진행하고 있다. 같이 새벽을 열지만, 그 내용은 천차만별이다. 내가 아는 한 대표님은 〈새벽재테크연구소〉라는 이름으로 새벽 시간에 돈, 시간, 마음, 등 함께 바인더를 쓰며 자기 계발 내용으로 그 시간을 채운다. 나의 새벽 콘텐츠는 주로 독서와 글쓰기이다. 어떤 이는 그림을 그리거나 글씨를 쓰거나 명상한다. 이 시간에 메타버스 세계에 입문하는 사람도 있다.

비슷한 주제라도 그 이유를 시작한 동기, 스토리는 또 저마다 다르다. 이는 같은 주제의 책이 쏟아져 나와도 여전히 어떤 책은 인기를 얻는 이유이다. 같은 독서법 책이라 할지라도 전문가뿐 아니라 지극히 평범한 이들도 쓸 수 있다. 독서법에 관한 내용이 또 나와도 그것을 둘러싼 이야기는 모두 제각각이기 때문에 사람들은 읽고 또 읽는다. 그렇기에 지극히 개인적이고 평범하다고 걱정하지 말아라.

셋째, 당신만의 이야기를 기록하세요.

이를 위해서 매일 해야 할 일은 SNS를 활용하는 것이다. SNS에 질리지 않는 당신의 이야기를 계속 기록해라. 시간이 가는지 모를 정도로 빠져드는 이야기여야 지속할 수 있다. 기록하면 할수록 지극히 평범하고 개인적인 이야기라고 생각했던 것이 어느 순간 특별해진다. 그것이 쌓이고 쌓이다 보면 자신만의 명확한 콘텐츠가 되고 브랜딩이 된다.

여러 개의 채널이 있다면 더욱 좋다. 겁먹지 말아라. 시대가 당신을 응원하고 있다. 당장 채널을 열고 당신의 이야기를 기록해라. 당신의 이야기는 유일하고 특별하다.

당신의 이야기를 스스로 깍아내리지 말아라. 개인적인 소재에 보편성이 있으며, 비슷한 이야기라 할지라도 고유성이 있으니, 자신을 믿어라. 그리고 이제 당신이 그토록 하고 싶은 이야기를 SNS에 기록해라. 이는 당신의 글이 언젠가 출간된 책으로 나올 수 있는 길이다.

유명한 사람만
책을 낼 수 있나요?

　수년 전만 해도 유명하고 전문가 반열에 든 사람만 책을 쓸 수 있었다. 그러나 몇 년 전부터 출판의 흐름이 많이 바뀌었다. 전문인이 아니더라도 그저 자신이 좋아해서 알리고 싶은 것이 있다면 책을 쓸 수 있게 되었다. 오히려 전문가들의 어렵고 딱딱한 용어보다 자신과 비슷한 위치에서 말해주는 이들의 이야기에서 독자들은 더 많은 공감과 위로를 얻었다.
　출판도 쉬워졌다. 1%만 들어갈 수 있다는 기획 출판, 자신의 돈을 일부 들여서 출판하는 자비 출판, 형식과 내용에 얽매이지 않고 원하는 대로 마음껏 글을 쓰고 책을 만들 수 있는 독립출판, 주문하면 한 부씩 인쇄하는 자가 출판 형태까지 출간할 수 있는 다양한 통로가 생겼다. 기획 출판을 거치지 않고도 약간의 수고와 비용을 들이면 누구나 책을 출간할 수 있는 시대다.
　이에 대한 부정적인 의견을 말하는 이도 있다. 독자보다 저자가 더 많다는 웃픈 이야기도 떠돈다. 출판이 쉬워지면서 검증되지 않은 책들도 쏟아져 나온다. 그러나 이 흐름을 되돌릴 수는 없을 것 같다. 기술이 좋아진 만큼 책은 계속 쏟아질 것이다. 기술의 뒷받침과 더불어 자신의 이야기를 담으려는 인간의 욕구는 줄어들지 않을 것이다. 작가의 일은 되도록 세상을 이롭게 하고 좋은 글을 써가는 노력일 테고, 소비자의 할 일은 그중에 좋은 책을 골라 보는 안목일 것이다.

글을 쓸 뿐만 아니라 책을 출판하려고 한다면 좋은 글을 쓰려고 노력해야 한다. 그러나 처음부터 완벽한 글을 쓰는 사람이 몇 사람이나 있을까. 완벽한 글을 쓸 때까지 계속 습작만 해야 할까. 오히려 한 번의 출판 경험은 자극이 되고 동기부여가 되어서 더 잘 쓰려고 노력하게 되지 않을까. 그렇게 한 권씩 써가는 과정에서 어떻게 하면 글을 더 잘 쓸 수 있을지 고민할 테고, 관련된 책과 강의도 찾아보면서 공부하게 된다. 그렇게 점차 더 나은 글을 써 갈 수 있게 된다.

공동 저자 프로젝트와 책쓰기 과정을 진행하며 예비 작가들을 만나고 있다. 처음 글을 써 보거나 첫 책을 쓰려는 분들이 대다수다. 그렇기에 막연한 두려움이 가득하다. 그러나 이들은 그 두려움과 함께 도전했다. 완벽해서 도전한 것이 아니다. 나 또한 완벽해질 때까지, 더 많은 글쓰기 이론을 알 때까지 기다렸다면 첫 책도 두 번째 책도 내지 못했을 것이다.

오히려 기술의 장점을 이용해야 한다고 생각한다. 이렇게 출판 환경이 좋아졌으니 빈약한 같은 글도 많아지겠지만 기술의 발전은 활용하라고 주어진 것이다. 그래서 나는 누구든 책을 써 보자고. 자기만의 공간에서만 쓰지 말고 소통하는 글을 써 보자고, 그것은 한 권이 책이 될 수 있다고 말한다.

우리 모두에게 생의 의미가 있으며, 누군가에게 전달해 줄 경험과 이야기가 있다. 당신에게도 누군가에게 전해 줄 메시지가 있다. 유명하고 대단한 사람만 쓰는 것이 아니다. 그러니 지금 바로 당신의 이야기를 써 보라.

《책쓰기가 이렇게 쉬울 줄이야》의 저자 양원근은 책을 쓸 수 있는 네 유형의 사람과 그 사례들을 책에서 소개한다.

첫 번째는 인생의 굴곡이 심한 사람들이다. 인생 역전 이야기는 많은 이에게 동기부여와 함께 도전과 감동을 가져다 둔다. 자수성가하거나 성공한 사람들의 이야기가 가득 담긴 책은 성공을 꿈꾸는 이들에게 좋은 자극제가 된다.

《고물상 아들 전중환입니다》라는 책은 찢어지게 가난한 가정에서 태어나 고물상 어머니의 뒷모습을 보고 자란 사람의 이야기다. 그 고난을 딛고 그는 유명 기업의 대표이자 대한민국 최초로 아시아태평양 국제 세무사가 되었다. 《10미터만 더 뛰어봐!》라는 책에는 실패를 딛고 김영식 저자는 실패를 딛고 어떻게 완전 밑바닥에서 다시 올라왔는지 그 생생한 이야기와 함께 성공 노하우가 담겨 있다.

두 번째는 원래 유명한 사람들이 책을 쓴다. 유명 정치인, 강사, 연예인, 인플루언서들은 출판사에서 먼저 책을 쓰자고 제안하기도 한다. 이미 탄탄한 자기 콘텐츠가 있기에 책을 만들기도 쉽다. 이미 유명세가 있기에 그들이 책을 출간한다면 저자의 이미지는 더욱 단단해지고 출판사 또한 판매와 홍보에 관한 걱정을 던다. 함께 성장할 수 있는 조합이다. 이미 강사로 유명한 《언니의 독설》의 김미경 대표, 《나를 살게 하는 것들》의 김창옥 교수 등은 책출간으로 활동반경과 영향력은 더욱 커진다.

세 번째는 각 분야의 전문가들이다. 책은 지식과 정보를 전하는 수단이다. 인류는 이 기록이라는 유산을 통해 더욱 진보해 왔다. 과거에는 한 분야의 전문가라고 할만한 이들만이 책을 쓸 수 있었다. 그러나 지금은 지식과 정보는 검색만 하면 쉽게 얻으며 누구나 책을 낼 수 있게 되었다. 그런데도 전문가들의 식견에는 권위가 있으며 사람들은 여전히 귀를 기울인다.

《자존감 수업》이 그렇다. 심리학 분야의 교수나 현장에서 활동하는 심리 상담사가 쓴 심리 에세이나 심리학 도서도 마찬가지이다. 한 법조계 종사자는 어려운 법률을 재밌게 풀어서 일반인들이 쉽게 읽고 이해해 일상에 적용하도록 글로 담는다. 작은 식당을 운영하다가 대박이 나서 프랜차이즈 100개를 성공시킨 노하우를 가진 사람의 이야기는 권위가 있다.

네 번째는 이도 저도 아무것도 없는 사람들이다. 우리 같은 평범한 사람이다. 한 분야만을 깊이 파고든 전문가도 아니고, 상처와 아픔은 있지만 대단한 인생 스토리를 가지지도 않았고, 유명하지도 않다.

유명한 작가들이 많은 틈 사이에서 나 같은 사람도 책을 쓸 수 있을까? 라는 의심이 여전히 든다. 그런데 많은 이들이 성공하고 유명해서 책을 쓴 것이 아니라 책을 써서 특별해지고 유명해졌다. 무언가 특별해서 글을 쓰지 않았다. 그저 좋아하고 즐기는 것을 매일 기록하다 보니 책이 되었고, 그 책을 매개로 비슷한 취향의 독자들이 모이고 소통하게 되었다. 어떤 이는 요리로, 어떤 이는 그림으로, 어떤 이는 우울증 이야기로, 어떤 이는 책 이야기로. 일상의 평범한 소재들을 글로 책으로 기록하는 순간 평범한 이들도 전문가의 반열에 오르고, 누군가에게 메신저가 되고, 운이 좋으면 유명해지기도 한다.

《꿈꾸는 다락방》의 이지성 작가는 평범한 초등학교 교사였지만, 작가가 되고 싶다는 꿈이 있었다. 그는 자신의 꿈이 이루어지기까지는 14년 7개월이라는 기나긴 시간이 필요했다고 말한다. 《48분 기적의 독서법》의 김병완 작가도 특별한 이력이 없는 일반 직장인이었다. 그저 자기 일에 충실하며 살아가던 우리 같은 평범한 사람들이었다. 그러나 퇴사 후 도서관에서 3년 몰입 독서를 한 후 그의 인생은 바뀌기 시작했다.

지극히 평범하던 그들이 어느 순간 베스트셀러 작가가 된 것이다. 이는 무언가 대단한 것을 갖추고 있어야 책을 내는 게 아니라는 뜻이다. 오랜 무명의 시기를 거치기도 했지만, 그들은 그저 독서를 즐기며 묵묵히 책쓰기를 주저

하지 않았을 뿐이다. 틈만 나면 무엇을 읽을까 무엇을 써 볼까를 고민하며 실행했다.

이제 네 번째 그룹의 사람들에게도 책을 쓰고 자신을 알릴 기회가 많아졌다. 전문 영역이 없더라도 자신이 알고 있거나 좋아하는 분야가 있다면 누구나 책으로 쓸 수 있다. 이제 책은 유명하거나 성공한 사람의 전유물이 아니다.

성공한 사람이 책을 쓰는 것이 아니라 책을 써야 성공한다. 전문가이기에 책을 쓰는 것이 아니라 책을 써야 전문가가 된다. 그뿐 아니라. 이미 책을 쓰는 과정에서 얻는 엄청난 기쁨이 있다. 그 과정에서 이전과는 조금은 다른 세상을 만나게 되고, 다른 삶을 살게 될 것이다. 유명하고 대단한 사람만 글을 쓰는 시대는 지났다.

누구나 저자가 되는 시대

　누구나 저자가 되는 시대가 왔다. 이미 디지털 시대가 되면서 많은 이들이 SNS 채널 상에서 저마다의 목소리를 자유롭게 내고 있다. 민주주의의 혼란, 가짜 뉴스 등 이에 대한 여러 가지 사회적 논의가 있지만, 그런데도 누구나 목소리를 발할 수 있다는 사실은 역사상 매우 큰 함의를 가지고 있다.
　더군다나 책이 귀한 시대였던 때가 몇백 년 되지 않았다. 인쇄술의 발달로 책은 누구나 손쉽게 읽을 수 있게 되었고, 디지털의 발달로 정보와 지식은 그 어떤 것보다 흔해졌다. 여기에 덧붙여 출판 방법 또한 다양해지고 쉬워져서 누구나 글만 쓴다면 저자가 되는 시대가 되었다.
　책을 쓴 저자가 된다는 것은 몇십 년 전까지만 해도 어떤 권위가 있는 전문가나 문학적 자질이 다분한 이들에게만 속할 수 있었다. 우선 일반 출판사를 통해서만 책을 낼 수 있었기에 책이 팔려야 먹고 살 수 있는 출판사의 선택을 받기란 하늘의 별을 따기처럼 쉬운 일은 아니었다.
　그러나 이제는 누구나 원한다면 다양한 형태의 출판을 활용하여 자신이 원하는 콘텐츠를 발행, 유통, 출간할 수 있게 되었다. 개인의 취향이 세밀히 나누어지듯이 출판 방법도 다양해진 것이다. 글쓰기가 이미 훈련이 되어 있거나, 자신만의 콘텐츠가 있다면 자유롭게 책을 내고 저자가 되어 자신의 전문성을 발휘하면서 활동할 수 있다.

김병완 작가는 이렇게 말했다.

"현대에 와서는 읽는 자와 읽지 않는 자로 나뉘게 되었다. 그래서 독서를 하지 않는 사람들은 중세 시대 문맹자들과 다름 없는 신세가 되었다. 그런데 지금은 이런 상황이 급속도로 달라지고 있다. 글을 쓰지 않는 사람들이 마치 중세시대 문맹자와 같은 그런 처지로 전락하고 있다는 것이다."

예전에도 책을 쓰는 이들은 또 다른 차별화 요소를 장착했다. 그러나 지금 누구나 저자가 될 수 있는 시대에 책을 안 쓴다면, 더욱이 평생직장이 사라지고 1인 기업가들로 활동하고 있는 시대에 책을 안 쓴다면 이는 손해이며 자신을 드러낼 명함조차 가지고 있지 않은 실정이 된다.

여전히 책 출간 장벽이 높다고 생각하는 이가 있다면 뒤에 나오는 다양한 출판 과정을 살펴보고, 자신에게 맞는 길을 선택해 보자.

기존 전통 출판사 경력이 오래되었거나, 출간 기획을 오랫동안 전문적으로 해 오던 사람 중 일부는 여전히 전통 출판사를 통한 기획과 콘텐츠만 더 우세하다는 듯이 말한다. 그러나 정말 그럴까? 베스트셀러 책 중에 펀딩이나 독립출판물, 전자책에서 독자들의 눈에 띄어 일반 상업물로 넘어온 책들도 많다. 출판사도 알아보지 못하는 책이 있을뿐더러 다양한 출판 통로와 함께 터져 나오는 저자들의 욕구를 다 받아낼 수 있는 상황도 아니다.

내 책이 베스트셀러가 되면 좋겠지만 모든 사람이 베스트셀러 작가가 될 수는 없다. 1등만 있을 수는 없기 때문이다. 1등이 가장 좋은 책이라는 생각 또한 옳지 않다. 좋은 책이라도 마케팅 외곽에 위치하여 발견되지 못한 책도 많고, 화려한 마케팅에 베스트셀러가 되기도 하는 것이 현실이다.

한편으로 모든 사람이 베스트셀러 작가가 되려는 것이 책을 쓰는 첫 번째 목적일까? 나를 봤을 때 그렇지 않다고 생각한다. 그저 우리에게는 각자만의 이야기가 있고, 그 이야기는 크든 작든 모두에게 유일하며 가치가 있다고 생각한다. 저자라는 권위에 대한 욕망을 넘어 누구나 주어진 생에 감사하며, 그 생을 재해석하여 누군가에게 던질만한 이야기 형태로 만들기 위해 책에 담는 과정은 자만심이나 허영심이 아니라 이제 누구의 목소리나 공평해졌다는 또 다른 증거가 아닐까.

숫자로 매겨지고, 특별한 사람만 중요하게 여기는 문화 또한 불공평하며 편견에 치우친 생각이다. 북클럽에서 《정의란 무엇인가》를 쓴 하버드대 교수 마이클 샌델의 《공정하다는 착각》을 읽었다.

이 책에서 소개된 능력주의 신화는 모든 이들이 능력만 갖춘다면 기회가 주어지고 사회적 이동도 가능하여 공평해진다는 이야기다. 부유한 집안 중심의 입학을 막고 누구에게나 기회를 주려고 하버드대 한 교수로부터 시작된 이 신념과 실천은 지금까지도 여러 정치인의 구호와 대학에서 주요 비전으로 제시되고 있다. 그러나 놀라운 것은 사회적 이동이 사실 거의 이루어지고 있지 않다는 점이다.

능력을 갖춘 자는 스스로 자신이 그것을 성취했다는 오만을 갖기 쉽게 되고 그 기준에 미치지 못하는 이를 무시하게 된다. 여러 가지 이유로 이 기준에 들어가지 못한 자는 자신이 능력을 갖추지 못했다는 자기 비하, 굴욕감, 모욕감을 느끼게 된다. 이에 대해 샌델 교수는 능력을 갖춘 자도 사실은 그 능력이 온전히 스스로 성취한 것이 아니라고 주장한다. 주변의 도움을 힘입어 이룬 것뿐이다. 더불어 무한 경쟁 속에 온갖 스트레스와 압박감을 뚫고 이긴 승자에게는 상처가, 패자에게는 굴욕감을 안기는 이 신화는 능력주의의 폭정이라고 샌델은 고발한다.

  책을 쓰고 출판하는 다양한 길에 있어서도 능력주의 신화는 적용된다. 이제 특별한 능력을 갖추어야지만 자신의 이야기를 쓸 수 있는 것은 아니다. 버스 기사도 택배 기사도 책을 쓸 수 있고, 전업주부도 쓸 수 있다. 자기와 같은 평범한 이들이 담담히 적어 내려간 일상의 발견과 통찰을 담은 에세이는 전문가가 쓴 책 못지않게 인기다.

  감사하게도 이제 이런 인식의 변화와 더불어 기술의 발달로 책을 출판하고 유통하는 경로가 매우 다양해졌다. 무료로 출판할 수 있는 길도 있다. 저자가 책을 쓰는 이유를 분명히 하고 그에 맞는 출판 경로만 선택한다면 누구나 책 한 권을 쓰는 저자가 될 수 있는 시대가 된 것이다. 꼭 베스트 셀러 저자가 되지 않으면 어떤가. 1등이 되지 않으면 어떤가. 책을 쓰는 과정과 그 이후에 주어지는 보상은 그것만 있는 것이 아니다. 작가의 꿈을 가지고 있는 사람은 그러니 절대 포기하지 말아라. 기술이 시스템이 당신의 꿈을 도와줄 것이다.

내 삶의 재료는
누군가에게 희망이 된다

당신의 발가벗은 힘을 세상에 보여주라
개인과 기업이 지속적으로 성장하기 위해선
참나무처럼 발가벗은 힘을 길러야 합니다.
_윤석철 서울대 경영학과 명예 교수 〈정년 퇴임 기념 강연회〉

발가벗는 힘

대부분의 사람에게 작가 DNA가 있다고 생각한다. 작가는 누구일까? 자신의 이야기를, 가지고 있는 지식과 경험을 글로 표현하는 사람이다. 디지털 원주민인 알파 세대는 누구나 주인공이라는 정체성을 가지고 있다. 그래서 자신을 어떤 형태로든 표현하는 것이 자유롭다.

그러나 디지털 이주민인 중년 세대는 SNS를 하지만 적극적인 자기표현을 어려워하는 사람이 많다. 더군다나 영원히 박제될 수 있는 책쓰기는 더욱 그렇다. 누구에게나 표현의 욕구는 있기에 책 한 권 쓰기가 버킷리스트에 포함

되는 경우가 많다.

지금 시대는 글뿐 아니라 이미지, 영상 등 다양한 형태로 자신을 마음껏 표현한다. 다양한 SNS 채널을 활용하여 자신의 목소리를 마음껏 송출한다. 그런데도 왜 글인가? 왜 책인가? 우리는 이 질문에 답하지 않을 수 없다. 모든 이미지와 영상으로 자기의 생각을 온전히 내보이는 데는 한계가 있다. 글을 통해 더욱 세밀하고 깊은 생각을 표현하게 된다. 물론 '언어의 한계는 세계의 한계'라는 유명한 말처럼, 어휘력의 한계로 그것을 다 표현하지 못할 뿐이다.

책 한 권에는 좀 더 체계적인 형태로 농축된 자신의 메시지를 담을 수 있다. 책 한 권을 쓰며 우리는 이미 가지고 있는 역량을 한곳에 모으며, 좀 더 넓은 세상으로 가지고 나갈 브랜드 가치를 높일 수 있는 무기 하나를 갖추게 된다. 가만히 있으면 아무도 나를 알아주지 않는다.

그런데도 여전히 이 대열에 참여하지 않는 사람들이 있다. 그 이유는 다양할 것이다. 나는 유독 영상으로 나 자신을 드러내기 어려워한다. 어떤 이들은 글로도 자신을 드러내기 힘들어한다. 공저와 개인 저서 쓰기를 코칭하고 있는데, 책을 쓰러 오셨음에도 막상 자신의 글이 책으로 만들어진다고 생각하니 두려움에 포기하려고 하는 분들이 계신다.

그러나 완벽해서 책을 쓰는 것이 아니다. 지금까지 살아온 인생, 배우고 시행 착오한 지식과 경험, 앞으로 만들어 갈 미래와 꿈을 상상하며 쓰는 것뿐이다. 완벽한 인생이 있을까? 누구도 없다. 완벽한 글이 있을까? 누구도 없다.

우리가 주목해야 할 것은 살아온 모든 삶에는 그것이 사람들이 보기에 성공이라 생각하던 실패라 생각하든 전해 줄 메시지가 있다는 점이다. 우리는 대단한 문학가나 전업 작가가 되려는 것이 아니다. 물론 이런 꿈을 가지고 있는 사람도 있겠지만. 우리는 자신의 이야기를 글로 옮길 뿐이다.

이 과정에서 여러 가지 장벽이 있다. 이 중에서 첫 책을 쓰려는 저자가 직면하는 장벽 하나가 있다. 바로 자신을 노출하는 것이다. 여기에서 많은 이들이 주춤한다. 나 또한 책 한 권 쓰고 도망치고 싶었다. 사실 책 한 권 쓰니 두 번째 책, 세 번째 책도 쓰고 싶어 내가 쓰고 싶은 주제의 목차를 만들어 버렸다. 그런데도 내가 아는 지인들이 이 책을 보면 어떻게 생각할까 하는 타인의 시선과 끊임없는 자기 검열이 내 안의 솟아오르는 진실한 목소리를 순간순간 가로막았다.

'네가 무슨 글을 써.', '이제 책 한 권 써서 언제 또 쓰니.', '네 책을 누가 읽어줄까.', '지인들이 네 책을 읽고 어떤 평가를 해 줄 거 같아.', '넌 무얼 해도 안 될 거야.', '책 쓴다고 큰일이 벌어지지 않아.', '책 쓰기는 너무 큰 노동이야. 힘이 덜 드는 다른 일을 알아봐.' 등 더 이상 내가 글을 쓰지 않아야 하는 이유를 대며 내 앞길을 가로막았다.

그러나 이제 생각을 바꿔보자. 나의 지질하고 그런데도 나를 살아내게 한, 그리고 살 가치를 가져다준 작은 스토리들이 누군가에는 위로와 희망, 더 나은 삶을 만들어 나가는 데 필요한 지식과 지혜가 된다면 나에게도 그 누군가에게도 플러스 되는 인생이 아니겠는가 하고 말이다.

나와 당신의 이야기는 작지 않다. 세상은 숫자로만 평가한다. 그 숫자에 꼭 들어가지 않더라도 우리의 이야기는 소중하다. 발가벗는 용기만 있다면 말이다.

책을 쓰려고 한다면 자신을 드러내고 발가벗는 힘이 필요하다. 이 힘은 아프고 슬프고 억울하고 행복했던 자신의 이야기에 끈질기게 주목하는 것에서 나온다. 이렇게 길어낸 각자의 이야기, 그 이야기 속에 숨겨진 메시지는 가장 먼저는 나를 살찌우고, 그리고 내 글을 읽는 누군가를 도울 것이다. 글 속에 녹여진 각자의 삶의 재료들이 서로에게 마중물이 되어 준다면 이는 나와 우리를 함께 살리는 길이다.

그러니 용기를 가져보자!!

책을 쓰려면
글을 잘 써야 하나요?

내가 쓰는 글은 처음 볼 땐 내게 전부 허튼 소리처럼 느껴진다.
_수전 손택

책을 내려면 글을 잘 써야 하나요? 답부터 말하자면 꼭 그렇지 않다. 물론 글을 잘 쓴다면 더 좋기는 하다. 그러나 우리는 대단한 문학작품을 쓰려고 하는 것이 아니다. 물론 소설이나 시, 에세이 등 문학 분야를 쓰려고 한다면 글솜씨가 어느 정도 필요하다. 평상시 읽고 쓰는 것이 생활화된 사람은 책쓰기도 더 수월하게 할 것이다. 문장도 좀 더 감각적으로 표현할 수 있을 것이다. 그러나 책을 쓰는 모든 사람이 꼭 글을 잘 써야만 하는 것은 아니다. 모두가 문학 작품을 쓰려고 하는 것이 아니기 때문이다.

글쓰기와 책쓰기가 다른 점

글쓰기는 우선 돈이 안 든다. 수많은 무료 SNS 플랫폼이 있다. 짧은 글을 쓰는 인스타, 페이스북, 스레드부터 긴 길을 쓸 수 있는 블로그, 브런치까지 우리는 분량에 상관없이 마음껏 이곳에 글을 쓸 수 있다. 모두 무료이다.

반면 책쓰기는 원고만 있다고 출판할 수 있는 것이 아니다. 자기의 돈을 들여 출판하는 자비출판이든, 원고 투고로 이루어진 기획 출판이든 그 과정에서 디자인, 편집, 인쇄, 유통, 마케팅 등 여러 사람의 노동이 필요하다. 그래서 최소 몇백 만원에서 천만 원 그 이상까지 제작 비용이 든다. 설령 1인 출판인으로 디자인, 편집을 다 할 수 있다고 해도 인쇄하기 위한 종잇값, 책을 보관하는 물류 창고비, 광고 마케팅비 등 돈이 안 들어갈 수 없다.

제작 비용을 스스로 감당하겠다면 쓰고 싶은 대로 쓰고 자비나 독립출판을 이용하면 되지만, 원고 투고를 통해서 전적으로 출판사의 제작 비용을 의지하고자 한다면 시장에서 팔리고, 출판사가 원하는 수준의 원고를 써야 한다. 출판사가 원하는 원고는 결국 팔릴만한 원고이다. 그 기준은 독자가 읽을 만한 책, 좋아할 만한 책, 그래서 구매까지 이어지는 책이다. 그래야 출판사의 투자로 내 돈 들이지 않고 출판할 수 있다.

또는 '브런치'와 같은 콘텐츠 퍼블리싱 플랫폼에 꾸준히 글을 쓰면 내 작고 소소한 일상 이야기도 언젠가 출판사의 눈에 띄어 책으로 만나볼 수 있는 행운을 누릴 수 있다. 이미 그렇게 책으로 출간한 저자가 많다.

다음은 제목만 들어도 익숙한 베스트셀러들이 브런치북을 통해 발굴돼 세상에 알려졌다. 《어서 오세요, 휴남동 서점입니다》는 전자책으로 출간돼 밀리의 서재 종합 차트 1위를 기록하고 종이책 출간까지 이어진 작품이며, 《젊은 ADHD의 슬픔》은 2021년 6월 출간 후 6개월 만에 7쇄를 돌파했다. 이 외에도 《하마터면 열심히 살 뻔했다》, 《공부머리 독서법》, 《90년생이 온다》,

《무례한 사람에게 웃으며 대처하는 법》 등의 책들이 이어서 출간되었다.

이렇게 브런치가 새로운 작가 등용문으로 자리잡을 수 있었던 것은 지속적인 '브런치북 출판 프로젝트'가 있었기에 가능했다. 꾸준히 쓰기만 한다면 느리고 빠름의 차이일 뿐이다. 중요한 건 쓰기만 하면 어떤 형태든지 책으로 출간될 기회가 많다는 것이다.

보통 책을 쓸 때 기획을 먼저하고 집필은 그다음에 한다. 그런데 기획하고 목차도 구성했지만, 기획에 맞춰 써낼 실제 콘텐츠가 없거나 콘텐츠는 있지만 막상 글쓰기 체력이 부족해서 글을 쓰지 못하는 사람도 많다. 고가의 책쓰기 코칭을 받고도 책을 쓰지 못한 이유는 이 때문이다. 이때 글을 잘 쓰는 것보다 더 중요한 것은 자신의 일상을, 콘텐츠를 글로 옮기는 글 쓰는 기본 체력을 기르는 것이다.

문장력보다 더 중요한 이것

자신의 지식과 경험을 책에 담고 그것을 비즈니스로도 연결하려는 사람들, 즉 실용서를 쓰려고 하는 사람은 표현력보다 더 중요한 것이 첫 번째, 구조 짜기다. 구조는 각 장을 구성하는 목차와 각 꼭지에 해당한다. 표현보다 구조가 중요하다.

글쓰기는 떠오르는 생각들을 자유롭게 쓰는 것이라 한다면, 책으로 만들 때는 주어진 소재를 엮는 구성을 설계해야 한다. 일반 글쓰기도 하나의 주제로 글을 쓸 수 있지만 책은 하나의 주제를 위해서 좀 더 치밀하고 종합적인 주제 모음이라고 할 수 있다. 책을 쓸 때는 한 주제에 대해서 치열하고 밀도 있게 써야 한다. 하나의 콘셉트를 깊고 일관성 있게 파야 한다. 일관성이 있다는 것은 제목부터 표지, 목차, 프롤로그에서 에필로그까지 주제와 콘셉이 하나의 방향으로 유지가 되어야 한다는 뜻이다.

블로그에 글을 쓴 것도 물론 책을 낼 수 있다. 그러나 어떤 구성 없이 그날그날 감정에 따라 글을 써 왔다면 그것을 책으로 내기는 힘들다. 블로그든 브런치든 책의 목차와 같이 주제를 정하고 목차를 짜서 꾸준히 하나의 주제로 연재한다면 책으로 만들기가 더 쉽다. 하나의 주제로 일관되게 지식과 경험을 담아 놓을 때 사람들이 돈을 주고 살만한 가치가 있게 되는 것이다.

두 번째, 저자에게 더욱 중요한 것은 완벽한 문장력이 아닌 시장성, 즉 주제, 콘셉트다. 문장력이 좋으면 좋지만 이보다 더 중요한 것은 시대의 트렌드, 원고 주제 콘셉트, 콘텐츠다. 문장력을 기준으로 삼는다면 국어국문학과나 문예창작과 출신들 대부분이 작가가 되어야 할 것이다.

누구에게나 지식과 경험이 있다. 자신의 지식과 경험을 담담히 적어가면 된다. 완벽하게 쓰려는 마음을 내려놓아라. 잘 쓸 필요가 없다. 힘을 빼고, 꼭지 주제에 맞춰 자신이 전하고자 하는 메시지에 맞춰 적어가 보아라. 그러면 어느 순간 독자에게 감흥을 주는 콘텐츠가 완성된다.

마지막으로 책을 쓰려고 하는 사람에게 글실력보다 더 중요한 것은 '쓰고자 하는 의지'다. 성실히 원고를 채워갈 수만 있다면 오탈자 점검, 교정 교열은 출판사에 몇 차례에 걸쳐 진행해 준다. 물론 어느 정도 퇴고는 해서 보내야 한다. 기본적인 맞춤법은 한글 프로그램 안에서 모두 해결해 준다. 부산대 맞춤법 검사기를 활용하면 친절하게 이유도 설명해 준다. 이것만으로도 웬만한 오탈자는 수정할 수 있다. 저자는 최선을 다해 교정 교열을 해야 한다. 하지만 미흡한 부분은 출판사의 편집자나 전문가의 도움을 받을 수 있다.

지나고 보니 더욱 그렇다. 문장력보다 반드시 책을 쓰고 말겠다는 각오와 결단이 더 중요함을. 간절함을 이길 수 있는 것은 없다. 내 첫 책《하루 한 페이지, 나를 사랑하게 되는 독서의 힘》초고는 거의 열흘 만에 완성했다. 몇 년 동안 책을 쓰고 싶은 마음이 폭발했고, 짧은 시간에 몰입했기에 가능했다.

많은 이들이 출근 전, 퇴근 후, 심지어 점심시간을 이용해서 책을 쓰고 있다. 이제는 세상에 나를 드러내지 않으면 생존할 수 없다는 것을 잘 알기 때문이다. 퍼스널 브랜딩을 하는데 책만큼 효과적인 것이 없다. 책을 쓰기 전과 후의 삶은 너무나 다르다. 그리고 한 권 한 권 저서가 늘어날 때마다 상상하지 못했던 기회들이 찾아올 수 있다. 꾸준히 쓰는 근력만 있다만 누구나 책을 쓸 수 있다. 그러나 아무것도 하지 않으면 아무 일도 일어나지 않는다.

오늘 누군가의 글을 통해서 내 이야기와 연결되고, 새로운 시각을 얻었다면, 또 다른 생명이 또 주어진 것이다. 그러나 읽기에만 멈추지 말아라. 그 생명을 매일 기록하고 글로도 남겨 누군가에게 새로운 연결과 생명을 가져다주기를 바란다.

2장

쓰면 특별해지는 10가지 이유

치유 : 쓰는 순간 달라진다

　많은 이들이 다양한 이유로 글을 쓰고 책도 쓰려고 한다. SNS이 발달한 요즘은 더욱더 누구나 적극적으로 자신을 알리고 글로 자신을 표현하는 시대다. 인스타그램, 블로그, 브런치 등 짧은 글이든 긴 글이든 자신의 감정과 생각을 다양한 공간에서 말과 글로 토해 내고 있다. 그렇다면 단순히 글을 쓰는 것을 넘어서 책을 쓴다는 것을 어떤 의미가 있을까? 책을 쓰면 어떤 좋은 점이 있을까?

　책을 써야만 하는 이유에는 개인적인 이유와 사회적인 이유가 있다. 먼저는 개인적인 이유들에 대해 이야기해 보겠다. 먼저 존재가 치유된다. 존재가 치유되니 존재를 담고 있는 삶 전반이 변한다. 나를 기록한다는 것, 내가 거주하는 일상을 기록한다는 것을 지나온 내 삶을 보듬는 길이다. 쓰면서 나를 깊숙이 들여다보게 되고 평범하고 쳇바퀴 도는 일상에서도 무수한 의미가 있음을 쓰는 과정에서 발견하게 된다. 살아야 할 이유를 알아서 쓰는 것이 아니다. 쓰는 중에 알게 된다. 쓰는 과정에서 의미가 길어진다. 과거의 상처이든 우리가 살고 있는 작은 일상이든 그 의미를 이해할 때 치유가 일어난다.

때론 내 삶이 해석되지 않고 이해되지 않아서 과거의 상처에 얽매이고, 거기에 벗어나지 못하고, 더 이상 진전이 안 될 때가 많다. 글을 쓰면서 특히 하나의 주제를 깊이 탐구하고 정리해 가는 과정에서 깊은 치유가 일어난다.

한 온라인 글쓰기 모임에서 글방을 열어서 함께 글을 쓰고 있었다. 한 시간 정도 글을 쓴 후 무엇을 썼는지, 글은 잘 써졌는지 잠깐 나누는 시간을 가졌다. 한 분이 글을 쓰면서 과거가 생각나서 울고 있었다는 이야기를 들려주셨다. 나중에 들어보니 변기가 막힐 정도로 휴지 한 통을 다 썼다고 한다.

글모임을 하다 보면 글을 쓰는 중간중간에 이런 이야기를 많이 듣는다. 다 해결되었다고 생각했는데, 글을 쓰면서 그 이야기들을 다시 끄집어내어 햇빛 아래 가져다 놓아 보니 또 다른 감정들이 올라오는 것이다. 글쓰기는 그리움이든 상처이든 바쁜 생활 속에 억눌려 있어 미처 인지하지 못했던 내 자아의 한 부분을 다시 자세히 들여다보는 시간이다. 쓰면서 누구나 이런 경험을 한 번씩 하게 된다. 그저 가벼운 글쓰기에서부터 책을 쓰는 과정에서도 말이다.

특히 첫 책을 쓸 때는 아무래도 자신의 이야기를 더욱 많이 마주하게 된다. 풍경을 감상할 틈도 없이 지나치며 내달리는 기차처럼 그저 바쁘게 하루하루를 살아오느라 돌아보지 못했던 일상을 글을 쓸 때 멈추어 내 존재의 어두운 한 구석을 대면하게 된다. 대면하는 것만으로도 사실 많은 치유가 이루어진다.

우리가 치유를 경험하지 못하는 이유는 그저 무시했기 때문이다. 바쁘다는 이유로, 굳이 필요성을 느끼지 못해서, 회피하고 싶어서, 더 이상 기억하기 싫어서 등 여러 가지 이유가 존재한다. 그러나 덮어놓는다고 해결되지 않는다. 그것은 작은 눈덩이가 커지고 커지듯이 어느 순간 거대해져 내 삶의 많은 부분을 차지할 정도로 박차고 나올지도 모른다. 그렇게 터지기 전에 매일매일 글로 자신의 어두움을 마주하고 토해 낸다면 평안함이라는 선물을 얻게 될 것이다.

치유하는 글쓰기에는 어떤 것이 있을까?

일기가 있다. 나는 꾸준히 일기를 쓰지는 않았다. 다이어리도 꾸준하지 못했다. 책을 읽고 기록하기 시작하는 즈음은 일기는 아닐지라도 책을 토대로 해서 리뷰 형식의 간단한 독서 일기 같은 글을 몇 년 동안 써 왔다.

서평과 독후감의 차이는 무엇일까? 서평은 조금은 객관적인 평을 내린다. 반면 독후감은 주관적인 내 생각과 감정을 책을 토대로 풀어 놓는다. 필요에 따라 책에 대한 객관적인 서평을 통해 많은 도움을 얻을 수도 있지만, 글을 쓰는 이의 입장에서는 이보다는 독서 에세이나 독서 일기 같은 형태가 좋다고 생각한다. 책에서 자극받아 이리저리 나의 생각을 가지고 놀면서 그 생각이 놓여진 일상의 단면을 기록해 보는 것이다. 그렇게 책 속 문장에 기대어 써가는 나의 일기는 공감도 했다가 비판도 했다가 하면서 떠돌았던 생각과 감정의 파편들을 모으는 역할을 하게 한다. 그 속에서 또 다른 자유와 치유를 경험한다.

감정은 신호등과 같다. 감정 밑에는 뿌리 깊이 해결되지 않은 욕구가 숨겨져 있다. 사람마다 욕구는 다 다르다. 그래서 화를 내는 지점에서 어떤 이는 가볍게 넘어가기도 부분이 어떤 이에게는 분노의 이유가 된다. 각 사람이 중요하게 여기는 욕구가 모두 다 다르기 때문이다.

세상은 완벽하지 않다. 누구도 내 욕구를 온전히 채워줄 수 없다. 우리는 배우자가 나의 그런 결핍과 욕구를 해결해 주리라는 환상을 가지고 결혼하지만 100이면 100 모두 실망한다. 게다가 아무도 그 욕구의 상실로 인한 슬픔을 만져주지 않는다. 그럼 어떻게 해야 할까. 글을 써 본다. 글을 쓰다 보면 아닌 척, 괜찮은 척했던 나의 모든 가면이 떨어져 나가고 진짜 나를 만나게 된다. 진짜 내 얼굴을 마주 보게 된다. 깊숙이 숨겨서 몰랐던 내 진짜 얼굴을 만나게 된다. 감정에서 시작했지만, 그 감정 밑 깊숙한 나의 욕구와 가치를 발견하면서 진정한 나에 대한 이해가 시작된다. 이 앎이 치유의 시작이다.

발견 : 최고의 나를 찾아간다

읽고 쓸 수 있다는 것이, 종이 위에 무언가 의미 있는 형태를 만들어
낼 수 있다는 것이 얼마나 기적 같은 일인가요! _캐시 렌첸브링크

글을 써야 하는 두 번째 이유는 자기 발견이다. 《아티스트 웨이》의 줄리아 카메론의 모닝 페이지를 추천한다. 모닝 페이지는 매일 아침 의식의 흐름을 세 쪽 정도 적어가는 활동이다. 일어나자마자 세 쪽을 노트에 쓰다 보면 자기검열 없이 무의식 속에서 많은 것들이 풀어지면서 미처 생각지 못했던 생각, 감정의 파편, 상처 조각들을 대면하면서 치유가 일어나고 나를 새롭게 바라보게 된다.

"매일 아침 모닝페이지를 충실하게 쓰면 누구든지 자신의 내부에
있는 지혜의 샘에 닿을 수 있다. 어떻게 해야 할지 모르는 상황이

나 문제에 빠질 때면 나는 모닝 페이지가 나를 인도해 주기를 바란다."

그녀는 매일 아침 모닝페이지를 충실하게 쓰면 누구든지 자신의 내부에 있는 지혜의 샘에 닿을 수 있다고 했다. 일상의 혼란과 복잡한 생각, 미래의 불확실함 속에 우리는 자주 방황을 겪곤 한다. 그러나 지혜의 샘이 우리 안에 있다. 매일 글을 쓰는 시간 속에서 우리는 나도 모르게 그 지혜의 샘에 가닿게 되고, 많은 부분 해결함을 받는다.

이 과정에서 진짜 자신을 마주하게 되고, 내면에 이미 존재하는 답을 끄집어 내게 된다. 글쓰기는 내 안의 잠재력, 최고의 나를 찾아가는 과정이다. 글을 쓸 때 나를 다시 찾아가게 되고, 살아가야 하는 이유를 발견하게 된다.

공동 저자 프로젝트를 진행하는 과정에서 글쓰기 강의를 진행하며 글쓰기를 좀 더 도와드리고 있다. 책쓰기 과정에 참여하는 이들은 SNS와 블로그에 조금씩 글을 써 온 분들도 많다. 그러나 한 편의 글을 완성해 보고, 그것을 책으로 담아보는 과정은 또 다른 묵직한 책임감이 따른다. 책을 출간하기 위해서 한 편 한 편 글의 완성도를 높이기 위해서 최대한 쓴 글을 또 고치고 다듬는 과정을 거친다. 수강생들은 자신의 글을 보면서 다시 깊은 고민에 빠진다. 문법을 다듬고, 내용을 자세히 살피면서 이 글에서 무엇을 말하려고 하는지, 이 소재에서 어떤 의미가 있는지를 끊임없이 사유하게 된다. 이 과정이 힘들지만, 이 과정을 마친 분들은 또 다른 성취감과 휘발되어 버릴 수 있는 자신의 일상을 재발견하면서 또 다른 전환점을 맞이하게 된다.

"나는 그동안 외적 원인에 의한 삶을 살았다. 한 달에 몇 번씩 쓰나미처럼 밀려왔던 허망함과 불안감의 이유였으리라. 글을 잘 쓰고 못 쓰고는 중요하지 않았다. 매일 새로움을 생산해 내는 그 자체가 뿌듯하고 신비로웠다. 이것은 분명 외적 의지가 아닌 내적 의지에 의한 기쁨이었다. 통장 잔액은 여전히 부족했지만, 일이 없어도 마음은 편한, 말로 표현할 수 없는 그런 만족감이었다. 새로움을 생성(창조)한다는 게 이렇게 좋을 줄 몰랐다."

_문윤선.《책쓰기를 머뭇거리는 당신에게》

글쓰기는 일상에서 새로운 의미를 창출해 내는 행위다. 글을 잘 쓰고 못 쓰고는 나중의 문제다. 쓰면서 알아가는 자기 발견의 말할 수 없는 기쁨, 새로움을 창조해 가는 희열을 맛보는 시간이 우선이다.

역사 : 삶의 뿌리가 되는 기록

세 번째 글을 써야 하는 이유는 역사다. 기록만이 역사다. 시간은 늘 흐르고 있다. 그중에서 기록된 것만이 역사의 한 페이지에 남는다. 개인 기록이든 공적 기록이든 마찬가지다. 여성의 인권이 무시되는 시절에 역사는 남성의 역사만이 주를 이뤘다. 이 말은 남성의 시각에서 기록된 것만이 역사에 남았다는 뜻이다. 그동안 우리가 읽고 보아온 많은 관점이 남성의 시각에서 쓰인 것이었다. 마찬가지로 전쟁이 난무하던 시절에는 승자의 기록만이 역사가 되었다.

가끔 생각한다. 개인적으로도 우리 집 안의 역사를 누군가 기록하는 사람이 있었다면 얼마나 좋았을까. 후대에 누군가가 그것을 읽으면서 얼마나 큰 자부심과 의미를 알게 될까 하고 말이다. 큰 성취가 아니어도 좋다. 그저 일상의 소소한 일기라도 이 모두가 현재를 살아가고 있는 자손들에게는 시대를 읽고, 자기 뿌리를 단단히 하는 자산이 된다. 기록만이 역사가 된다.

부모님들이 돌아가시기 전에 일기 같더라도 자서전 형식의 책을 만들어

드리고 싶은데. 아직 여력을 못 내고 있다. 그 속에서 말로는 전달받지 못했던 속 이야기들이 담겨 있을지 누가 아는가? 이는 돌아가신 분들을 기리는 차원뿐 아니라 후손들에게도 국가적으로도 큰 자산이 될 것이다.

  한 번은 1인 기업 경영 수업을 들으며 함께 수업을 들었던 수강생들과 역대 연봉 1인 기업가들을 인터뷰한 내용을 바탕으로 전자책을 만들기로 했다. 수강생 중에서는 전자책을 처음 쓰시는 분들이 계셨기에 소통이 가끔 안 될 때가 있었다. 이 작업을 괜히 같이하기로 했나 하는 생각도 중간중간 들었다. 그런데 그분들을 인터뷰할 때도 좋았지만, 그 내용들을 다시 정리하면서 그분들만의 비법들을 다시 새길 수 있었다. 책을 쓰기로 하지 않았으면 그 내용들을 다시 보지 않았을 것이고, 그냥 '그때 좋았지.' 하면서 귀한 통찰들을 휘발시켜 버렸을 것이다. 기록이 중요하다.

성장 : 탁월함으로 가는 여정

책을 써야 하는 네 번째 이유는 성장이다. 나는 20년 넘게 수천 권이 넘는 책을 읽어왔다. 지금은 매일 일독, 하루에 300페이지가 넘는 책을 읽고 있다. 책을 읽으면 확실히 변화가 있다. 오랫동안 부정적인 감정에 쌓여있던 사람은 정서가 변하고, '나는 절대 할 수 없어.', '내 한계는 여기까지야.'라고 생각하며 스스로 자신을 좁은 테두리 안에 가두는 사람의 생각 또한 더욱 확장되고 더 많은 가능성을 탐색하며 자신의 세계를 넓혀간다.

그러나 우리는 왜 독서를 넘어서 글을 쓰고 책을 쓰는 데까지 나아가야 할까? 글쓰기와 책쓰기는 무엇이 다를까? 독서와 개인적인 공간 안에서 글을 쓰는 사람은 분명 존재가 변하고 확장된다. 더 많은 미래를 바라보며 가능성을 탐구할 수 있게 된다. 그러나 그런다고 해서 아무도 자신을 알아주지는 않는다. 존재가 변하고 가치관이 바뀌고 무언가 할 수 있는 실력이 쌓여간다고 할지라도 딱 거기까지다.

그래서 최고의 자기 계발은 독서가 아니라 책쓰기다. 책을 쓰는 과정에서 엄청난 공부가 된다. 그 분야를 좋아하는 사람은 이런저런 자료들을 조사하고 정리하면서 내가 좋아하는 분야의 더 깊은 맥락들을 이해하고 체계를 잡아갈 수 있다. 이미 그 분야의 전문가라도 그 주제를 정리하고 엮는 과정에서 더 체계가 잡히고 흩어져 있던 구슬이 꿰어지며 내공을 탄탄히 쌓아가게 된다. 책쓰기는 평범한 사람이 전문가로 탁월함으로 가는 여정이다.

독립 : 내가 주인이 되는 길

　책을 써야 하는 다섯 번째 이유는 독립이다. 독립이란 내가 내 삶의 주인이 되는 것이다. 독립과 자유는 내 삶의 주요 키워드다. 오랜 시간 낮은 자존감으로 남의 눈치를 보며 타인의 기대에 덧대어 순응하며 살아온 나에게 독서와 글쓰기는 나를 해방해 주었다. 결혼 후 여자와 엄마 사이에서, 일터에서는 남성과 여성 사이에서 온전한 주체로 서 있지 못한 느낌을 받으며 헤맬 때 독서와 함께 글쓰기는 완전한 독립과 자유를 가져다주었다.
　이는 내가 온전히 내 삶의 주체로, 주인이 되기 위해서 읽기만 해서는 안 되는 이유다. 글을 쓴다는 것은 자신만의 생각이 있다는 것이다. 남의 생각에 덧대어 더듬어 거리며 쓰더라도 그 과정에서 자신만의 조악한 생각과 느낌을 천천히 찾아 나선다. 그렇게 조금씩 우리는 글을 쓰며 더 주체적이고 독립적인 자아로 우뚝 서 간다. 그렇게 글이 모여 한 권의 책으로 만들어진다면 해냈다는 성취감과 더불어 자존감은 한껏 상승한다. 힘들고 지난한 글 노동의 과정을 이겨내면서 내 시간과 몸을 내가 통제해냈다는 승리감을 안겨다 준다.

새벽 5시마다 〈새벽몰입독서〉라는 이름 아래 온라인 줌방을 열어드린다. 다섯 시가 되면 독서나 글쓰기 동기부여 문장을 읽어드린다. 이 글을 쓰는 날에 읽어드린 문장은 다음과 같다. "때때로 독서는 생각하지 않기 위한 기발한 수단이다."라는 아서 헬프스의 문장이다. 이것은 무슨 뜻일까? 독서하면 사고력이 발달하지 않는가? 생각하기 위해 독서하는 것이 아닌가? 라고 질문할 수 있다. 책을 읽으면 물론 생각의 자극을 받는다. 그러나 책은 언제나 수단이다. 그저 읽기만 하는 사람은 저자가 던져주는 문제, 저자의 생각에 대해 그저 순응하는 자세이다. 우리는 거기서 더 나아가야 한다. 저자의 생각에 대해 충분히 머물고 나만의 생각을 이어가야 한다. 그렇지 않으면 독서는 정말 생각하지 않기 위한 회피 수단이 되는 것이다.

그럼 생각하기 위한 독서는 어떻게 해야 할까? 머물러야 한다. 머물기 위해서 가장 좋은 방법은 기록이다. 필사도 좋다. 처음에는 완성된 문장이 아니어도 나만의 생각을 덧붙인 간단한 기록도 좋다. 거기서 더 발전하여 완성된 글쓰기도 해 본다. 글쓰기 힘들다면, 책을 읽기 위해 독서 모임에 참여하는 것처럼 글모임에 적극적으로 참여해 보는 것도 방법이다.

글을 쓰기를 두려워하는 이유는 먼저 내 목소리를 믿지 못하기 때문이다. 내가 살아온 날들에 대한 신뢰가 없기 때문이다. 내 목소리가 없다는 것, 내 이야기에 대한 믿음이 없다는 것은 결국 타인의 목소리 타인의 이야기에 기대어서만 살아간다는 의미이다. 나의 삶을 살아가는 것이 아니라 타인의 메시지와 타인의 삶에만 종속된 것이다. 그래서 글을 쓰는 과정은 조금이라도 내 생각을 더듬어 가면서 나의 내면에 억눌려 있는 목소리를 발견하고 그것을 토해내고 정리하여 타인에게서 독립해 가는 과정이다. 노예의 삶에서 주인이 되어가는 과정이다. 이렇게 한 꼭지 한 꼭지를 써 가며 책 한 권을 완성해 가는 기쁨은 이루 말할 수 없다. 나의 독립을 선포하는 책쓰기 여정이다.

《누가 지구를 망치는가》라는 책에서 저자는 디지털 세상을 조금 비판적으로 바라본다. 빌 게이츠와 기술 자본가가 장악한 미래에 인류의 양극화는 더욱 심해질 것이다. 이런 양극화로 대부분의 사람은 한번 쓰고 버리는 일회용품으로 전락하여 새로운 제국에 발을 붙일 수 없게 된다. 미래가 암울하다. 기술이 발전하면 많은 부분이 편해지겠지만 그 기술을 가진 자와 가지지 못한 자의 격차는 커지게 된다. 그 새로운 제국에 들어서지 못한 사람은 디지털 노예로 살아갈 것이다. 디지털뿐 아니라 많은 부분이 연결된 현대 사회에서 노예의 삶을 완전히 피하기는 힘들다. 분별이 필요하다.

《아무튼 메모》의 저자는 기록의 중요성에 대해 이렇게 말한다.

> "한때는 사회가 나를 제 맘대로 소유할 뻔했던 적이 있었다. 스스로 생각하지 않으면 사회가 그 일을 하고 만다. 스스로 생각하지 않으면 내 생각의 자리를 다른 사람이 차지하고 만다. 결국은 대다수의 시선에 의존적인 사람이 되고 마는 것을 피하기 어렵다."

어쨌든 삶이 수동적이라면 능동성을 늘릴 필요가 있다. 사회가 힘이 셀수록 이 사회와는 조금 다른 시간, 즉 고정관념, 효율성, 이해관계와 무관한 자신만의 시간이 필요하다. 개인이 자기 자신으로 사는 사적 자유의 시간과 공간이 필요하다. 그저 흘러가는 대로, 되는 대로가 아니라 의도적으로 살아야 한다. 메모를 하는 사람은 스스로 생각하는 시간을 자신에게 선물하는 셈이고 결과적으로 메모는 자신감 혹은 자기 존중을 높인다. 스스로 멈추기 때문이다. 스스로 뭔가를 붙잡아서 곁에 두기 때문이다.

《책쓰는 책》의 저자 김경윤은 보통 사람들이 글을 쓰고 책을 써야 하는 이유에 대해서 이렇게 말한다.

"민주주의 사회에서는 특별하지 않은 보통 사람들이 자기 생각을 말하고 써야 한다. 아니 역으로 보통 사람들이 자기 생각을 당당하게 말하고 글로 쓸 수 있을 때 민주주의가 실현된다. 우리의 역사는 우리가 써야 한다. 당신의 역사는 당연히 당신이 써야 한다."

"말의 영역에서도 불평등은 확인되지만, 글의 영역에서는 불평등이 더욱 심화하고 있다. 특정한 사람만이 글을 읽고 더 소수의 사람만이 글을 쓴다면 글의 영역에서 민주주의는 절대 오지 않을 것이다. 민주주의 사회는 특정한 사람만이 글을 쓰고 소수의 사람만이 글을 읽는 사회가 아니라 국민 개개인이 활발하게 글을 읽고 자기 생각을 글로 표현할 줄 아는 사회여야 한다. 이것이 내가 말하는 언어의 민주주의다."

디지털 세상 속에서 많은 부분이 민주화되었다. 누구나 자신만의 플랫폼에서 말과 글과 이미지로 자신의 목소리를 발할 수 있게 되었다. 누구나 다른 사람들에게 도움을 줄 수 있는 지식과 경험을 나눌 수 있게 된 것이다. 책보다 영상이 강한 시대이지만 그 영상의 기초도 글이다. 글이 전제되어야 한다. 영상이든 글이든 자신의 사유를 날카롭게 하고 전달할 메시지를 분명히 해야 영상으로 송출할 수 있다. 책쓰기는 자신이 전달하고자 하는 메시지를 더욱 정확하게 하는 과정이다. 자신만의 사유와 철학을 탄탄히 세워가는 시간이다.

  타인과 사회로부터 휘둘리고 상처받아 세상을 한탄하는 것이 아니라 존재와 생각이 단단한 각 사람이 공존하며 말과 글로 소통한다면 사회가 더욱 건강해지지 않을까.

수련 : 함부로 살지 않겠다는 다짐

글쓰기는 지적이고 정서적인 극기 훈련과 같다. 공원에서 산책하는 것을 기대했다가 글쓰기가 애초 생각과 다르다고 충격을 받아 포기하기보다 강도 높은 훈련을 각오해야 한다. _캐시 렌첸브링크

책을 써야 하는 여섯 번째 이유는 인생 수련이다. 100세 시대를 우리는 살고 있다. 은퇴하는 60세에도 우리는 너무 건강하다. 은퇴 후 살아온 날만큼 한가하게 시간을 보내는 것도 하루 이틀이다. 오히려 축적해 온 지식과 경험을 사회에 환원할 때 의미 있는 인생을 건강하고 즐겁게 살 수 있다.

이 과정에서 책쓰기는 자신을 수련하는 최고의 길이다. 수동적인 강의 듣기에서 글을 생산해 내는 과정은 최고의 자기 계발이 된다. 나를 돌아보는 에세이를 쓰든, 지식과 경험을 나누기 위한 실용서를 쓰든 그 과정은 나태해지지 않겠다는 자신과의 약속이며, 자신을 수련하는 길이며, 끊임없이 성장하며 주어진 삶을 함부로 살지 않겠다는 다짐이다.

《내가 글이 된다면》의 캐시 렌첸브링크는 "글쓰기는 지적이고 정서적인 극기 훈련과 같다."고 말했다. 막상 글을 쓰려고 시작하기는 어쩌면 쉬울 수 있다. 그러나 지속하여 한 권의 책을 마무리 짓는 일에는 정신과 몸의 고도의 노동이 포함된다. 그래서 그녀는 말한다. "강도 높은 훈련을 각오해야 한다."고. 그러나 훈련 끝에는 인내 후에 주어지는 기쁨과 달콤한 자유가 주어진다. 내 몸과 삶을 바르게 하는 수련 과정을 거치며 한 단계 더 성장한 자신을 보는 기쁨을 누리게 된다. 존재와 삶을 다스리는 자유를 만끽하게 된다.

글을 쓰며 현재와 미래를 쓴 대로 살겠다고 수없이 다짐한다. 수없이 사유하고 퇴고하며 삶을 세워 간다. 그렇게 글쓰기는 수련의 시간이다.

자존감 : 쓰면 단단해진다

> 글쓰기는 칭찬이나 인정, 상을 받고 싶은 욕망의 표현이 아니다. 삶이 주는 선물에 대한 감사의 표현이다. _스탠리 쿠니츠

책을 써야 하는 일곱 번째 이유는 자존감이다. 열등감으로 똘똘 뭉쳐 있었던 나는 오랜 시간 책을 읽고 이제야 매우 나 자신을 사랑하기 시작했다. 그러나 읽을 뿐 아니라 글을 쓰고 그것을 책이라는 결과물로 받아보는 과정 속에서 하나의 책을 완성했다는 뿌듯함, 한 주제에 관한 책을 쓸 정도로 내공을 쌓았다는 자부심이 생겨났다. 이미 자존감이 충만했지만, 책은 그것을 더욱 단단하게 해 주었다. 나 자신을 넘어 누군가에게 또 다른 가치를 나누는 것에 관한 기쁨이 담긴 자부심이었다.

읽은 것이 휘발되지 않고, 내가 읽고 먹고 쌓아왔던 모든 것이 책이라는 형태에 담아진다. 짧은 글만 쓴다면 구슬이 연결되지 않는다. 그런데 책을 쓰면서 그 구슬들이 하나씩 꿰어지고, 그 분야에 대한 자신감도 생기고, 나만의

메시지를 전달할 수 있는 통로가 확장되기에 자존감 상승은 당연하다. 이는 나 혼자만 누리던 존재에 대한 신뢰와는 또 다른 결의 믿음이다.

물론 첫 책은 조금 부끄러울 수 있다. 자기 노출, 내 스토리에 대한 확신 부족, 생각보다 책에 관한 관심 부족, 판매 부진 등 책 한 권 썼다고 솔직히 아주 큰 일이 생기지는 않는다. 저자라는 공인이 되어 때론 도망가고 싶은 마음도 생긴다. 책을 물리고 싶기도 하다. 나를 모르는 사람은 괜찮은데 지인들은 나를 어떻게 볼까 하는 걱정도 든다. 그러나 이는 저자, 작가로서 누구나 겪게 되는 일이다. 괜찮다. 그러나 두 번째, 세 번째부터는 확실히 달라진다. 남편은 처음 책을 출간했을 때는 퇴직 후 '그냥 책 한 권 썼나 보다.'라고 생각했다고 한다. 그런데 두 번째, 세번째 책도 이어 쓰니깐 책에 대한 나의 진심을 인정해 주기 시작했다. 자존감 상승은 물론 일에 대한 자부심, 새로운 사람과의 연결 등 여러 면에서 풍요로워진다.

글을 쓴다는 것은 나와 우리, 세상을 연결하는 행위다. 책쓰기는 공적 행위다. 책쓰기는 이제 개인을 넘어서 사회와 연결되는 통로가 된다. 존재와 자기만의 콘텐츠를 단단히 하는 과정이다.

지인 중 한 명이 서울에 있는 대형 병원 작업치료사 20년 차다. 퇴사를 고민하고 있다. 1인 기업가로 치료센터를 세우고 싶어 한다. 아마 더 많은 이들이 이른 나이에 퇴사를 고민하고 준비하고 있을 것이다. 한 초등학교 30대 젊은 선생님이 공동 저자 프로젝트에 지원하셔서 글을 썼다. 책 출간 후 출간기념회에서 "저희 세대들은 교장이 되고 교감이 되는 것이 목표가 아니에요. 자신을 브랜딩하고 자신만의 콘텐츠로 무언가 하고 싶어 해요."라고 말했다. 오늘도 인스타 피드에서 한 초등교사가 교직을 내려놓고 자신만의 일을 만들어가겠다는 고백이 담긴 글을 보았다.

회사를 나와 프리랜서로 1인 기업가로 살아가고 있는 이들이 많아지고 있다. AI가 등장한 지금과 미래에는 이렇게 일하는 사람들이 더욱 많아질 것이다. 그동안은 조직 안에서 있었기 때문에 주어진 일만 하면 되었다. 그래서 내가 나를 알릴 필요가 크지 않았다. 그러나 시대가 바뀌었다.

이른 퇴사이든, 정년을 채운 은퇴이든 살아온 날들보다 살아갈 날들이 많다. 단지 돈 때문이 아니더라도 그 많은 시간을 한가하게 보낼 순 없다. 일이란 단순히 생계 수단을 넘어서 살아갈 이유이자, 자신의 존재 가치를 증명해 내는 것이기도 하기 때문이다. 그러나 회사를 떠나 개인이 되었을 때 나를 증명할 길이 없다. 책쓰기는 나를 확실히 브랜딩하는 길이다. 요즘은 워낙 책을 쓰려는 사람이 많아서 한 권으로는 약할 수도 있다. 점을 찍듯이 책도 써 가야 한다. 그렇게 자신을 브랜딩하고 전문가로 성장해간다면 퇴사 후에도 자신의 가치는 꾸준히 올라가고 일할 기회들은 더 많아질 것이다. 이렇게 자신의 콘텐츠로 채워진 책 한 권은 자기 자신을 여러 면에서 더욱 단단하게 해 준다.

그래서 내가 아는 한 지인은 직장 20년 차가 되던 해에 잠깐 6개월 휴직을 한 후 책을 쓰고 있다. 책을 쓰고 바로 퇴사하지 않을지라도 직장에서의 위치는 더욱 단단해질 것이다. 수년 전 한 책쓰기 모임에 등록해 책을 쓰려고 했지만 여러 가지 이유로 쓰지 못했었다. 책을 출간하는 방법은 많으니 이번에는 무조건 쓰라고 했다.

어떤 작가는 말한다. 굳이 많은 돈을 들여서 책쓰기를 배워야 하냐고, 또는 자비 출판을 해야 하냐고 말이다. 그 작가는 자신이 투고에 성공했기 때문에 그렇게 말할 수 있다. 대부분의 사람은 책쓰기 책을 읽어도 혼자 끝까지 쓰는 것이 힘들다.

책을 출간하는 방법은 더욱 많아지고 쉬워지고 있고, 꼭 상업 출판만이 답이 되지 않는다. 내가 아는 한 지인은 매년 책쓰기를 목표로 세우고, 자비 출판으로 책을 출간하고 있다. 두 번째 책은 베스트셀러에 올랐다.

한 1인 기업가가 해 준 이야기다. 몇백만 원짜리 판매했던 강의를 몇만 원에 재판매했단다. 강의 내용은 크게 다르지 않은데. 몇만 원짜리 강의 들은 사람은 '다음에 또 들으면 되지.' 하는 마음에 미루면서 실행을 안 하더란다. 그런데 몇백만 원 투자한 사람은 아까워서라도 실행했다고 한다. 누가 빨리 성장하겠는가.

책쓰기도 투자개념이라고 생각하면 좋겠다. 영어 학원 원장님들과 기획 공저 작업을 하고 있다. 오프라인 학원 공간을 하나 인테리어하는데 최소 오천만 원이 든다고 한다. 하물며 지식 창업을 하려고 하는 사람들이 책을 쓰는데 몇백을 투자하는 것은 그에 비하면 매우 작은 일이다. 이는 기나긴 투고 기간을 기다려야 하고, 혼자 책 쓰는 외로움을 극복해야 하는 것에 비하면 바쁜 직장인, 1인 기업가들의 시간과 에너지를 줄여주는 일이다.

이렇게 책쓰기는 존재와 삶을 단단하게 해 준다. 책을 쓰면서 그리고 출간 후 여러 기회들이 확장되면서 존재와 일의 역량을 더욱 단단하게 한다.

고령화 : 평생 현역으로 살아가기

지금까지는 책을 써야 하는 개인적 이유를 이야기했다. 이제는 책을 써야 하는 사회적 이유이다. 그 첫 번째는 고령화다. 심신이 건강하고 홀로 생활이 가능한 나이를 '건강수명'이라고 한다. 건강수명은 남성이 72.68세, 여성이 75.38세이다(2019년 조사). 평균적으로 남성은 72세, 여성은 75세가 되면 다른 사람의 돌봄이 필요하다는 뜻이다. '평균수명'은 남성이 81.64세, 여성이 87.74세이다. (2020년 조사) 평균수명이란 평균적으로 몇 살까지 사는가를 의미한다. 한마디로 몇 살에 죽느냐이다.

나이가 들어가면서 중요한 것은 마음껏 원하는 일을 하며 즐겁게 살아가는 것이다. 변화가 없는 지루한 일상은 뇌 활동을 둔화시킨다. 반대로 좋아하는 일이나 새로운 일을 하면 뇌는 자극을 받아 활성화된다. 이를 통해 인지장애의 발현도 늦출 수 있다.

은퇴 후 삶이 너무 길다. 은퇴자들의 축적된 지식과 경험은 지적 자산이다. 건강도 과거 세대보다는 훨씬 잘 관리해서 활력이 넘친다. 그렇다면 그들이 경험해 온 지적 자본들을 계속 사회에 나눠야 한다. 이들에게도 책은 명함 역할을 하여 계속 일할 기회를 가져다줄 것이다. 그것이 비즈니스 형태일 수도 있고, 봉사의 형태일 수도 있지만 오랜 시간 쌓아온 지식과 경험을 그저 흘려보내고 소소하게 일상을 누리기만 하며 살기에는 우리 생이 너무 아깝다.

80세, 90세, 심지어 100세가 넘어서까지 글을 쓰며 활동하시는 분들이 있다. 《백 년을 살아보니》의 김형석 교수는 100세를 앞두고 이 책을 썼다. 이 책을 쓰셨을 때는 97세였다. 그는 2020년 만 100세를 맞이하여 《백세 일기》라는 책을 출판하셨다. 100세가 넘은 2022년도에도 《김형석의 인생 문답》이라는 책을 출간하셨다.

한 세기를 사셨기에 한국의 가장 파란만장한 역사와도 그 궤를 같이하셨다. 일제 치하, 공산 치하, 탈북, 6, 25 전쟁, 4.19 등을 겪어 내셨다. 남으로 와서 교사와 교수 생활을 이어가시고, 여섯 남매나 두셨다. 그는 은퇴 이후에도, 100세가 넘는 나이에도 계속 저술과 사회적 활동을 하셨다. 그가 책을 썼기에 우리는 그를 통해 개인사와 그가 통과해 온 100년의 한국의 역사 단면을 알 수 있었다.

그는 인생의 황금기는 60에서 75세라고 말한다.

> "인생에서 50에서 80까지는 단절되지 않은 한 기간으로 보아야 한다는 생각이다. 50부터는 80이 되었을 때 나는 적어도 이러한 삶의 조각품을 완성해야 한다는 준비와 계획과 신념과 꾸준한 용기를 갖고, 제2의 마라톤을 달리는 각오로 재출발해야 한다는 교훈이다." _김형석.《백 년을 살아보니》

저자는 우리 사회는 너무 일찍 성장을 포기하는 젊은 노인들이 많다고 지적한다. 60대가 되어서도 진지하게 공부하며 일하는 사람은 성장을 멈추지 않는다는 것이다. 저자처럼 100세까지 공부하며 작은 것이라도 나누는 분들이 많아졌으면 좋겠다. 모든 면에서 좀 더 여유로울 수 있는 은퇴 후 시점에 경제적 준비뿐 아니라 어떻게 채우고, 나누고, 향유해가야 할지 더 많은 이야기가 오가고 준비가 이루어졌으면 좋겠다. 그렇다면 고령화가 결코 문제가 아니라 사회 발전과 행복감에도 기여하는 주제가 될 것이다. 김형석 교수에게 책쓰기는 '나 아직 살아 있어. 일할 수 있다고.'라는 말이 담긴 메시지가 아닐까. 그야말로 평생 현역의 살아 있는 교본이다.

브랜딩 : 나는 브랜드가 되기로 했다

　책을 써야 하는 두 번째 사회적 브랜딩이다. 퇴사 후 오랜 시간을 살아야 하는 우리기에 그저 삶을 버티기만 하기에는 생이 너무 아깝다. 자신을 알리기 위해서 브랜딩은 필수다. 가만히 있으면 아무도 나를 알아주지 않는다. 책을 쓰려는 이들은 100권 읽기보다 한 권을 쓰는 것이, 학위보다 책 한 권 출간하는 것이 100배 더 낫다고 말한다. 책은 최고의 자기소개서이자 명함이다. 책을 쓰려는 사람이 많아지고 있기에 그러하기에 이 또한 쓰지 않는다면 나만 명함이 없는 처지가 된다.

　이제 퇴사자뿐 아니라 직장인에게도 브랜딩이 필요하다. 자발적이든 타의이든 언제 회사를 떠날지 모르기에 책은 자신을 브랜딩하기에 좋은 도구가 된다. 아직 직장인이라도 회사안에서 인정받기 위해서라도 책쓰기만 한 것이 없다. 직장인도 책 한 권에 자신의 지식과 경험을 녹여낸다면 직장 안팎에서 바라보는 시선이 확실히 달라질 것이다.

　브랜드를 통해서 자신과 남을 차별화한다. 사람들은 시장에 비슷한 물건들이 많이 나와 있어도 제품의 질, 가치를 떠나 브랜드가 되어 있는 제품을 믿고 구매한다. 브랜딩은 크고 작든, 모든 비즈니스에서 가장 중요하다. 갈수록 시장 경쟁은 치열해지고 있다. 살아남기 위해선 차별화된 브랜드 전략이 필요하다. 이는 사람에게도 당연히 적용된다.

사람이 브랜드다. 브랜드를 사람으로 비유한다면 본인을 알아가는 긴 여정과 같다. 아래는 브랜드를 정의하는 기본 질문들이다.

- 당신의 회사 이름은 무엇인가요?
- 제품 또는 서비스의 이점과 특징은 무엇인가요?
- 고객과 잠재 고객은 당신의 회사에 대해 어떻게 생각하나요?
- 고객과 당신의 회사를 연결하고 싶은 가치는 무엇일까요?

이를 책쓰기에 적용해 볼 수도 있다.

- 당신이 쓰려는 책의 주제는 무엇인가요?
- 책의 이점과 특징은 무엇인가요?
- 책의 타깃은 누구이며 그 타깃 독자는 이 책에 대해 어떻게 생각하나요?
- 당신이 이 책을 통해 독자와 연결하고 싶은 가치는 무엇일까요?

책을 기획하고 쓰는 과정에서 이 질문에 계속 답해가야 한다. 이렇게 사유하며 책을 정교화해가는 과정에서 자신을 알아가게 되고, 다른 이들과 차별화되는 무기 하나를 장착하게 된다.

소비자들은 특정 브랜드에 신뢰감, 충성도, 편안함 등의 감정을 느낀다. 이런 감정을 거쳐 긍정적인 경험을 갖게 되고, 이는 그 브랜드에 가치와 이미지를 부여한다. 브랜딩이란 이런 경험을 창조하고 소비자와 진실한 관계를 발전시켜 나가는 관계 구축 과정인 것이다.

브랜드 가치는 고객이 브랜드에 감정적인 애착을 느끼는 정도를 말한다. 예를 들면 나이키는 그들의 제품을 스타 운동선수와 연결한다. 소비자가 운동선수에게 갖는 좋은 감정이 제품으로 옮겨 가기를 바라면서. 나이키는 단지 신발의 성능만을 이야기하지 않는다. 고객이 브랜드에 대해 감정을 가질 수 있게 만든다.

우리가 모든 사람을 일일이 만나며 자신을 알리기에는 시공간 한계가 있다. 그러나 책은 제품이든 서비스든 소비자와의 만남을 이어준다. 독자는 저자와 관계가 형성된다. 내 책을 읽고 나에 대해 알고 신뢰가 생겼다면 내 제품이나 서비스를 구매할 확률을 올라간다. 이 과정에도 브랜드 인지도는 점차 높아진다.

누군가 말했다. 브랜딩(branding)은 인상(image)을 만드는 작업이라고 말이다. 즉, 오감으로 느낄 수 있는 모든 요소에 변화를 줌으로써 궁극적으로는 그것의 종합적인 인상에 변화를 주는 작업이 바로 브랜딩이다.

일관되고 효과적인 브랜드 전략은 강력한 브랜드 정체성을 만든다. 그리고 확실히 구축한 브랜드의 제품 및 서비스는 그렇지 않은 제품보다 훨씬 큰 가치를 갖는다. 코카콜라를 생각해보자. 만일 코카콜라와 어떠한 상표 없는 탄산음료, 두 가지가 있다. 무엇을 구매할 것인가. 우리에게 코카콜라는 이제 단순한 탄산음료가 아니다. 빨간색이 생각나고 운동 후 마시는 짜릿함, 친구들과의 정겨운 추억이 떠오른다. 같은 탄산음료라 할지라도 더 비싼 코카콜라를 구매하게 만든다. 바로 브랜딩의 힘이다.

조직을 떠난 개개인은 힘이 약하다. 그동안 우리는 조직의 브랜드에 의지해 일해 왔다. AI까지 나와 인간의 일자리를 위협하고 있는 지금, 개개인은 내가 나를 경영한다는 기업 정신을 가지고 자신만의 브랜드를 만들어 가는 데 힘을 쏟아야 한다. 책쓰기가 전부는 아닐지라도 가장 효과적으로 확실하게 자신을 브랜드하는 길이다.

메신저 : 지식과 경험이 책이 된다

 책을 써야 하는 세 번째 사회적 이유는 우리 모두 메신저로서 부름을 받았기 때문이다. 개그맨 고명환 작가의 책 《나는 어떻게 삶의 해답을 찾는가》에서 그는 세 가지 독서법 단계를 이야기한다. 낙타와 사자, 어린아이의 단계이다. 이는 니체가 말한 인생의 단계에서 빌어온 것인데, 그는 이를 독서법에 적용하였다.

 낙타 단계는 책을 처음 접하고 읽기 시작한 단계로 숙제하는 아이처럼 꾸역꾸역 읽는다. 그러나 그는 이 단계를 더 이상 끌려다니지 않는 삶의 시작이라고 표현한다. 누구에게나 이 시기는 있으며 모든 사람이 필수적으로 이 시기를 거쳐 간다. 이 시기에는 다른 이들에게 절대적으로 의존하기도 하고, 스스로 책 선정을 하기도 어렵다. 아직 습관이 잡히지 않았기에 책 읽는 시간이 고통스럽지만, 이 고통은 고통이 아니라 부의 에너지를 내 안에 쌓는 시간이라고 그는 말한다.

 이 에너지가 충분히 쌓이면 용기가 생기고 사자 단계로 넘어가게 된다. 그는 "진정한 용기는 고통이 쌓여 에너지가 되고 그 에너지가 흘러넘칠 때 비로소 솟아난다."라고 말한다. 사자 단계에서는 남이 좋다고 하는 책을 읽는 건 진부하게 느껴진다. 사자의 삶은 낙타의 삶보다 주도적이다. 남들의 눈치를 보지 않게 되고 용기와 지혜가 생긴다. 그러나 주의점은 지나친 자신감이 자만심으로 굳어져 이 단계에 머무르게 되어버릴 확률이 크다는 것이다. 이때는 책의 권수보다도 책 한 권을 깊이 읽고 지혜를 쌓고 자신만의 철학을 쌓아가야 한다.

이제 어린아이의 단계로 넘어가게 된다. 어린아이의 단계가 되면 책을 읽고 내 철학을 만들 수 있게 된다. 이때는 책을 읽는 이유가 자신이 아닌 타인을 향한다. 가장 창의적이고 이타적이고 물질적인 것을 초월한 단계이다. 책을 충분히 읽으면 존재가 충만해진다. 그러나 거기서 머물면 오히려 생명이 위축될 수 있다. 고인 물은 썩기 마련이다. 쌓인 에너지를 나누어야 한다.

그래서 고명환 작가도 이 단계에 이르러 '메신저가 되어라.'라고 도전한다. 그는 덧붙인다. 내가 만든 철학으로 다른 사람의 성공을 돕는 삶이 메신저이다. 이는 자본주의의 굴레에서 벗어나는 가장 좋은 방법이라고 그는 덧붙인다.

《백만장자 메신저》의 저자도 이렇게 말했다.

> "당신이 살아온 이야기, 알고 있는 지식, 전달하고자 하는 메시지는 생각보다 훨씬 더 가치 있다. 사람들은 당신의 경험을 통해 간접 체험과 교훈을 얻기 때문이다."

> "당신은 세상을 변화시키기 위해 태어났다. 세상을 변화시키는 가장 좋은 방법은 자신의 지식과 경험(어떤 주제에 대한 것이든)

을 이용해 다른 사람들이 성공하도록 돕는 것이다."

책을 쓴다는 것은 메신저의 삶을 살기로 결단했다는 표시다. 책을 쓰면 강연, 코칭, 컨설턴트 등 자신의 메시지를 나눌 여러 기회가 확장된다. 사회적 영향력이 커지는 것이다.

《백만장자 메신저》의 저자는 죽을 뻔한 자동차 사고 이후 두 번째 삶을 살 수 있는 티켓을 건네받았다고 말했다. 그는 삶을 끝내야 할 때 스스로에게 세 가지 질문을 던졌다고 한다.

- 나는 정말 만족스럽게 살았는가?
- 주변 사람들을 충분히 사랑하고 보살피고 그들에게 감사했는가?
- 내 마음속 깊은 곳에는 삶의 목적이 있었는가?

그는 TV에서 한 사람이 나와서 인생에 관한 이야기를 하는 것을 시청했다. TV 속 연사는 토니 로빈스였다. 그는 "우리 각자에게는 저마다 원하는 삶을 살고 변화를 일으킬 무한한 능력이 있다."고 역설했다. 저자는 이 메시지에 도전받고 자신도 메신저의 삶을 살기로 결단한다.

그는 말한다. 시작할 때부터 유명하고 부자였던 사람은 아무도 없다고. 자기 안에 영감과 지혜를 가지고 있음을 믿는다고. 이런 믿음을 쌓은 후, 그는 전문지식을 쌓고 자신의 메시지를 상품화하고 홍보하는 법을 배우고 가능한 한 많은 이에게 전하는 방법을 찾아 나섰다.

메신저의 삶을 살기 위해 정보를 상품으로 만드는 다양한 방법이 있다. 강연, 워크숍, 코칭, 컨설팅, 온라인 교육 상품 등이다. 이 중 책쓰기는 메신저의 삶을 시작하는 효과적인 한 가지 방법이다. 책은 자신만의 메시지가 담긴 하나의 콘텐츠다. 콘텐츠를 생산하는 이 단계는 예술가적 열정을 가장 크게 활성화해야 하는 부분이다. 메신저들은 정보화 시대에 새로운 정보와 가치를 창조해내는 예술가들이다.

    메신저는 자신의 지식과 경험으로 다른 사람의 성공을 돕는다. 이를 위해 끊임없이 배우고, 노력해야 한다. 책쓰기는 배움의 가장 효과적인 수단이다.

하루 한 페이지, 100일 뒤면 100페이지의 글이 쌓이게 된다. 이 중에서 쓰지 않으면 절대 몰랐을 이야기를 발견할 것이다. 자신이 생각지도 못한 보석과 같은 의미와 가치를 길어낼 될 것이다. 그렇게 글이 쌓이면서 단단해져 가는 자신을 마주할 것이다. 이 근력은 이제 책 한 권을 거뜬히 쓸 수 있는 마법의 무기가 되어 준다.

3장

누구나 저자가 되는 책 기획법

나만의 주제를 찾는 법

주제를 정하기 전에 필요한 것

주제를 정하기 전에 묻고 싶다. 당신이 책을 쓰려는 이유가 진짜 이유는 무엇인가? 물론 글을 쓰고 책을 내는 과정 자체가 굉장한 보상이다. 그 과정에서 나를 깊이 들여다보며 재발견하게 되고, 내 삶을 새롭게 조명하게 되며, 굉장한 성취감을 경험하게 된다. 그러나 그것뿐일까? 물론 저자 개인에게 가져다주는 보상과 유익만으로도 책을 한 권 출간해 보는 일은 해 볼 만하다.

그러나 책을 쓰는 과정은 만만치 않다. 이 과정을 인내하고 끝까지 완성하기 위해서는 개인의 유익보다 더 큰 목적이 있어야 한다. 《피터 드러커의 최고의 질문》이라는 책에서 피터 드러커는 말한다. 밀레니얼 세대는 직장에서 탈출해 이전 세대보다 더 많이 창업하고 있다. 그러나 경제 전문지 블룸버그에 따르면 창업가 10명 중 8명이 1년 6개월 안에 실패한다. 그는 이 책에서 개인과 조직이 어떤 실패에서도 포기하지 않고 지속 가능한 일을 이어가기 위해서 리더들의 자가 진단 도구로 다섯 가지 질문을 제시한다. 이 질문은 많은 기업과 개인을 지금까지도 살리고 있다.

1. 미션은 무엇인가 왜 무엇을 위해 존재하는가?
2. 고객은 누구인가 반드시 만족시켜야 할 대상은 누구인가?
3. 고객 가치는 무엇인가 그들은 무엇을 가치 있게 생각하는가?
4. 결과는 무엇인가 어떤 결과가 필요하며 그것은 무엇을 의미하는가?
5. 계획은 무엇인가 앞으로 무엇을 어떻게 할 것인가?

이 다섯 가지 질문은 책을 쓸 때도 모두 점검해 보아야 하는 질문이다. 첫 번째만 살펴보자. 첫 번째 질문은 미션이다. 이 기업은, 개인은 "무엇을 위해 존재하는가?"이다. 이 질문 앞에 많은 이들은 숙연해졌다. 책을 쓰는 일도 마찬가지다. 책을 쓰고자 하는 이유가 분명히 있다. 물론 책을 쓰는 과정에서 얻는 성취감, 나를 브랜딩 하는 일, 더 많은 기회를 얻는 길이 책 출간 후 주어진다. 그러나 그보다도 더 위에 있는 미션을 고민해 보았으면 한다. 단순히 개인적인 만족과 유익을 넘어 책은 누군가에게 돕는 중요한 매체가 된다. 각 사람에게는 이 땅을 살아가는 이유와 미션이 있는 것이다. 그 이야기들을 책이라는 매체에 담을 뿐이다. 그러하기에 작가로서의 소명 의식과 책임감을 단단히 해야 한다. 이것이 분명하다면 책을 쓰는 과정에서 어떤 어려움과 장애물이 생길지라도 포기하지 않는 힘이 생길 것이다.

송숙희 저자는 《당신의 책을 가져라》을 쓴 비전과 목적을 자신의 책에서 다음과 같이 밝히고 있다.

"내가 쓰고 있는 이 책의 목적은 "작가 개개인들이 자신만의 전문성과 독특한 사고를 한 권의 책을 통해 표현하게 하는 것"이다. 그리고 그 비전은 "독자들이 모두 자신이 쓴 버젓한 책 한 권으로 정체성 확고한 힘 있는 삶을 살아가게 하는 것"이다."

나 또한 개인 저서와 여러 권의 공저를 출간한 경험이 있지만, 그 과정이 절대 쉽지 않았다. 첫 책을 쓰고는 도망가고 싶었다. 그저 나 한 사람의 생을 유지하고 만족시키기 위해서만 책을 쓰기에는 너무 고되고 힘들었다. 내 인생의 사명과 비전을 다시 생각했다. 그랬더니 책을 쓸 이유를 재발견하게 되었고, 다시 책을 쓰고 그 과정을 버텨낼 마음의 힘 또한 살아났다. 나 또한 송숙희 저자처럼 이 책을 쓰는 목적과 비전을 적어 보았다.

내가 이 책을 쓰는 목적은 "예비 저자들이 책을 쓰는 여정 속에서 삶의 의미와 미션을 재발견하며 읽고 쓰는 주체적인 한 사람으로 서게 하는 일"이다. 그로 인해 "주어진 생을 귀하게 여기며 자기의 지식과 경험이 담긴 책 한 권으로 또 다른 생에 기여하는 삶을 힘차게 살아가도록 돕는 것"이다.

전문가만 책을 쓰나요?

"내가 좋아하는 일이지만 난 이쪽 분야의 전문가가 아닌데 그래도 책을 쓸 수 있을까요?"

《백만장자 메신저》라는 책에서 저자는 "누구나 메신저가 될 수 있다."고 말한다. 그러면서 세 가지 메신저의 모델을 제시한다. 즉 성과 기반 메신저, 연구 기반 메신저, 롤 모델 메신저다. 책을 쓴 저자가 되었다는 것은 바로 메신저가 되었다는 말이다. 메신저가 되기로 작정한 사람들이다. 책의 주제를 찾을 때도 이 세 가지 메신저 유형을 응용해 볼 수 있다.

첫 번째는 성취한 경험을 주제로 책을 쓰는 것이다. 이제까지 살면서 특별하게 성취한 것이 있는가? 특별히 노력하지 않아도 잘하는 것이 있는가? 누구든 인생을 살아오면서 다른 사람들보다 뭔가를 먼저 혹은 뛰어나게 성취한 경험이 있다. 성과 기반 메신저란 어떤 것을 경험해보고 성취해 본 사람이며 이제 그것을 다른 사람들에게 가르칠 수 있는 사람을 말한다. 그리 대단한 성취가 아니어도 좋다. 그 주제는 저자만의 특별한 경험이자 성취이기에 사람들과 충분히 나눌 메시지가 된다.

두 번째는 연구하고 싶은 주제로 책을 쓰는 것이다. 누구든 관심 두고 공부해 온 또는 공부해가고 싶은 주제가 있을 것이다. 또는 내게 도움을 청해오는 주제가 있을 것이다. 어떤 분야의 책을 쓰기 위해 반드시 성과를 이룬 상태여야 하는 것은 아니다.

사업을 해 본 적이 없지만 그 분야를 깊이 연구한 경영학과 교수들도 책을 쓸 수 있다. 결혼하지 않았지만, 그 분야에 관심을 두고 공부해 온 사람이 남녀 관계를 주제로 책을 쓸 수도 있다. 내가 예전에 속해있던 조직에는 이사회가 있었다. 이사회 중 유아교육학과 여성 교수 두 분이 계셨는데, 모두 결혼하지 않았다. 그러나 유아교육에 대해서 오랫동안 관심을 두고 공부해 오셨기에 학생들을 가르칠 수 있었다.

또는 내가 성취한 것은 아니지만 사람들이 가치를 느끼는 주제를 찾아 연구하거나 성공한 사람을 인터뷰하여 알게 된 내용을 종합한 다음 그 주제로 책을 내는 것이다. 다른 이의 경험이지만 이 또한 연구 기반의 주제라 할 수 있다. 독자들은 그 책을 읽으며 그 분야의 핵심 통찰을 얻을 수 있다.

아직 이 분야에 특별한 성취가 없어도 내가 좋아하고 관심 있는 주제여서 오랫동안 공부해 오거나 계속 공부할 분야라면 신나게 책을 쓸 수 있을 것이다. 책을 쓰면서 더 체계가 잡히고 정리도 되니 공부가 되고 실력이 쌓이며 그 분야의 전문가로 우뚝 서게 된다.

마지막으로는 성취도 연구 경험도 없지만 존경받을 만한 삶을 살아왔는지의 여부다. 사람들이 신뢰하고 존경하는 이가 있다면 삶의 어떤 영역이든 그의 통찰을 얻으려고 사람들은 귀 기울이고 따른다. 그에게 자녀교육에 관해 묻기도 하고, 상처에 대해서 질문하기도 한다. 이런 이들이 책을 낸다면 두말하지 않고 그의 조언을 얻기 위해 사람들이 책을 구매할 것이다. 내가 누군가에게 영향력을 미치는 존경받는 사람이라면 어떤 주제든 책을 쓸 수 있을 것이다.

이 세 가지 주제는 사실 각각 다른 길이 아니라 순환적이다. 처음부터 이 모든 자질을 갖출 수는 없겠지만 결국 연결되어 있다. 연구 기반의 주제로 책을 썼지만, 책을 씀으로 또 다른 성취 경험을 만들어낼 수 있다. 책을 쓰는 과정은 앞에서도 이야기했듯이 자기 수련의 길이다. 성실하고 정직하게 글을 쓰고 자신을 성찰하는 과정을 이어가면서 저자는 조금 더 좋은 사람으로 누군가에게 도움이 되는 사람으로 자리매김하게 된다. 결국 믿고 따르는 이들을 얻게 된다.

당신은 어떤 주제부터 책을 쓸 것인가? 보통 사람이라면 연구 기반의 주제로 시작할 것이다. 꾸준히 책을 써 간다면 성취로, 롤모델로 이어질 것이다. 어떤 주제로 시작하든 세 가지 주제의 방향을 기억하고 포기하지 말고 계속 써 가라! 책쓰기를 통해 더 깊이 연구하고 더 많은 결과들을 성취하려고 애쓰며, 좋은 메신저가 되기 위해 노력해라.

블루오션보다 내가 좋아하는 주제로

"나의 이야기를 책으로 쓰고 싶은데 남들이 좋아하는 이야기를 써야 할지, 감이 잘 오지 않아요."

책쓰기 무료 특강을 진행한 적이 있다. 한 분이 위 질문을 주셨다. 비즈니스를 하는 수십 억대의 한 CEO는 이 질문에 좋아하는 것도 잘하는 것이 아닌 "돈이 되는 일을 하라."라고 조언했다. 책을 쓸 때는 어떻게 할까? 내가 좋아하고 잘하는 일이 돈도 된다면 좋겠지만 참 쉽지 않은 문제다.

그런데 나는 첫 책을 쓰고자 하는 사람이라면 먼저 좋아하는 주제로 쓰라고 말하고 싶다. 좋아한다는 것은 다른 말로 하자면 가슴 뛰는 주제이다. 첫 책이기에 그 과정이 더욱 쉽지 않다. 이 과정을 버텨내기 위해서 그나마 내가 좋아하는 가슴 뛰는 주제가 아니라면 마무리하기가 쉽지 않다.

물론 좋아하는 주제라고 해서 자기 만족적인 주제만을 선택해서는 안 된다. 주제는 매우 중요하다. 요즘은 많은 직장인, 전업주부, 1인 사업가들이 자신의 브랜딩을 위해 책을 쓴다. 당신이 정하는 주제가 당신 인생 콘셉트가 되고, 비즈니스로도 연결된다. 좋아하는 주제가 지금까지 경험해 온 지식일 수도 있고, 정말 애정하는 취미일 수도 있다. 좋아하는 주제는 저자의 존재 자체이다. 어쩌면 그 사람이 타고날 때부터 새겨진 본성과도 관계가 있다. 이 주제가 어떻게 자기만족에서 그치지 않고 출간 후에도 세상과 연결될 수 있을지 치열하게 고민해야 한다. 그런 주제라면 책을 쓰고 난 후에라도 그 주제에 헌신하며 세상과도 연결될 수 있다.

우선 주제를 뽑는 방법은 여러 가지다. 마인드맵으로도 좋고, 만다라트를 활용해도 좋고, 브레인스토밍으로 키워드만 나열해 보아도 좋다. 우선 키워드 주제를 생각나는 대로 100개까지 종이에 쉬지 말고 적어 보자! 그 속에 당신의 과거, 현재, 미래가 담겨 있다. 당신의 인생 주제가 그 단어 안에 있는 것이다. 그리고 그 키워드 중에 중복되는 키워드들은 분류하고 정리해 본다. 마지막으로 다음과 같은 기준으로 주제를 좁혀간다. 다음 열 가지를 고려해 보라.

- 당신은 평소 무슨 생각을 가장 많이 하는가?
- 내가 즐겁게 쓸 수 있는 주제인가?
- 항상 배우고 싶어 했던 주제는?
- 당신이 앞으로 5년 동안 즐겁게 열중할 수 있는 주제는?
- 내가 잘 아는 분야인가?
- 잘하는 일, 노력 없이도 큰 성과가 낳던 일은?
- 다른 사람이 당신에게 무슨 이야기 듣기를 좋아하는가?
- 다른 사람을 위해 당신이 꼭 해야 한다고 생각하는 일은 무엇인가?
- 계속 연구해서 사람들이 숙달하도록 돕고 싶은 주제가 있다면?
- 저자를 넘어 코칭, 컨설팅, 강연, 1인 지식 창업으로도 연결될 수 있는 주제인가?

영화 〈기생충〉으로 오스카상 4관왕을 차지한 봉준호 감독의 소감에서 그는 이렇게 말했다.

> "당신이 좋아하는 것을 하라. 누가 뭐라 하든 듣는 척만 하고 무시하라. 좋아하는 것을 하려고 이 일을 하는 게 아닌가."

이렇게 좋아하는 것을 쓸 때 원고를 끝까지 완성하고 책으로 출판할 확률이 높다. 그런 이야기라야 독자 또한 공감하고 수긍하고 납득할 것이다.

책 기획할 때
제일 중요한 이것

빠르게 원고를 쓰기 위해서 먼저 해야 할 것이 있다. 바로 '기획'이다. 기획은 책을 쓸 분야를 선택하고 콘셉트를 정하는 과정이다. 요즘에는 출판하는 경로가 다양해지다 보니, 약간의 비용을 들이거나 아니면 본인이 디자인이나 교정 교열을 볼 수 있다면 무료로도 책을 출판할 수 있게 되었다. 그러다 보니 기획 단계를 거치지 않고 출판할 경우, 제목과 목차, 책의 전체 방향이 허술하게 된다. 이렇게 되면 모든 이야기를 쓰려고 하거나 전혀 독자들을 고려하지 않은 원고가 된다.

초보 작가들은 기획뿐 아니라 책이 어떻게 출간되는지 그 경로에 대한 이해조차 미흡하다. 모든 과정을 이해하면 좋다. 내가 어디로 가는지 알고 시작하는 사람과 모르는 사람의 그 결과는 다를 것이다. 책만 쓰면 끝나는 줄 알지만, 책을 쓰고 난 후의 마케팅도 매우 중요하다. 이 모든 것을 알고 시작하면 내가 원하는 방향과 방식대로 책을 출간하기가 더 수월해진다.

책쓰기는 사실 기획전부터 시작된다. 책을 쓰려는 의도가 있듯 없든 책을 쓰기 전부터 자신만의 주제에 대한 자료를 계속 온라인 창고에 모아가고 경험을 쌓아간다. 이 과정이 깊어지면 책을 쓰고 싶다는 욕구가 강렬해지고, 어느 순간 결심하게 된다.

본격적으로 책을 쓰려고 할 때는 기획해야 한다. 칼럼 한 꼭지를 써도 개요를 짠다. 2박 3일 여행 일정을 짤 때도 계획표를 작성한다. 하물며 A4 100페이지 분량의 책 한 권의 방향이 산으로 가지 않기 위해서 꼭 필요한 과정이다. 그래야 원래 의도한 주제와 컨셉에 맞는 책이 완성된다.

힘들게 쓴 책이 더 많은 독자에게 가 닿기 위해 기획을 가볍게 여겨서는 안 된다. 이를 소홀히 할 때 저자의 시간과 에너지 손실뿐 아니라 종잇값, 인쇄비 등의 제작비와 마케팅비에 몇백에서 수천만 원이 드는 재정을 낭비하는 요인이 된다. 그래서 어떤 출판 경로를 선택하든 철저한 기획이 우선이다. 이는 장르와 콘셉트를 명확하게 하는 데 있다.

책을 쓰려면 먼저 어떤 분야, 장르의 책을 쓸 것인지 고민해야 한다. 그래야 콘셉트도 정할 수 있다. 콘셉트는 쉽게 말해 '책의 주제'라 할 수 있다. 주제를 탐색하고 컨셉을 확정한다. 내가 쓰고자 하는 주제가 시장성이 있는지, 비슷한 경쟁 도서를 분석하며 나만의 차별점을 더욱 명확하게 한다. 제목과 목차를 만들고, 출간기획서 초안을 작성한다. 책 전반적인 설계가 완성되면 본격적으로 원고 쓰기에 도입한다. 처음에는 완벽하게 써 가려고 하기보다, 힘을 빼고 초고 쓰기에 집중한다. 우선은 내가 가지고 있는 지식과 경험을 모두 쏟는다는 마음으로 내용을 채워간다. 모아 놓은 자료들을 활용하며 부족한 부분은 자료조사로 보충한다.

원고 일부분이 완성되었을 때, 출간기획서와 원고 샘플을 투고해 본다. 상업 출판의 문을 끝까지 두드려 보는 것도 좋겠고, 이 부분이 힘들겠다고 판단이 서면, 다른 출판 방식을 선택한다. 원고를 완성하고 출판사에 원고를 보내면 교정 교열과 디자인, 편집에 들어간다. 인쇄가 끝나고 서점에 책이 올라오면 출판사와 저자는 함께 마케팅에 전념해야 한다.

책 출간 기획과 출간 전 과정 로드맵 8단계	
기획 전	자료 수집, 주제 심화, 책쓰기 결단
구상	주제 탐색, 컨셉 확정
시장 조사	경쟁도서와 샘플 도서 분석, 컨셉 확정, 제목, 목차 만들기, 출간기획서 초안
집필	원고 쓰기 (초안), 자료 수집 보충
투고	출간기획서 투고, 원고 쓰기, 퇴고, 출판 방식 결정
편집	원고 보내기, 교정 교열, 편집, 디자인, 보도 자료 만들기
제작	인쇄
마케팅	배본, 영업, 마케팅

콘셉트가 뭔가요?

"이 분야에 관한 책은 이미 많이 나와 있는데 제가 또 써도 되나요?"

독서법에 관한 책을 썼다고 하자. 도서관과 서점에 가면 독서법 관련 책이 책장 한 가득 메우고 있다. 그러나 같은 독서법 책이라도 저마다의 얼굴이 다르듯 책 컨셉트는 다 다르다. 컨셉트란 비슷한 듯 보여도 지구상에 100% 똑같은 인생을 사는 사람은 단 한 사람도 없는 것처럼 그 저자만이 가지고 있는 차별화된 요소를 말한다. 그 차별점이 바로 그 저자만의 경쟁력이 된다.

마케팅 분야 베스트셀러였던 《핑크 펭귄》이라는 책에서 저자 빌 비숍은 그 차별점을 '핑크 펭귄'이라고 불렀다. 이 책의 부제이기도 한데, 저자는 '나는 그냥 펭귄인가? 핑크 펭귄인가?'라고 도전적인 질문을 던진다. 수많은 펭귄 무리에서는 차별점이 전혀 없다. 그러나 그중에 핑크 펭귄이 있다면 단연 돋보이고 고객이 기업을 저절로 찾아올 것이다. 책을 쓸 때 컨셉트도 이런 차별점을 만들어 내야 한다. 이는 저자의 이야기에 숨어 있다. 저자만의 뾰족한 무언가가 컨셉트가 되고 핑크 펭귄처럼 눈에 돋보이는 차별점이 되는 것이다.

종합안내서가 아니라 독자의 뇌리에 박힐 수 있는 기준점 하나가 콘셉트가 될 수 있다. 그것을 중심으로 모든 내용이 일목요연한 방향으로 정렬된다. 즉, 제목, 부제, 목차, 소제목, 본문이 이 컨셉트에 맞춰 일관성 있게 흘러가야 한다. 모든 이야기를 하려고 하기보다, 하나의 컨셉트에 맞게 정렬되어야 한다.

같은 독서법 책이라도 자존감에 맞춘 독서법 책이 있고, 수익화에 맞춘 독서법 책이 있다. 나의 첫 책 《하루 한 페이지 나를 사랑하게 되는 독서의 힘》은 자존감과 독서법을 연결해서 내용을 기획하고 써 갔다. 그 외에도 독서량을 강조하는 일일 일독 독서법, 결과물을 강조하는 아웃풋 독서법, 쓰기 위한 독서법 등이 있다.

콘셉트란 이야기를 담는 그릇이다. 그 그릇에 따라 콘셉트가 다르다. 분야가 나의 컨셉트가 될 수 있고, 저자의 위치도 컨셉트가 될 수 있다. 독자 타깃층도 컨셉트가 될 수 있고, 저자의 관점도 컨셉트가 될 수 있다.

삼계탕은 흔하디흔하지만 'OOO 연예인이 먹었던 삼계탕'으로 설정하면 많은 이들의 관심을 끌게 된다. 책쓰기에 관한 책이라면 '바쁜 직장인들도 쉽게 쓰는 퇴근 후 책쓰기'처럼 독자층을 더 뾰족하게 하면 책 속 이야기에 궁금증을 더 갖게 된다. 예전에 읽었던 글쓰기 책 한 권은 영화에서 나온 글쓰기 대사들을 주로 인용해서 원고를 구성했다. 그 책만의 컨셉트다. 아마 저자는 영화를 좋아했고, 글쓰기도 좋아했을 것이다. 그래서 이 부분을 연결하니 그 저자만의 차별점 있는 컨셉트가 완성되었다. 같은 요리책이라도 계절별 요리책이 있고, 아들에게 주는 요리책이 있다. 책이란 쓰는 내용보다 그 내용을 어떤 식으로 담아내는가가 관건이다.

독자들은 내용보다 컨셉트를 보고 책을 선택한다. 이 컨셉트가 내가 평소에 궁금해하는 주제인지? 저자는 누구인지? 장르는 에세이인지, 자기 계발서인지, 실용서인지? 목차에 내가 궁금해할 만한 내용이 많이 담겨 있는지? 책이 잘 읽히는지? 사진, 디자인 등 지루하지 않게 책이 잘 넘어가는지? 양도 적절한지? 가격도 적절한지? 등이 모두 컨셉트에 해당한다.
　절대 대충 주제와 콘셉트를 정해서 책쓰기를 해서는 안 된다. 당신이 정하는 주제와 콘셉트가 당신 인생 콘셉트가 된다는 것을 기억해라. 당신이 쓴 책의 미래는 바로, 이 콘셉트가 결정한다고 해도 과언이 아니니 가볍게 여기지 말아라.

나만의 콘셉트를
차별화하는 법

글쓰기와 책쓰기의 차이점은 철저한 '기획'에 있다. 기획에서 나만의 주제를 정하고, 콘셉트를 정해야 한다. 콘셉트는 뾰족하고 작고 세분화할수록 좋다. 레드오션 분야일지라도 시장을 더욱 세분화하는 것이다. 마케팅에서는 이를 '니치 마케팅'이라 한다. 틈새시장을 찾는 것이다. 마니아층에만 먹혀도 충분하다. 앞으로는 취향의 시대다. 전통적인 마케팅 기법은 인구통계학적으로 나누지만, 지금은 다양한 취미로 각자만의 취향을 존중하는 대상으로 나뉘어져 있다. 나만의 차별화된 콘셉트를 찾는 방법 몇 가지를 나눠보겠다.

비틀어 보기

해 아래 새로운 것은 없다. 같은 주제의 책들이 서점과 도서관에는 수두룩하다. 독서법에 관한 책도 책장 한가득을 채울 정도로 많다. 그럼 어떻게 해야 할까? 비틀어 보는 것이다. 주제와 내용을 비슷할 수 있지만, 책의 콘셉트를 새로운 각도에서 낯설게 본다.

낯설게 보는 방식에는 여러 가지가 있다. 형식을 다르게 할 수도 있고, 두 가지 주제를 융합하는 방법이 있고, 주제와 타깃을 세분화하는 방법이 있다. 모든 독자를 잡으려다가 모든 독자를 놓칠 수 있다. 독자층을 좁혀 타깃을 좁힐 때 오히려 독자의 선택을 받는다. 제목을 트렌드에 맞게 신선하게 정해서 대박이 날 수도 있다. 특히 제목은 제목 장사라고 할 만큼 너무 중요하다. 제목 때문에 망한 책도 있고 내용은 별로인데 제목이 좋아서, 또는 제목을 바꿔 단숨에 베스트셀러가 된 책도 있다.

경쟁 도서 분석하기

시장 분석을 하기 위해 경쟁 도서를 분석한다. 경쟁 도서를 분석하기 위해서는 우선 온라인 서점을 활용한다. 그러나 한 온라인 서점에 모든 출판사의 책들이 나오는 것은 아니기 때문에, 절판된 책부터 모든 출판사의 책을 보기 위해서는 네이버 책 사이트를 활용한다. 자신이 쓰고자 하는 주제 키워드를 넣고 잠재적인 경쟁 도서들의 흐름을 파악한다.

그중에서 내가 쓰고 싶고 분야, 스타일의 책 중심으로 최소 세 권에서 열 권 정도의 도서를 선별한다. 그리고 각 책의 장단점을 분석한다. 나만의 차별점을 찾기 위해서 경쟁 도서의 단점을 나의 강점으로 만든다. 여기에 나만의 차별점이 있다. 경쟁 도서의 약한 부분을 어떻게 나의 장점으로 만들 것인지를 연구해야 한다.

타깃 잡기

기획 단계에서 타깃 독자도 설정해야 한다. 모두를 대상으로 하면 모두를 놓치게 된다. 김밥 천국이 되면 안 된다. 세분화할수록 오히려 대상은 더욱 확산된다. 처음에는 청소년을 대상으로 했지만, 학부모도 그 책을 읽을 수 있다. 타깃팅은 원고를 쓰는 단계에서도 큰 역할을 하는 나침반이 된다. 타깃 독자를 구체적으로 설정할수록 글을 쓸 때 확실한 기준과 방향성이 생겨서 글이 더 잘 써진다. 강의할 때 명확한 청중이 있으면 초점을 맞추고 더 잘 강의할 수 있는 것처럼 말이다. 청중에 따라 강의 주제는 같을 수 있어도 내용은 조금씩 달라질 것이다.

이 책의 타깃 독자는 첫 책을 쓰려는 예비 저자들이다. 그중에서도 브랜딩이 필요한 1인 기업가들, 자신의 전문성을 알리고 싶은 비즈니스인, 프리랜서, 강사들이 될 수 있다. 직장인이거나 이른 은퇴를 했거나 경력 단절이 경우 새로운 커리어를 쌓기 위해 자신의 지식과 경험을 책에 담아 전문인으로서 성장하고 싶은 이들이다.

이 또한 너무 많거나 복잡할 수 있다. 한두 집단으로 더욱 좁힌다. 전문성을 강화하고 자신을 브랜딩하고자 하는 1인 기업가들을 대상으로 할 수 있겠다. 독자층은 현재 1인 기업가들에서 좀 더 자신의 사업을 시스템화해서 1인 기업인으로 성장하고 싶은 프리랜서들, 직장에서 탈출해 언젠가는 1인 기업가로 살아가고 싶은 직장인들, 자신의 지식과 경험으로 비즈니스를 하고 싶은 전업주부들, 은퇴 없이 평생 현역으로 일하고 싶은 기업인 모두로 확장하게 된다.

이처럼 타깃층이 뚜렷하면 글을 쓸 때도 독자를 의식하며 글을 쓸 수 있다. 타깃층이 있으면 '어떤 사람에게 읽혔으면 좋겠어요'라고 구체적으로 생각하며 글을 쓰게 된다. 타깃 없이 대중을 상대로 막연한 쓰기는 예전에는 통용됐을지도 모른다. 그러나 요즘에는 읽어야 할 글이 많다. 타깃을 너무 넓게 잡으면 글도 모호해진다.

20대 직장인, 30대 경단녀, 40대 직장인 남성 등 연령과 성별, 직업군까지 힘들다면 연령과 성별만 정해놓고 쓴다면 좋다. 그러나 요즘은 여기서 더 나아가 취향으로 세분화하던지 이보다 더욱 날카로운 타깃이 필요하다.

독자를 의식하면 더욱 친절한 글을 쓰게 된다. 일기는 의식할 필요 없다. 예를 들어 서평이나 책리뷰를 생각해 보겠다. 서평이나 리뷰를 쓰는 첫 번째 목적은 이 책을 읽지 않는 사람에게 이 책을 소개하기 위한 것이다. 그런데 이 책을 읽지 않는 사람은 내용을 모른다. 리뷰자가 기본적인 정보를 주지 않는다면 그 서평이나 리뷰는 어떤 글이 될까? 독자의 입장에서 불편한 글이 될 것이다.

예를 들어 데미안에 대해 리뷰했는데 헤르만 헤세에 대해서 하나도 알려주지 않는다. 등장인물에 대해서도 알려주지 않는다. 시대적 배경을 하나도 이야기해주지 않는다. 그렇다면 그 서평이나 리뷰는 좋은 글일까? 독자를 의식한 글은 친절한 글이라 할 수 있다. 이 내용을 모르는 사람들에게 전해 준다고 생각하며 써야 한다.

본인이 오랫동안 경험한 일일 경우 이런 실수를 많이 한다. '이거 다 아는 거 아니야.'라고 생각하면서 훅훅 넘어간다. 내가 안다고 해서 모든 사람이 안다고 생각해서는 안 된다. 다른 사람은 모를 수도 있다는 전제하에 자세히 친절하게 쓰는 것이 독자를 의식하는 글쓰기다. 독자층이 뚜렷하면 그들의 필요를 인식하면서 더욱 친절한 글을 쓸 수 있다.

독자를 생각하지 않고 내 흥에 겨워서 나만 좋자고 글을 쓰지 말자. 글을 쓰는 여러 목적이 있지만 독자가 공감하고 힘이 되기 위한 글을 써 보자. 다 쓰고 나서 다시 읽어보자. 독자를 너무 의식하지 않고 내 멋대로 쓴 글은 아닌지 내 감정 해소로만 쓴 글은 아닌지 한 번 더 살펴본다면 일기로만 머물지 않고 좋은 콘텐츠가 되고 책이 되는 글로 변화될 것이다.

읽을거리도 많고 볼거리도 많은 시대이기에 독자 입장에서 책을 읽고 두 가지 반응을 한다. '마케팅에 낚인 거 같다.', '사사로운 감정을 토한 것을 읽어야 해.' 등의 반응이다. 내 글이 그렇게 읽히거나 소모된다면 그것만큼 슬픈 일은 없다.

독자의 시간을 소중히 여기는 마음으로 내 글을 읽을 때만큼은 읽는 이들에게 도움이 되고, 짧은 시간이지만 참 알차게 보냈고, 미처 생각하지 못했던 부분을 '이 작가가 잘 캐치해 줬구나.', '참 좋은 글이구나.'라는 느낌을 받을 수 있게 글을 쓴다면 저자도 보람이 클 것이다. 그동안의 글쓰기가 조금은 내 감정에만 휩싸인 이야기가 아니었는지, 독자를 배려하지 않는 글쓰기는 아니었는지 돌아보았으면 한다.

매력적인 목차
만드는 방법

빠르게 책을 쓰는 방법

작가라는 단어에는 '집을 짓는 사람'이라는 뜻이 담겨 있다. 책을 쓰는 일은 집을 짓는 것과 같다. 책쓰기를 집짓기에 비유한다면 목차 만들기는 설계도(뼈대)다. 목차 없이 원고를 쓰는 것은 설계도 없이 집을 짓는 것과 같다. 목차가 빈약하다면 엉성하여 책을 펼쳐보기 싫어진다. 책은 글쓰기와 다르다. 책이라는 집을 짓기 위해서 설계하는 데 먼저 시간과 정성을 쏟아야 한다.

원고의 주제와 목차만 봐도 끌리는 책이 있고, 손에서 놔 버리는 책도 있다. 출판사 편집자들은 투고된 원고의 주제와 목차만 보고도 원고의 질을 안다. 그래서 출간기획서에 담긴 목차만 보고 휴지통으로 보내버리기도 하고, 투고하자마자 그들의 콜을 받기도 한다.

목차가 만들어졌다는 것은 책 쓰기의 50% 이상이 완성되었다고 해도 과언이 아니다. 많은 이들이 글은 쓸 수 있지만 목차를 만들지 못해 책쓰기를 포기한다. 그래서 목차만 완성해도 마음이 든든하다. 이제 흔들림 없이 글만 쓰면 되기 때문이다. 나도 책쓰기를 코칭할 때 이 부분을 초반에 집중적으로 코치한다. 그러나 이를 거꾸로 할 때 책을 완성할 수 있지만 설계가 없기에 중간에 다른 주제로 빠질 수도 있고, 초점이 없다 보니 글이 왔다 갔다 하면서 처음의 열정이 식을 수도 있다. 결국 책 쓰는 속도가 더디게 된다. 목차는 책의 방향을 분명히 해 주어 헤매지 않고 책을 빠르게 써 가게 하는 가이드와 같다.

2W1H

목차에도 흐름이 있다. 2W1H를 적용하면 좋다. 3W이란 WHY(왜), WHAT(무엇), HOW(어떻게)이다. 즉 이 책을 왜 쓰려고 하는가? 무엇을 말하고자 하는가? 그래서 어떻게 할 것인가이다. 목차는 책 한 권의 흐름이다. 보통 원고를 쓸 때도 한 주제에 대해 2W1H, 이 질문을 던지면서 찬찬히 쓰다 보면 원고 한 편이 완성된다. 마찬가지로 목차도 각 장을 이렇게 구성한다. WHY는 이 책을 쓰는 동기, 이유, 문제점, 배경에 대해서 충분히 설명한다. WHY는 보통 1,2장에 해당한다. 문제와 현실을 진단함으로 이 책을 읽어야 하는 충분한 동기부여를 제공한다. WHAT은 보통 세 번째 장에 넣는데, 여기서는 저자만의 개념이나 원리를 설명한다. HOW는 네 번째 장에 들어가 구체적인 해결 방법을 제시하고 실제적인 비법을 논한다. 그리고 마지막 장에는 전체 핵심만 정리하면서 강조와 요점으로 마무리한다.

매력적인 목차 이름 만들기

위 흐름에 맞게 목차의 큰 챕터에 해당하는 주제를 정하고, 그에 해당하는 소꼭지들을 생각나는 대로 브레인스토밍하듯이 쏟아낸다. 이때 마인드맵 툴을 활용해도 좋다. 브레인스토밍하고 구조를 세우고 분류하는 데는 이 도구가 굉장히 유용하다. 모두 쏟아낸 후에 재분류하고 그중 40개 정도 뽑아서 각 장 주제에 맞게 들어갔는지 확인하고 정리한다. 구성은 나중에 충분히 바꿔도 된다. 여러 책을 참조해서 이 작가는 이 콘텐츠를 어떤 순서로 구성했는지 분석한다.

그리고 난 후 각 꼭지 이름도 제목을 정하는 것처럼 최신 트렌드에 맞춰서 최대한 매력적으로 다듬는다. 제목과 마찬가지로 각 꼭지가 카피 문구가 되는 것이다. 독자들은 책을 선정할 때 제목과 더불어 목차를 보고 내가 읽고 싶은 부분부터 뽑아서 읽어본다. 그런데 읽고 싶은 꼭지 제목이 하나도 없다면 내용이 좋아도 우선 독자의 선택을 받을 수 없다.

누구나 읽고 싶어 하는 책을 만들기 위해 목차 하나하나도 정성스럽게 만들어야 한다. 한눈에 꽂히는 제목뿐 아니라 주제와 콘셉트도 파악되는 목차를 구성해야 한다. 목차만 보고도 책의 흐름, 즉 기승전결이 담겨 있어야 한다.

이 과정을 거꾸로 해도 된다. 먼저 온라인 서점에서 자기 카테고리와 주제에 맞는 책들의 다양한 경쟁 도서 목차를 복사해 온다. 그 목차들을 여러 개 비교 분석하면서 내 책의 목차 방향과 설계를 참조해 간다.

각 장과 소꼭지 제목을 정할 때도 경쟁 도서들의 책 소개, 출판사 리뷰, 목차를 분석한다. 책 본문에서 좋은 문장들도 참고한다. 보통 목차 장 제목은 네 장에서 다섯 장으로 구성된다. 목차를 한눈에 파악하기 위해서도 특히 실용서일 때는 논리적 흐름으로 담아야 한다. 1장에서 4, 5장까지 기승전결의 연결성과 일관성이 있어야 한다. 목차도 엉성하고 각 꼭지 제목도 매력적이지 못하면 원고 쓸 때도 목차에 신경이 쓰여 글 쓰는 흐름을 놓치게 된다. 원고 쓰기에 집중하기 위해서는 목차를 탄탄히 만들어 놓아야 한다. 책쓰기는 목차에서 거의 완성된다고 해도 과언이 아니다. 설계가 견고하면 그다음 원고 쓰기는 더욱 속도를 내어서 달려갈 수 있다.

출간 기획서는
네비게이션

주제와 컨셉트를 정하고, 제목과 목차도 완성하면 벌써 절반까지 온 것이다. 이제 원고만 쓰면 된다. 그러나 원고를 쓰기 전에 해야 할 일이 하나 더 있다. 바로 출간기획서다. 출간기획서가 필요한 이유는 출판사에 투고하기 위해서다. 투고는 원고를 반 정도 썼을 때 투고해 볼 것을 추천한다. 투고 결과는 최소 2주에서 한 달 정도 걸리기 때문에 그사이에 계속 글을 쓰며 퇴고해 간다.

그러나 이는 일차적으로 책을 쓰는 저자에게 먼저 필요한 일이기도 하다. 왜냐하면 출간기획서는 네비게이션과 같은 역할을 해서 책을 쓰는 내내 저자가 쓰고자 하는 주제와 방향에서 흔들리지 않도록 가이드해 주기 때문이다.

출판기획서에는 주제와 콘셉트뿐 아니라 저자 프로필, 경쟁 도서와의 차별점, 목자, 타깃 독자, 저자의 마케팅력이 담겨 있어야 한다. 이는 책 전체를 보여주는 조감도이다. 원고 쓰기라는 세부 그림을 그리기 전에 책 전체 조감도를 확정하는 것이 매우 중요하다. 그러면 흔들림 없이 빠르게 원고를 써 갈 수 있다.

원고가 반 정도 완성 되었을 때 원고 샘플과 출간기획서를 출판사에 투고해 볼 수 있다. 그러나 출판사는 하루에 얼마나 많은 원고 투고를 받을까? 요즘처럼 저자가 되려는 사람이 많고 책쓰기 모임도 많은 상황 속에서는 큰 출판사에는 정말 많은 투고가 쏟아질 것이다. 담당자는 그 메일을 어떻게 다 열어 볼 것이며, 그 속에 담긴 원고와 기획서를 모두 자세히 볼 수나 있을까?

나도 투고해 본 적이 있었지만, 천편일률적인 답변일지라도 답장해 주는 출판사는 절반도 되지 않았다. 내가 1인 출판사 운영을 시작한 지 1년이 안 되었음에도 원고 투고 메일을 보내주시는 분들이 간혹 있다. 그런데 죄송하지만, 답변을 모두 드리지 못했다. 출판사마다 이유는 제각각일 것이다. 나는 출판사 운영보다는 책쓰기 코칭과 교육에 주로 집중하기에 일정한 비용을 받고 원하는 이에게만 출판을 도와드리기 때문이다.

작은 출판사이든 중대형 출판사이든 저마다의 이유가 있을 것이다. 책 한 권을 만들기 위해서 아주 작게는 몇백만 원에서 수천만 원이 들기에 원고 투고를 받아주었을 때 그 책이 확실히 팔린다는 보장이 있어야 한다. 출판사는 자선단체가 아니다. 책이 팔리지 않으면 그 모든 비용은 고스란히 출판사에 남는다. 그래서 아주 유명하거나, 인플루언서거나, 팔릴만한 콘텐츠라고 확신이 서지 않는 한 출판사는 받아주기 힘들다. 설상, 이 모두에 해당할지라도 이미 계약된 저자들이 줄줄이 있다면 각 출판사 일정상 허하기 힘들다. 또는 종합 출판사가 아니라 일정한 장르의 분야만을 주로 출간하는 출판사일 경우에도 투고를 거절할 수밖에 없다. 그래서 원고 투고가 되지 않았다고 해서 상심할 필요가 전혀 없다.

그런데도 원고 투고하려고 작정했다면 출판사의 눈에 띄기 위해서 최대한 노력해야 한다. 그 시작이 출간기획서이다. 출간기획서는 수백에서 수천만 원의 투자를 받겠다는 제안서다. 그런데 수많은 투고 메일 속에서도 천편일률적인 형식으로 제출한다면, 또는 출판사가 원하는 기본적인 정보도 담겨 있지 않은 기획서라면 보지도 않고 휴지통으로 넘어가기 쉽다.

출판사가 꼭 알아야 하는 내용을 출간기획서에 담되 보기 좋게 담아야 한다. 최근 정부 지원 사업에 한번은 도전한 적이 있다. 몇천만 원짜리에서 억 단위까지의 정부 지원사업계획서도 투자 제안서이다. 정부 지원사업으로 수억의 지원금을 받아본 경험이 있는 한 지인이 알려주기를 A4 10페이지짜리 내용을 작성하는데 심사위원들이 그 모든 내용을 자세히 훑어보기 힘들다는 것이다. 그때 중요한 것은 시각화, 통계, 글자 크기 등이라고 한다. 이 계획서를 읽는 사람들이 주요 내용들을 쉽게 파악할 수 있도록 내용을 담는 형식도 중요하다는 것이다.

출간기획서도 마찬가지다. 내 책을 무료로 투자받기 위해서는 출간기획서 몇 페이지에 책 내용뿐 아니라 본인을 어필할 수 있는 뚜렷한 차별화 포인트를 보기 좋게 담아야 한다. 그런데 내용이 한눈에 들어오지 않는다면 가독성이 떨어져 독자에게 외면받는 책과 같은 처지로 전락하게 된다.

책의 내용, 형식 다음으로 중요한 것은 저자의 마케팅력이다. 블로거나 브런치, 인스타그램, 유튜브 등의 저자의 팬덤과 퍼스널브랜딩은 이제 너무나 중요하다. 출판사가 모든 것을 대신 홍보해 주는 시대는 지났다. 책을 출간하겠다고 하면서 이 부분의 준비가 안 되어 있는 저자들이 많다. 책 콘텐츠는 좋아도 저자의 마케팅력을 이유로 출판을 거절할 수도 있다.

출간기획안 쓰는 요령

출판기획서에는 기본적으로 다음과 같은 내용이 담긴다. 이 책은 어떤 책인지, 왜 이 책을 출간하려고 하는지, 독자는 누구인지, 경쟁 도서와의 차별점은 무엇인지, 어떻게 홍보할 것인지 등이다. 기본적인 형식을 참조하되, 콘텐츠와 저자에 대한 차별 포인트를 시각적으로 보기 좋게 어필할 수 있을지 고민해야 한다. 출판사에도 먼저 끌리지 않은 원고와 기획서라면 독자에게는 말할 것도 없다. 한두 장의 출간기획서에서도 저자의 정성과 진정성을 확인할 수 있다.

그렇다면 출간기획서는 언제 써야 하는가? 처음 기획 단계에서 쓴다. 이때 목차처럼 집중해서 정성을 들여 써야 하지만 중간에 수정할 수 있다. 글을 쓰다 보면 방향이 조금 바뀌기도 하고 약간 방향을 틀어보니깐 훨씬 내용이 좋아질 수도 있기 때문이다. 본격적인 원고 쓰기 전에 쓰고 중간에 점검하고 마무리에 확정한다. 중간에 이 기획서로 투고를 진행하지만 성공하지 않았을 때 수정해서 다시 투고해 본다. 수정을 두려워하지 말아라. 기획서 또한 퇴고를 거듭한다.

제목도 매우 중요하다. 이 책이 내가 말하고자 하는 주제를 분명히 알아야 한다. 이 책에서 다루고자 하는 주제를 한 문장으로 만들 수 있어야 한다. 핵심 키워드가 반드시 있어야 한다. 문장과 단어를 조합해 보기도 하고 따로 떼 보기도 하면서 제목을 선정한다.

제목 가제 안을 세 가지 정도 만들어 보아라. 제목을 세 개를 받으면 작가가 고민을 많이 했다고 생각할 수도 있다. 많은 사람이 제목 하나만 제출한다. 그러나 제목은 트렌드 등 여러 요소로 막판에도 바뀔 수도 있다. 그만큼 중요하기 때문이다. 세 개 중에 가장 마음에 드는 제목을 1번으로 내고, 2안, 3안을 제시해 주면 좋다. 그때 제목에 대한 설명을 곁들여 주어라. 책 제목은 그 책이 나타내고자 하는 정체성이나 주제를 명확히 담는 것이 좋다.

그리고 기획 의도를 적는다. 이 책을 왜 썼는지? 이 책을 써서 독자들에게 무엇을 전달하고 싶은지? 이 의도가 정확히 들어가야 한다. 이 책을 통해 "많은 사람이 누구나 책을 쓸 수 있으면 알았으면 좋겠어요. 책쓰기를 어렵지 않고 쉽게 생각했으면 좋겠어요. 지금 당장 책쓰기에 도전했으면 좋겠어요." 등 말이다. 목적, 방향을 녹이는 것이 기획 의도이다.

특히 에세이 쓰는 이들이 관념적으로 쓰는 경우 많다. 이 책을 읽으면 어떤 효과가 있는지 반드시 기획 의도 안에 드러나야 한다. 기획 의도를 너무 관념적으로 쓰지 않고 이 책을 읽을 때 독자들이 얻을 수 있는 효과를 반드시 어필하라.

그리고 내 책의 차별점 반드시 넣어야 한다. 이 기획안의 차별점이 무엇인지? 같은 유사도서 와 비교해서 타깃은 무엇이 다른지, 콘셉트에 있어서 어떤 점이 다른지 등 말이다. 이 차별점이나 포인트는 매우 중요하다.

저자 소개를 포함한다. 작가 소개할 때 실수하는 점이 있다. 일반적인 이력서처럼 쓰거나 일기처럼 쓴다. 그러나 내가 다루는 콘텐츠와 집중해서 써야 한다. 많은 이가 학교 졸업하거나 전공과 관련해서 쓰고 콘텐츠와 관련 없이 쓰는 분들도 많다. 내 콘텐츠와 관련해 내 소개를 쓰는 것이 서툴다.

어떤 작가들은 많은 것을 덜어내고 마음에 울리는 작가소개를 쓴다. 이때 거꾸로 궁금해서 그 저자를 찾아보기도 한다. 다른 분들의 작가소개 벤치마킹해 보아라. 여러 책을 썼지만, 각 책마다의 콘텐츠에 맡게 작가소개를 쓰는 사람이 많다. 내가 좋아하는 작가들은 어떻게 썼는지 살펴보고 비슷하게 써 보아라. 이때 너무 길지 않게 10줄, 15줄만 써도 된다. 콘텐츠에 집중해서 써 보아라.

SNS 플랫폼 활동을 기록하라. 이 작가의 글에 사람들이 얼마나 공감하는지 출판사도 알 필요가 있다. 이는 출판사가 작가를 선택할 때 참조 사항이 된다. 많은 독자가 공감할 만한 글인가를 확인하는 작은 지침이 되는 곳이 SNS 플랫폼이다. 플랫폼에 자꾸 공개하는 글쓰기를 권장하는 이유이기도 하다.

작가의 SNS 플랫폼은 많을수록 좋다. 처음에는 한두 가지 집중해서 키우고, 거기에서 원소스 멀티 유저로 활용한다. 하나의 글감을 각 플랫폼에 변형해서 올리는 것이다. 나는 처음에 인스타그램과 블로그에 주력했다. 2~3년 동안 발행한 글이 1000개가 넘었다. 거의 매일 1일 하나의 글을 발행해 온 것이다. 그러나 유튜브와 팟빵 등 내 목소리와 얼굴이 나가는 것에는 마음의 벽이 존재했다. 2~3년 전에 세팅해 놓았지만 실행하지 못했다. 좀 더 일찍 용기 내서 할 걸 하는 생각이 들었지만, 시작하는 그때가 나의 때라고 생각하고, 이 또한 얼마 전부터 용기내 다시 업로드하고 있다.

《브랜드 설계자》의 러셀은 찐팬을 만드는 방법을 알려준다. 그는 2013년 3월 26일 〈차 안에서 마케팅하기〉라는 팟캐스트 방송을 시작했다. 그런데 그때는 직원 100여 명을 해고했고, 국세청에 25만 달러가 넘는 돈을 갚아야 했고, 회사는 파산 직전에 통장 잔고는 거의 바닥이었고, 신용카드 빚은 어마어마하게 쌓여가고 있었다. 〈마케팅의 비밀〉 따위를 가르치기엔 최악의 시기처럼 보였다. 그러나 그는 그때 시작했다.

그는 음성이든 영상이든 "아주 심플해야만 계속 유지할 수 있다.", 그저 "창작하지 말고 기록하라."고 이어서 말한다. 가볍게 시작하라는 말이다. 그래서 그는 매일 자동차 출퇴근 10분을 이용해서 운전하면서 오디오를 녹음했다. 방송 시작하고 몇 년이 지나서야 한 친구가 그에게 이렇게 말했다고 한다.

> "처음 45회 혹은 46회까지는 별로였지만 그 무렵 당신이 본인의 목소리를 찾은 것 같았고 이후 에피소드들은 점점 좋아졌어요."

좋은 소식은 최악의 첫 번째 에피소드는 아무도 안 듣는다는 것이다. 그는 45회까지 에피소드를 올리지 않았다면 본궤도에 오르기 시작한 46회는 존재하지 않았을 것이라고 말한다.

매일 올리면서 자기 목소리를 비로소 찾은 것이다. 그는 "지금은 위대한 무언가의 기반을 닦는 단계일 뿐이고, 그러기 위해서는 시간이 필요하기 필요하다."라고 덧붙이다. 이 과정에서 가벼운 팔로워들이 광팬이 되었고, 3년이 넘는 시간이 걸렸다고 한다.

책이 나오기 전에 독자들과 이렇게 소통하고 있으면 피드백 받으면서 새로운 콘텐츠도 만들 수 있고, 이미 찐팬인 독자들을 확보한 그에게 출판사의 콜을 받기는 매우 쉬울 것이다. 이는 출간 후에도 계속되어야 한다.

목차도 넣는다. 목차를 통해 책 전체 내용 방향 알 수 있다. 마지막으로 샘플 원고를 내야 한다. 샘플 원고는 가장 자신 있는 원고 일부분을 보낸다. 브런치에는 보통 다섯 편 정도만 한 가지 주제에 관해 쓰면 되지만 출판사 투고 원고는 이보다 많아야 한다. 초보 같은 경우는 80 프로 이상 써야 편집자들이 판단할 수 있다.

원고를 많이 써 놓아야 투고할 수 있다. 나 같은 경우에는 50% 이상 썼을 때 투고해 보라고 권면한다. 자신 있는 원고, 차별화 포인트 있는 챕터 위주로 먼저 투고해 본다. 초보 작가라면 전체 원고의 80~90퍼센트 정도가 완성되면 투고한다.

이 과정이 굉장히 복잡해 보일 수 있지만 출간기획서도 글 쓰는 것과 같다. 이 책을 왜 썼는지? 나만의 콘텐츠는 무엇인지?를 분명히 한다. 쓰면서 정리되고, 이 부분이 확실하면 책의 방향이 잡히기에 글 쓸 때도 방황하지 않고 속도감 있게 써가게 된다. 전체 구성과 방향을 정하는 출간 기획이 책쓰기의 반이다.

적은 노력도 아끼지 말아라. 당신의 원고를 출판 관계자가 쉽고 편하게 읽어갈 수 있도록 디테일에 신경 써라-. 읽기 좋게 소제목을 달고 글자 크기, 색상을 조정해라. 책 표지와 관련된 이미지, 본문에 사용할 이미지 등도 구분하기 편하게 분류하여 제공하라. 이렇게 출판 관계자에게도 읽기 편하게 정성을 기울이면 출판인의 눈에 띌 뿐 아니라 이는 곧 독자가 읽기 편한 책이 되어 세상이 나온다.

기획서 몇 장에 책 전체를 잘 녹여내야 하고, 내 글이 한눈에 돋보이도록 해야 하니깐 처음에 어려울 수 있다. 기획하고 글 쓰는 과정이 나와의 싸움이기도 해서 힘들 수 있겠지만, 이 과정을 통해서 몰랐던 나를 알게 되고, 새로운 인연을 만나게 되고 어떤 이의 인생을 바꾸는 마중물이 될 것이다. 책이 가져다줄 다양한 미래를 상상하며 기쁨으로 출간기획서를 완성하길 바란다.

출간 기획서에 들어갈 내용

- 저자 프로필 : 저자의 스펙과 경쟁력을 정리한다.
- 기획 의도 : 이 책을 쓰고자 하는 이유와 다른 책과의 차별점을 기록한다.
- 제목 (가제) : 한눈에 이 책의 주제와 콘셉트를 알아볼 수 있는 제목을 짓는다.
- 원고 내용 : 쓰고자 하는 책의 전체 내용을 짧게 서술한다.
- 타깃 독자 : 좁은 범위의 타깃 독자를 설정한다.
- 경쟁 도서와의 차별점 : 자신과 비슷한 주제와 콘셉트의 기존 경쟁 도서들을 비교분석 한 후 자신만의 차별점을 정리한다.
- 집필 기간 : 출간기획서까지 완성한 후 초고에서 퇴고까지 언제 시작해서 마칠 것인지 목표를 설정한다. 100일 안에 초고를 완성하는 것이 좋다.

- 홍보, 마케팅 전략 : SNS가 발달하지 않은 시절에는 출판사가 전적으로 홍보와 마케팅을 담당했었다. 하지만 지금은 1인 미디어 시대다. 이제 출판사에 맡길 수 없다. 저자의 마케팅력이 중요하다. SNS, 단톡방, 네이버 카페, 북토크, 무료 강의, 출간기념회 등 홍보할 수 있는 모든 통로를 자세히 기록하면 출판사의 신뢰를 얻을 수 있다.

본격 원고 쓰기

한 권을 책을 쓰기 위해 주제와 콘셉트, 목차를 설계하는 기획을 먼저 한다. 그리고 관련 자료들을 수집하면서 자신의 지식과 경험을 한 권의 책에 녹아낸다. 원고 쓰기는 책쓰기 전체 과정의 축소판과 같다. 한 편의 원고를 쓰기 위해서도 비슷한 과정을 겪는다. 쓰고자 하는 주제를 정하고, 개요를 짜고, 관련 자료를 수집하고, 원고를 써 간다.

원고는 대체로 서론, 본론, 결론의 3단 구성이나 기, 승, 전, 결 4단 구성을 갖는다. 어떤 구성을 취하든 서론은 전달하고자 하는 주제와 관련된 에피소드나 예화로 글을 시작한다. 그리고 주제와 관련된 이야기를 전개하며, 마지막으로 이 이야기가 주는 시사점, 이익이 무엇인지 제시하며 글을 끝맺는다. 이것이 일반적인 원고 쓰기다.

● 3단 구성 : 서론, 본론, 결론
• 서론 : 글의 주제와 관련된 문제점을 제시한다.
• 본론 : 서론에서 제시한 주제를 자세히 서술하고 해결책 등을 제시한다.
• 결론 : 본문 내용을 간략히 요약하며 시사점을 제시한다.

● 4단 구성 : 기, 승, 전, 결
• 기 : 글의 주제와 목적, 이유를 제시하며 시작한다.
• 승 : 기의 내용을 이어서 이야기를 펼쳐나간다.
• 전 : 다른 분야의 소재로 이야기를 돌려 더욱 발전시킨다.
• 결 : 내용을 정리하고 시사점 또는 전망을 제시한다.

그러나 처음부터 이 구조에 꼭 맞춰 쓸 필요는 없다. 오히려 틀에 맞춰 쓰다 보면 더 부자연스러운 글이 될 수 있다. 원고를 쓰는 또 다른 방법은 주제에 집중해서 의식의 흐름대로 모든 것을 쏟아놓는다고 생각하며 쓰는 것이다. 그렇게 쏟아놓은 것 속에 보물이 담겨 있을 수 있다. 노트에 펼쳐진 문장들 속에서 내가 말하고 싶은 키워드를 찾고, 그 중심으로 문단을 재정리하고, 흐름을 정돈한다.

첫 문장에 대한 완벽함을 내려놓아라

원고를 쓰려고 하면 첫 문장부터 잘 쓰려고 한다. 그 마음은 충분히 이해한다. 그러나 모든 일이 그렇듯이 완벽주의는 시작을 두렵게 한다. 첫 문장에 대한 두려움을 내려놓아라. 첫 문장을 잘 쓸 필요도 없다. 꼭지 제목을 보고 그에 대해 생각나는 경험, 지식, 생각들을 자유롭게 써가면 된다. 한 문장 한 문장은 뛰어나지 않을지라도 한 문단 전체는 독자에게 감흥을 주는 콘텐츠가 될 수 있다.

한 문장에 집중하기보다 주제를 상기하며 시작한다. 서론은 독자가 가장 처음 만나는 공간이다. 서론을 읽고 그다음 글을 읽어갈지 말지를 결정하기도 한다. 그러하기에 문장 하나에 집착하기보다 쓰는 주제에 집중하며 써 간다.

소장하고 있는 책들의 서론만 분석해 보아라. 아래에 제시하는 방식들이 대부분일 것이다. 서론이 잘 써지지 않는다면 다음을 참조해 보아라.

첫째, 에피소드를 든다.

참신한 에피소드는 훌륭한 출발점이다. 내 경험이든 남의 경험이든 상관없다. 에피소드는 내 일상에서뿐 아니라 책이나 영화, 신문, 대화 등 어디서든 가져올 수 있다. 에피소드는 공감과 함께 마음의 문을 활짝 열게 하고 서서히 이야기에 빠져들게 만든다. 평상시 다양한 사례들을 모으고 활용한다.

둘째, 유명인의 명언으로 시작한다.

명언이나 유명인들의 말로 시작한다. 잘 쓰인 인용문 하나는 독자의 주의를 집중하게 하며 전문가의 권위를 빌어 자신의 메시지에 힘을 실어 준다. 평상시에 명언이나 인용문들을 수집해 놓고 책을 쓸 때 활용해라. 단 본문과 상관없는 문구나 임팩트 없는 인용문은 별 도움이 되지 않음을 기억해라.

셋째, 핵심 메시지나 결론을 제시한다.

본문의 전체 내용을 아우르는 핵심 메시지를 먼저 제시하고 이에 대한 보완 설명을 계속해 간다. 그러나 본론과 결론에 담긴 것을 다 보여주면 안 된다. 독자는 서론을 통해 본문의 핵심 주장에 빠르게 진입할 수 있고 초점을 맞추고 그다음 글에 호기심을 갖고 읽어가게 된다.

넷째, 질문을 던진다.

질문은 독자를 빠르게 본론에 참여시키게 한다. 미처 생각지 못한 질문은 독자의 마음을 건드리고 호기심을 자극하고 답을 찾게 만든다. 본론을 궁금하게 만들고 그다음 글을 이어서 읽게 한다. 질문의 형태는 쓰고 싶은 주제와 관련해서 일 수도 있고 상식에 반하거나 도전하는 수수께끼 같은 문제일 수도 있다. 질문을 서론으로 만들어 독자를 유혹해 보라.

다섯째, 사회적 분위기에서 시작한다.

주제와 관련된 이슈, 통계, 뉴스 기사 이와 관련된 사람들의 소망에서 시작한다. 사회적 이슈는 독자에게 공감을 가져다주고 주목하게 한다. 미처 관심을 쏟지 못했던 이야기를 다시 떠올리며 그 중요도를 인식하게 만든다.

본문 쓰기

본문은 쓰고 싶은 주제에 대해 한걸음에 써 간다. 초고를 쓴다 생각하고 적절한 문장이나 단어가 생각나지 않더라도 머릿속에 있는 모든 생각들을 쏟아낸다. 표현은 퇴고할 때 고치면 되니 걱정하지 않아도 된다. 쓰고 싶은 내용이 생각나지 않거나 부족하다 싶으면 키워드만이라도 메모해 둔다.

그리고 이후에 주제를 뒷받침할 자료들을 보충해서 각 주제를 설득력 있게 만든다. 원고마다 들어갈 두세 개의 사례들을 찾아 놓으면 좋다. 적절한 것이 없으면 더 수집한다. 이때의 사례는 저자나 타인의 경험이다. 그러나 저자의 경험이면 더욱 좋다. 각 에피소드는 저자의 생각을 돋보이게 하고 보완하는 문단이 될 것이다. 주의할 점은 저자의 생각을 풀어가는 과정에서 사례는 조미료처럼 활용되는 것이지 사례가 주가 되어서는 안 된다는 것이다.

에피소드

저자의 경험이 독자들의 공감을 끌어내는 가장 좋은 사례다. 각 꼭지에 들어갈 사례를 수집해라. 이때 반드시 꼭지 주제에 맞는 사례여야 한다. 에피소드가 들어가야 하는 이유는 사례 없이 저자의 생각과 주장만이 담겨 있다면 독자 입장에서 매우 지루한 글이 될 수 있기 때문이다. 저자의 일방적인 주장으로만 느껴지기에 반감이 들거나, 의문을 품게 된다. 이때 저자의 주장을 뒷받침해주는 에피소드가 포함된다면 이해와 설득이 더해지고 공감과 동기부여는 덤이 될 것이다.

그러면 어떤 사례를 넣어야 할까? 꼭 거창한 이야기가 아니더라도 괜찮다. 살면서 경험했던 것 중 작고 소소한 희로애락이 담긴 이야기면 된다. 누구에게나 살아온 날만큼 나눌 이야기가 있으며 특히 내가 열정적으로 쓰고자 하는 책의 주제라면 더욱 관련 에피소드들이 많을 것이다. 우선은 다른 이의 이야기에서 찾지 말고 내 안에서 찾아보자.

일상에서 일기를 쓰거나 메모 습관이 있다면 가장 좋다. 평상시 꾸준히 이야기를 수집하면 책을 쓸 때 요긴하게 사용된다. 나도 SNS에 기록했던 소소한 일상의 이야기들이 의도한 것은 아니었지만 책을 쓸 때 생각이 나서 요긴하게 활용했던 경험이 많이 있다. 첫 책을 쓰고 나서 왜 기록이 중요한지를 더욱 명확하게 이해하게 되었다. 그 후 기록을 더욱 중요하게 여기게 되었다. 책을 쓰기 위해서 우리 모두 일상 기록자로 살아가야 한다.

결론 쓰기

서론과 마찬가지로 결론도 주제와 일관성 있게 마무리해야 한다. 결론은 서론과 본론의 내용을 정리해서 마무리하는 부분이다. 결론을 읽으며 독자는 '아 이런 내용이었지!' 주제를 상기하며 마음에 새긴다. 결론을 정리하는 가장 일반적인 방식은 요약과 전망이다. 요약은 본론의 내용을 간단히 정리하며 핵심 메시지만 제시하는 것이다. 전망은 자신의 주장을 바탕으로 미래를 내다보며 시사점을 던져주는 것이다. 이 밖에 서론에서 활용했던 인용, 질문, 사례, 개념 정리 등을 결론에서도 적용할 수 있다. 저자가 주장하고자 하는 메시지가 담긴 문장 하나, 임팩트 있는 사례 하나는 독자의 가슴에 오래 남는다.

결론은 원고 주제를 생각해서 꼭 이야기하고 싶은 핵심 내용을 한 문단 정도 쓰면 된다. 결론을 너무 길지 않도록 주의한다. 간결하고 담백하게 쓴다. 길어지면 횡설수설하게 되고, 결론이 아닌 본문이 되어 버린다.

미국의 시인 헨리 워즈워스 롱펠로는 "시작의 기술은 위대하지만, 종결의 기술은 더 위대하다"라고 말했다. 그만큼 마무리는 중요하다. 근데 가끔 결론 없이 본문에서 글을 마치는 사람들도 있다. 결론만 보고도 저자가 말하고자 하는 핵심 메시지를 알 수 있어야 한다. 결론 쓰기를 연습해라.

모든 초고는 쓰레기다

초고 쓸 때가 가장 자유롭다. 정말 작가로서의 자유를 한껏 느끼면서 글을 쓸 수 있다. 어느 정도의 개요가 있으면 좋지만, 그마저도 내려놓고 자유롭게 써 가도 된다. 그래서 초고 쓰는 데 너무 오랜 시간을 쓰지 말아라. 이 시간을 충분히 누리고 최대한 빠르게 초고를 완성해라.

2~3개월 안에 끝내라

전업 작가가 아니더라도 A4로 하루 한 페이지 정도는 누구나 쓸 수 있다. 개인차는 있겠지만 전업주부든 직장인이든 A4 100장을 책 한 권 기준으로 봤을 때 100일이면 한 권 분량의 초고를 완성할 수 있다. 물론 약간 넘쳐도 상관없다. 오히려 모자라는 것보다 낫다. 퇴고할 때 가지치기를 하면 되기 때문이다. 그러나 분량이 부족하면 소재를 더 찾거나 자료 수집을 더 해야 하는 수고가 따른다. 그래서 초고는 A4 100장이나 퇴고를 생각해서 그보다 넘치게 쓴다.

    초고는 될 수 있으면 2~3개월 안에 완성하는 것이 좋다. 처음 책을 쓰겠다고 시작했던 그 간절한 동기가 살아있을 때 써야 한다. 열정이 식기 전에 빠르게 초고를 쓴다. 2~3개월 안에 집중해서 최대한 100일을 넘어가지 않도록 한다. 나는 제목과 목차 출간기획서를 완성한 후, 100일 계획표를 수강생들에게 드린다. 초고 선포와 함께 100일을 기준으로 초고 완성 데드라인을 기록하게 하고, 매일 쓸 분량도 목표를 세우도록 한다. 그리고 일주일에 적어도 한 번은 진행상황표를 카페에 올리게 해서 체크한다.

    이 기간을 너무 길게 잡으면 다른 관심사에 빠져들어 열정이 식거나, 슬럼프가 찾아오게 된다. 책을 쓸 시간이 있어서 책을 쓰는 사람은 없다. 직장인도 전업주부도, 사업가도 시간을 만들어서 책을 쓰기로 결심했기에 쓸 수 있는 것이다. 간절함이 있다면 시간은 창조하게 되어 있다. 최소 100일 안에 다른 무엇보다도 우선순위를 두어 몰입해야 한다.

후루룩 써라

    초고는 질보다 양이다. 닥치고 쓴다. 맞춤법이 맞나? 띄어쓰기는? 글이 산으로 갔잖아? 이렇게 써서 책이 되겠어? 등 중간에 별생각이 다 들 것이다. 무시하고 써라. 아무리 엉성하고 마음에 들지 않는다 해도 초고는 다 그런 것이다. 그래서 "모든 초고는 쓰레기"이며 "모든 글쓰기는 고쳐쓰기"라고 대문호인 헤밍웨이도 말하지 않았는가? 그렇기에 글의 질을 따지지 말고 빠르고 자유롭게 써 내려가야 한다.

    박찬욱 감독은 미국 할리우드 리포트지와의 인터뷰에서 자신의 시나리오 작업 스타일을 다음과 같이 소개한다.

"나는 줄거리를 순식간에 만든다. 일단 이야기의 윤곽이 잡히면 가능한 한 빨리 시나리오 초안을 써내려 애쓴다. 뒤에 가서 어려운 장면이 생기면 시나리오를 다시 정리할 수 있지만 어쨌든 빨리 초안을 끝내는 것이 중요하다. 〈복수는 나의 것〉은 단 20시간 동안에 초안을 완성했다. 다음 단계로 시나리오는 몇 달 동안 손질을 거친다."

당신도 되도록 단번에 후루룩 써 내려가라. 잘 모르거나 확실하지 않은 것은 비워두고 계속 써 가라. 문장을 다듬고 주제를 날카롭게 하는 일은 그다음의 일이다. 되도록 빨리 쏟아내지 않고 간헐적으로 쓴다면 초고를 마치기조차 힘들게 된다. 모양을 다듬고 멋을 내는 일은 퇴고할 때 하면 된다.

퇴고부터가 진짜 책쓰기다

세계적인 베스트셀러 작가 베르나르 베르베르의 첫 작품 《개미》는 완성하는 데 12년이나 걸렸다. 그 기간에 100번 넘게 원고를 수정했다고 한다. 이처럼 오랫동안 사랑받는 책 이면에는 남모르는 작가의 완성을 향한 목표와 치열한 노력이 숨어 있다. 헤밍웨이는 《전쟁과 평화》를 여덟 번이나 고쳤고, 노벨 수상작인 《노인과 바다》는 200번이나 고쳤다. 책을 낸 이들은 모두 수없이 고치는 노동을 한 사람들이다. 베스트셀러 작가라도 단번에 되는 것은 없다.

우리도 완성된 초고를 수정해 가면 된다. 이 과정을 '퇴고'라고 한다. 퇴고는 작가의 위치에서 독자의 위치로 넘어가는 것이다. 내가 이 책의 독자라는 상상력을 불어넣고 책을 객관적으로 읽으려고 노력한다. 이 책이 말하는 주제가 확실한가? 저자가 진짜 말하고 싶은 것은? 재미와 정보와 감동이 있는지? 등 말이다.

  책 한 권의 분량은 적지 않기 때문에 시간을 조금 여유 있게 두고 퇴고한다. 퇴고는 여러 번 할수록 좋다. 글은 매일 쉬지 않고 쓸 수 있지만, 쉬지 않고 퇴고하면 내 글은 익숙해서 문장을 띄엄띄엄 읽게 되어 수정할 곳을 놓칠 수 있다.

  그래서 퇴고는 시차를 두고 한다. 하루 이틀 퇴고하고 3~4일 쉬거나, 여유가 된다면 일주일 이상 더 길어도 좋다. 그렇게 최소 한 달, 많으면 두 달의 기간을 두고 퇴고한다. 내 원고가 덜 익숙하게 되어 퇴고할 부분이 눈에 들어오게 된다. 아니면 지인들을 이용해도 좋다.

  나도 두 번째 책《북클럽 사용 설명서》를 출간했을 때 퇴고를 수없이 했는데도, 막상 책을 받아보았을 때 오타가 많이 발견되었다. 두 번째 책은 디자인은 외주를 맡기고 교정 교열은 내가 보았다. 내 글은 익숙하기에 잘 안 보인 것이다. 내 글을 또다시 보기에는 지쳐 있었기에 지역 북클럽 회원분들에게 부탁드렸다. 그달에 내 책으로 북클럽을 하기로 했기에 읽다가 오타를 발견하면 알려달라고 말이다. 그렇게 북클럽 멤버들이 빠르게 잘못 쓰인 단어들을 찾아 주셨다. 내 눈에는 절대 보이지 않던 단어들 말이다.

  자신의 글을 퇴고할 때 절대 자만해서는 안 된다. 다른 이들의 글은 첨삭해 주어도, 내 글은 나에게는 너무 익숙하기에 이중 삼중으로 퇴고할 필요가 있다. 출판사에 투고하여 계약할 경우는 이렇게 퇴고를 거친 후에도 다시 전문 편집인이 교정 교열을 봐 주지만, 1인 출판으로 책 출간을 하는 저자들은 본인이 직접 해야 한다. 그러나 이 또한 시간과 에너지가 허락되지 않는다면 교정 교열만 외주로 봐주는 사람들이 있으니 참고 바란다. 시간은 생명이기 때문이다.

  아마추어들은 퇴고의 중요성을 몰라요. 어마어마하게 퇴고해야

해요. 대부분의 사람들은 유명한 작가들이 일필휘지로 썼을 거라고 생각하는데 그렇지 않아요. _장석주

책을 쓸 때 두 가지 기준으로 퇴고한다. 내용과 문법이다. 첫째 내용을 퇴고한다.

- 각 꼭지는 저자의 의도와 목적에 맞는가?
- 각 꼭지가 책 전체 의도와 목적에 맞게 일관성 있게 배열되었는가?
- 각 문단은 각 꼭지의 주제에 맞는 내용인가?
- 각 문단은 각 꼭지의 주제에 맞게 적절하게 배열되었는가?
- 각 꼭지, 문단의 분량은 통일감이 있고 적절한가?

독자에게 어떤 기대와 변화에의 요청이 담겨 있는가?

둘째 문법 퇴고한다.

- 맞춤법 검사기를 활용했는가?
- 잘 읽히는가?
- 주어 서술어 호응이 맞는가?
- 한 문장, 한 문단 안에 반복되는 단어는 없는가?
- 오탈자는 없는가?
- 큰따옴표, 작은따옴표, 책 괄호 표시 등이 통일성 있게 사용되었는가?
- 인용문, 사실관계가 필요한 자료 등의 출처 등이 정확하게 쓰였는가?

많이 할수록 좋은 것이 있다. 바로 퇴고다. 이제는 끝이라고 외치지만, 더 이상 이것만은 하고 싶지 않은 순간이 오는 퇴고지만, 그런데도 시간 간격을

두고 다시 읽으면 고칠 곳이 또 보인다. 그래서 퇴고할수록 글은 나아지고, 나는 내 글을 더욱 깊숙이 만나게 된다.

    책을 출판사에 보내면 교정 교열을 다시 점검해 주지만, 작가라면 최소한의 퇴고는 스스로 할 줄 알아야 한다. 조금만 훈련하면 충분히 잘할 수 있다. 이렇게 퇴고해도 아쉬운 것이 글이다. 완벽함이란 없다. 최선만 다할 뿐이다. 어느 순간 퇴고의 마침표를 찍어야 한다. 그렇지 않고 퇴고만 하고 있다면 아무런 의미가 없다. 세상에 내놓는 순간 당신은 작가가 된다.

    퇴고는 글을 만드는 작업이다. 이때 놓치지 말아야 할 기본적인 원칙 있다.

첫째, 출력해라

    글은 최종적으로 종이로 만난다. 모니터로 본 글과 종이로 본 글은 많이 다르다. 스크린으로 보이지 않는 부분이 종이로는 보인다. 지금 나도 출력된 종이로 이 글을 퇴고하는 중이다. 출력할 상황이 되지 않으면 낭독을 추천한다.

    두 번째는 소리 내서 읽어본다.

    소리 내서 읽어보면 글이 이상한지 금방 알게 된다. 주어 서술어가 호응하지 않는 것, 같은 말 반복, 이상한 서술어 등 부자연스러운 부분을 잘 잡아낼 수 있다.

    세 번째는 시간 간격을 두고 퇴고한다.

    퇴고는 여러 번 할수록 좋다. 그러나 계속 이어서 퇴고하기보다는 시간 간격을 두고 퇴고할 때 자신의 글을 객관적으로 볼 수 있게 된다. 자신의 글과 너무 익숙하기에 고쳐야 할 부분이 잘 안 보일 수 있다. 짧은 글이라면 오전에 썼다면 오후에 다시 보고, 오늘 썼다면 내일 다시 본다. 책 한 권은 분량이 꽤 되기 때문에 일주일 간격으로 보면 더욱 좋다.

세 번째, 동어 반복을 찾는다.

비슷한 말이 많이 나오면 가독성이 떨어지게 된다. 가독성은 읽기 좋은 글이다. 내 글이 많은 이들에게 읽힐 뿐 아니라 끝까지 읽게 하려면 술술 읽혀야 한다.

재미, 감동, 좋은 정보가 있어야겠지만, 기본적으로 글이 가지고 있는 속성상 그다음의 낱말들이나 뻔한 글을 사람들은 더 이상 읽기 싫어한다. 이 안에 다양한 단어들을 써 보았으면 좋겠다. A4 한 장에 네 번은 넘어가지 않도록 해 본다. 이를 피하는 방법은 사전을 활용하는 것이다. 동어가 반복되면 사전에서 유의어를 찾아 고치면 된다.

네 번째, 지나친 접속사 사용 자제한다.

불필요한 접속사는 가독성을 떨어트린다. 가능하면 접속사보다 문장 그대로 연결해서 써라. 접속사를 빼도 말이 되면 뺀다. 꼭 필요한 접속사 쓰면 가독성 높일 수 있다.

다섯 번째, 지나친 일반화는 피한다.

지나치게 내 경험을 비약하고 일반화하는 것은 아닌지 생각해 본다. 이는 독자의 입장에서 공감 기술을 똑 떨어트린다. 내가 했던 경험이 대단한 경험이니 너도 이렇게 하라고 일반화하는 오류를 겪지 않았으면 한다.

여섯 번째, 전체적인 구성과 편집을 살핀다. 각 문단, 그리고 문단과 문단의 연결, 각 문단이 꼭지 주제를 위해 잘 구성되어 있는지를 확인한다. 더할 건 더하고 뺄 건 빼고 조합할 것은 조합한다. 퇴고할 때 마지막으로 내 글의 순서를 바꿔보면 어떨지 한번 바꿔보기도 하고 시도해 보아라. 이처럼 퇴고의 여러 원칙을 기억하고 내 글이 정말 남들에게 잘 읽힐 수 있는 글인지 확인한다.

공저로 책 출간 도전하기

공동 저자로 책 출간을 하는 수업이 많아지고 있다. 나 또한 개인 저서 책 쓰기 코칭도 진행하고 있지만 공저로도 지금까지 네 권의 책을 작업했다. 현재는 여섯 번째 책을 공저로 준비하고 있다. 책을 쓰려는 사람은 많지만, 막상 책 한 권의 분량을 쓰려니 예비 저자로서 막막하고 도저히 용기가 생기지 않는다. 그런데 공동 저서 프로젝트는 우선 한 사람이 써야 할 분량이 적으면서 빠르게 책 출간 전 과정을 직, 간접적으로 경험해보는 과정이다.

나 또한 책쓰기의 매력에 빠져서 이 기쁨을 나누고자 겁도 없이 공동 저자 프로젝트를 시작했다. 그때가 그 해의 말 12월이었다. 바쁜 연말이기에 누가 지원이나 할까 하는 생각도 들었지만, 가슴을 쫓아 무엇이든 시도하고 도전해 보기로 결단했기에 무작정 모집 공지를 올렸다. 그런데 순식간에 여덟 명이 신청해 주셨다. 과반수는 이미 나를 알고 있는 분들이었다. 나를 신뢰하고 신청해 주셔서 감사했다. 1기이기에 최저가로 진행하는 것으로 보답해 드렸다. 그렇게 나의 책쓰기 클래스는 시작되었다.

공저 프로젝트에도 여러 가지가 있다. 그냥 글만 모아서 디자인해서 무료 출판 플랫폼을 통해서 온라인 서점에 유통한다. 아니면 작가가 글쓰기 교육을 하고 첨삭도 도와줘서 출판하는 경우다. 여러 군데 찾아본 결과 대부분의 공동 저서는 POD 출판인 주문형 출판 형태를 따르고 있었다. 왜냐하면 책을 많이 팔려는 목적보다 작은 책출판 과정을 경험하고, 완성된 글쓰기를 경험해 보는 것이 더 목적이기도 하기 때문이다. 공저는 기존 도서처럼 대량으로 인쇄해 놓는다고 했을 때 팔린다는 보장이 없다. 그래서 안전한 방식을 택하는 것이다.

그리고 에세이집이 대부분이었다. 에세이는 자신의 삶을 소재로 삼기에 빠르게 글을 쓸 수 있다. 반면, 실용서인 경우는 조금은 자료도 찾아보고 정리하는 시간도 필요하기에 시간이 더 걸릴 수 있다. 에세이는 자신의 삶을 성찰하는 글쓰기 형태다. 자신의 이야기를 솔직하게 오픈해야 하는 용기가 필요하기에 두려움과 자기 검열의 문제를 해결해야 하지만, 이 과정 또한 작가가 되기 위한 연습이라고 생각한다.

실제로 공저 1기의 한 작가님이 초고를 마쳐갈 무렵 개인적으로 연락을 주셨다. 자신이 특수한 위치에 있기에 막상 노출하려니 걱정이 앞선다는 것이었다. 나는 필명을 써도 되고, 글을 못 써도 되지만 첫 마음을 쫓아서 책 출간을 포기하지 말라고 독려해 드렸다. 그런데 나중에 확인해 보니 1기 지원자 중에서도 가장 첫 입금자였다. 글을 쓰고자 하는 마음보다 자신을 노출한다는 두려움이 더 앞설 수 있다. 첫 책은 대부분 그렇다. 이 또한 혼자 쓰면 포기할 수도 있었을 텐데 함께 쓴다는 자그마한 책임감이 환경 설정이 되어 끝까지 완성을 도와준다. 공저의 이점이다.

그 외에도 에세이를 쓰면서 많은 분이 자신을 새롭게 직면하게 되고, 치유되고 해결되었다고 고백했다. 글을 쓰면서 해결되었던 문제라도 수면 아래에 묻혀 있었던 기억이 떠올라 벅차오르는 감정을 다시 경험하기도 한다. 에세이를 쓰며 자신의 이야기를 새롭게 해석하며 재창조해 간다. 평범한 소재라도 왜 이 소재를 가져왔는지 다시 곰곰이 사유하며 거기서 한 줄기의 의미를 길어 오른다. 그 모든 것이 우연이 아니기 때문이다. 왜 하필이면 이 소재가 내 기억과 감정에 새겨졌을까? 지금 글을 쓰는 이 순간에 그 소재가 떠올랐을까를 역으로 질문하며 탐색해 가다 보면 그 꼭지의 주제가 더욱 분명해진다. 그런 면에서 에세이는 자기 성찰적 글쓰기다.

함께하는 기쁨도 크다. 전혀 연고도 없는 사람들이 온라인에서 만나 서먹하기도 하지만 자기 글쓰기에 바빠 처음에는 주위를 둘러볼 틈이 없다. 심지어 어떤 작가님은 출간 기념회를 하는 날 버스를 타고 올라오면서 다른 분의 글을 읽기 시작했다고도 말했다. 같은 주제 아래에서 다양한 소재가 모이고 엮어서 한 권의 책에 담긴다는 것 또한 인생에 특별한 만남이다. 책은 죽어서도 남는 것이다. 그래서 처음 오프라인으로 만날 때 수많은 이야기가 쏟아져 나온다.

에세이 공저는 좀 더 빠르고 쉽게 시작하고 끝낼 수 있다. 그러나 공저라도 기획이 필요한 책이 있다. 같은 분야에서 활동하고 있는 분들이 함께 기획해서 책을 쓰는 것이다. 이때는 공저라도 기획 출간처럼 치밀한 설계와 전략이 필요하다. 함께 쓰려면 책을 통해서 던지고자 하는 비전과 목표가 일치해야 한다. 이에 대한 논의를 충분히 해서 맞춰 가야 한다. 이 부분에 대해 서로 충분히 공감하고 동의한다면 공저는 오히려 서로의 약점을 보완하고 강점은 살리는 방향으로 원고가 될 수 있다. 이 책을 쓰고 있는 시점에 영어 학원 원장님들이 영어 교육에 관한 기획 공저를 함께 집필하고 있다. 같은 영어 콘텐츠를 가지고 전국의 다른 지역에서 학원을 운영하고 계신 분이다. 그러하기에 기본 비전과 목표는 비슷하다. 다만 수업하고 있는 학생 연령층이 조금씩 다르다. 어떤 원장님은 초등학생에게 집중하고 계시고, 어떤 원장님은 중고등학생에 초점을 두고 계신다. 그래서 자신의 강점을 살려 초중고 전 학년을 위한 영어 교육서를 좀 더 빠르게 원고에 담을 수 있었다.

　공동 저서는 거기서 끝나지 않는다. 개인 저서로 가는 시작점이다. 어떤 분은 공동 저서 한 권만 쓰고 이제 더 이상 못 쓰겠다고 포기하는 이도 있지만 대부분은 가볍게 왔다가 완성된 글을 쓰고 책 출간을 경험하면서 글쓰기의 매력에 빠져든다. 이어서 개인 저서에 바로 도전하는 작가도 있고, 공동 저서 출간에 한 번 더 도전하는 이도 있고, 글쓰기 챌린지에 들어와서 매일 글쓰는 습관을 놓지 않는 이도 있다.

　공동 저서 함께 쓰기는 조금은 안전하게 글쓰기를 훈련하며 책 출간까지 경험해 볼 수 있는 과정이다. 나 또한 함께 글 쓰는 시간에 내 글을 썼다. 네 권의 책 작업을 하면서 그중 세 권에는 내 글도 들어가 있다. 때론 글 분량이 모자라서 내 글을 넣기도 했고, 그냥 글 쓰는 것이 좋아서 함께 작업하기도 했다. 어떤 기수는 너무 분량이 넘쳐서 책 출간 비용에 맞추고자 내 글을 모조리 빼 버리기도 했다.

　강사나 프리랜서로 활동하는 이들에게는 공저가 그들의 이력에 분명 작은 보탬이 될 것이다. 개인 저서보다는 이력과 브랜딩에는 약하지만, 특별한 경험이 된다. 경험이 재산이다. 책을 안 써 본 분들에게는 공저라도 쓰신 분들이 대단하게 보인다. 공저를 쓰신 분들에게도 북토크를 열어드리는데, 아주 많은 인원이 참여하지는 않지만 참여하시는 분들은 글쓰기와 책쓰기에 대한 궁금증을 쏟아 놓는다.

　나 또한 개인 저서 코칭만 하지 않고 공동 저서 프로젝트를 오픈한 이유가 글쓰기, 더 나아가 책쓰기의 기쁨을 작게나마 경험하게 해 주는 공간을 만들어 주기 위함이다. 지금까지 포기한 사람은 없었다. 지금까지는 내가 목적하는 그 기대가 참여한 작가들에게 이루어진 거 같다.

　그러나 단점도 있다. 누가 어떤 목적으로 참여하는지에 따라 팀 분위기가 다르다. 공저지만 자신의 이력과 브랜딩에 적극적으로 활용하고 홍보하여,

순위권에 진입한 책도 있고, 이런 책은 판매 부수도 높다. 그러나 그저 책 한 번 내 볼까 하는 가벼운 마음으로 참여하고 자기 노출을 지극히 꺼리는 저자들은 홍보와 판매도 저조하다. 자신을 알리고 독자와 소통하기보다는 자아실현적인 책쓰기다. 어떤 목적이든 공저를 통해 책을 출간하는 과정에서 많은 것을 배우고 누리기에 공저에 참여한 저자 각각의 참여 이유에 따라 소기의 목적은 달성하지 않았나 싶다.

  책은 쓰고 싶지만, 아직 개인 저서를 쓰기에는 부담이 되거나 막연한 마음이 든다면 공동 저서에 도전해 보라. 공동 저서를 여러 권 쓰고 도전해 봐도 좋다. 나 또한 의도한 것은 아니었지만 지역 수필문학회와 독립출판교류회 모임에서 쓴 글들을 모아 공동 저서 출간 경험을 처음 해 보았다. '이렇게 책이 나올 수 있구나!' 처음에는 마냥 신기하고 자랑스러웠다. 공동 저서로 책 출간 문턱이 낮아진 것이다. 이 시간이 쌓여 내가 첫 책을 낼 수 있도록 용기를 불어넣어 주었다. 공동 저서 한 권 쓰고 절대 만족하지 않았으면 한다. 이 작은 성취감을 디딤돌 삼아 개인 저서에 꼭 도전해 보길 바란다.

누구나 저자가 되는
출판 방법의 비밀

내 책을 출간해 줄 출판사가 있을까?

원래 전통적인 출판은 저자가 원고를 쓰면 출판사가 돈을 투자해 책을 만들어 판매한다. 발생한 수익을 저자와 출판자가 나눠 갖는다. 하지만 최근 책을 내고자 하는 수요도 많아졌고, 다양한 출판 경로가 생겨났다. 다양한 출판 방법을 안다면 누구나 저자가 될 수 있고, 우리는 보다 합리적인 선택을 할 수 있다. 저자의 입장에서 각 출판 방법의 장단점을 따져 다섯 가지로 정리해 보았다.

첫 번째는 기획 출판이다. 여기에서 두 가지 방법이 있는데, 먼저는 출판사가 컨셉트를 먼저 '기획'한 후 그에 맞는 원고를 찾거나, 유명한 저자에게 부탁하여 진행하는 출간이다. 요즘은 영향력이 있는 인플루언서나 유명인들에게는 출간 제안서를 먼저 하는 경우도 많다. SNS에서 이미 인플루언서로 활동하는 이들이 "저에게 출간 제안서가 왔어요."라고 말하는 사람들을 가끔 본다. 책을 팔아야 출판사도 유지가 되기에 이미 구독자나 팔로워를 확보한 이들의 출간을 선호한다. 이 경우, 출판사 측에서 출간에 필요한 모든 비용을 부담하고, 저자는 원고만 제공하면 된다.

또는 저자가 원고와 출간기획서를 직접 작성하여 출판사에 원고를 보내는 방법이다. 이를 원고투고라고 한다. 많은 이들이 이 방법을 활용하고 있다. 저자는 원고를 다 쓰지 않더라도, 초반에 제목과 목차, 샘플 원고, 마케팅 홍보 계획 등 전반적인 출간기획사를 작성해서 원고 투고한다.

기획 출간의 장점은 출판사가 돈을 투자하기에 저자에게 돈이 들지 않는다. 단점은 투고 성공률이 매우 낮다는 것이다. 약 1% 미만으로 본다. 이 말은 정말 쉽지 않다는 말이다. 책을 내려고 하는 사람이 많아진 만큼 출판사마다 투고 원고를 다 살펴보기도 힘들뿐더러 확실한 콘텐츠가 아니고서야 쉽지 않은 것이 현실이다. 실제 투고를 해 보면 거절의 메시지라도 답조차 오지 않는 출판사가 2/3 이상이다.

또한 계약되더라도 내 책이 출간되기까지 최소 6개월에서 1년 이상 기간이 걸린다. 이미 계약된 책부터 작업해야 하기에, 계약이 되었다고 해서 바로 내 책 작업을 해주는 것도 아니다. 기다림이 필요하다. 《GPT제너레이션》의 이시한 저자는 이 부분을 꼬집었다. 기존 출판사의 속도가 1인 출판사의 속도를 따라잡지 못한다는 것이다. 이 시스템을 바꾸지 않은 이상 재빠르게 움직인 1인 출판사, 독립출판사와 경쟁에서 밀릴 수 있다는 점을 지적한다. 모든 것이 빠르게 흘러가고 있다. 책도 수명이 있다. 속도가 경쟁이 되는 시대다.

또한 인세도 낮다. 보통 인세는 10%이지 초보 저자의 경우 5~8% 정도이다. 물론 초보 저자라도 그의 영향력에 따라 조건은 달라질 수 있다. 나는 첫 책 인세가 10%였다. 책값이 15,000원이라면 저자에게 주어지는 인세는

1,500원이다. 초보 작가가 인세로 수익을 내기는 쉽지 않다.

　두 번째는 자비 출판이다. 책을 내고 싶은 사람들이 많아졌다. 영상매체의 발달로 독자는 줄고 있기에 출판사는 불황이다. 책 판매로만 돈을 벌기 어려워졌다. 책은 판매가 안 되고, 책을 쓰려는 저자들의 수요는 많아졌다. 이런 여러 요인이 합쳐져서 '돈을 받고 책을 만들어 주는' 서비스이다. 기획 출판과 달리 저자는 책 출간에 관한 모든 비용을 내고 책을 출간할 수 있다. 인쇄 부수도 적게는 300부에서 천 권, 이천 권 마음대로 정할 수 있다. 출판 비용은 대략 300~500만 원 선이다. 저자는 쉽게 책을 내서 좋고, 출판사는 리스크 없이 수익을 얻게 되어 좋다.

　작가가 제작비를 모두 부담했기에 인세는 높다. 보통 20~50% 선이다. 판매만 된다면 투자한 돈을 모두 회수할 수 있다. 자비 출판을 하는 작가들은 원고 투고의 번거로움 또는 성공 가능성이 확률적으로 낮음을 빨리 깨닫고 내 글이 책으로 엮어지는 것에 더 큰 의미를 둔다. 많은 사업가가 투고하고 기다리는 번거로운 과정을 줄이기 위해서라도 일찍이 이 출판을 통해 오히려 전문성을 강화하고 책을 명함처럼 활용하고 있다.

　출판사 입장에서 기획 출판은 책이 팔려야 수익이 창출되지만, 자비 출판은 책을 만드는 기획, 편집 과정에서 일부 수익을 얻는다. 자비 출판은 누구나 책을 낼 수 있는 장점이 있지만, 저자의 책 기획력이나 표지 퀄리티가 조금 떨어질 수 있다. 책 기획과 디자인, 마케팅까지 할 역량이 있다면 다른 부분은 대행해 주는 자비 출판을 이용해도 좋다고 생각한다.

　세 번째는 독립출판이다. 저자가 책을 직접 만들어 유통한다. 단, ISBN(국제화된 표준화된 번호)가 발급되지 않기에 기존 온라인 서점이나 오프라인 서점에 판매가 되지 않는다. 독립서점에만 입고가 된다. 한 유튜브 영상에서 독립 출간된 자기의 책을 가지고 아이와 함께 전국 독립서점을 돌아다니다가 기름값과 식비가 더 들었다는 웃픈 이야기를 들었다.

장점은 기존 출판사나 유통사 등 누구의 터치도 받지 않기 때문에 형식이나 내용에 있어서 내 취향을 마음껏 담을 수 있다. 단점은 유통할 수 있는 곳이 제한적이기에 판매에 한계가 있다. 독립서점에 일일이 전화해서 내가 직접 택배로 보내거나 갖다주어야 하기에 시간과 비용 면에서 에너지가 엄청나게 든다. 그렇게 판매가 된 책들을 일일이 확인하는 수고 또한 만만치 않다.

그런데 인스타그램에서 '가린'이라는 이름을 가진 한 인플루언서를 발견했다. 팔로워가 1만 명이 넘었고, 자신의 글을 주로 발행하는 콘텐츠로 운영하고 있었다. 최근 신간도 판매하고 있어서, YES24에 검색해 보았다. 그런데 책 제목을 아무리 검색해도 나오지 않는 것이다. 그래서 다시 가린의 인스타 프로필 링크를 타고 들어갔는데 책을 판매하는 곳으로 연결되었다. 자신의 스마트스토어였다. 가린의 신간은 독립 서적이었다. ISBN이 붙지 않아서 온라인 서점에서는 볼 수 없었고, 자신이 직접 스마트스토어 매장을 열어 오직 그곳에서만 판매하고 있었다. 독립서점을 거치지 않고도, SNS만 잘 운영한다면 자신의 스마트스토어에서 책을 판매할 수 있게 된 것이다. 책이 판매만 된다면 대부분의 수익은 출판사, 유통사를 거치지 않았기에 저자 본인이 모두 가져갈 수 있다.

그러나 요즘은 독립출판물도 유통할 수 있는 온라인 플랫폼이 생겨나 이런 문제도 해결되었다. 교보 문고 오프라인 매장에서는 독립출판물 코너가 따로 운영되어 독립출판물의 가치를 인정하고 있다. 밀리언 서재에도 독립출판물 책이 올라오고 있다. 꼭 대형 출판사에서 책을 내야 한다는 상식이 깨지고 있다. 개인의 취향을 존중하는 시대에 내용과 형식을 파괴한 독립출판물이 예술의 한 형태로 인정되고 있는 분위기다. 이 흐름은 더욱 가속화될 것으로 보인다.

네 번째는 1인 출판이다. 이는 출판사를 직접 등록해서 내 책을 직접 내는 것이다. 나 또한 공동 저자 프로젝트를 진행하면서 출판사를 등록했다. 출판사를 차리는 방법은 간편하다. 신분증과 주민등록증만 가지고 사는 지역의 관련기관을 찾아가면 출판 허가증을 발급해준다. 그 허가증은 바로 다음 날 대부분 나온다. 직접 받으러 가야 한다. 그리고 홈택스에 들어가서 사업자 등록증을 신청하면 자신만의 출판사가 등록된다.

출판사 등록은 쉽지만, 출판 과정과 이후 관리까지 해야 할 일이 많다. 편집이나 디자인도 본인이 직접 할 수 있지만 상황이 허락하지 않는다면 일정 비용을 들여 외주를 주어야 한다. 나는 공동 저자 책은 직접 편집하고 디자인한다. 그러나 내 책《북클럽 사용 설명서》는 외주를 주어 작업했다. 내가 만든 출판사에서 책을 만드는 전 과정을 직접 경험한다는 것은 창작물을 만드는 희열이 있다. 책을 읽고 쓸 뿐 아니라 만드는 기쁨도 꽤 쏠쏠하다.《언어의 온도》이기주 작가는 1인 출판사를 차려서 자신의 책을 냈는데 200만 권 이상 팔렸다고 한다.

단점은 원고를 쓰는 것 외에도 출판사 실무와 관련하여 배워야 할 부분들이 많고 시간과 비용이 많이 든다. 이 또한 사업이다. 일단 출판사를 운영하게 되면 발주, 세금 문제 등 처리해야 할 사항이 매우 많다. 또한 물류 창고 등 거래처와 계약은 최소 1년 단위로 진행하기에 책이 안 팔릴 경우에 추가 리스크가 발생한다. 그런데도 이 모든 것을 감당할 마음과 실행력만 있다면 누구나 책을 출판할 수 있다.

나 또한 1인 출판사를 운영하고 있지만, 책 출간과 관련한 교육과 코칭을 더 우선하기에, 편집, 디자인까지는 내가 또는 외주로 해결하고, 나머지 실무적인 부분도 외주를 준다. 요즘에는 자비 출판사나 기타 다양한 곳에서 1인 출판의 이런 어려움을 알고 인쇄, 보관, 유통 문제를 해결해주고 있다. 책 인세 수익을 목적으로 하지 않는다면, 이 부분을 외주로 줄 수 있다. 책 출간을 돕거나 본인이 직접 꾸준히 출간할 계획이 있고 마케팅 역량도 있다면 이 방법도 괜찮다.

    그 외에도 크라우드 펀딩(후원)도 한 가지 방법이다. 이는 먼저 펀딩받고 책이 나오면 주는 개념이다. 독립 출판이나 1인 출판 경우는 처음 책을 낼 때 자본이 없으니까 사람들에게 우선 후원받고 진행한다. 예상 금액의 반 정도가 펀딩으로 채워진다면, 출판사에서 나머지 반을 채워줄 테니 출간을 진행해 보자고 연락이 오는 경우도 있다. 크라우드 펀딩은 초기 제작비를 투자받는 장점도 있지만, 미리 책 홍보가 되는 장점도 있기에 도전해 볼 만하다. 1인 출판을 지원하는 정부 지원 사업도 간간이 있으니, 출판에 관심이 있다면 찾아볼 것을 권한다.

    다섯 번째는 자가 출판이다. 디지털 인쇄라고 해서 기존 인쇄 방식과 다른데, 주문할 때마다 한 부씩 인쇄가 된다. 재고에 대한 부담이 전혀 없다. 인세는 기획 출판과 비슷하게 5~10% 선이다. 원고만 PDF 파일 형태로 만들어 놓고 자가 출판사에 등록하면 ISBN 등록부터 YES24, 알라딘, 교보 서점, 밀리언 서재 등 온라인 서점 유통까지 모두 대행해 준다.

    단점은 주문할 때마다 인쇄하는 방식으로 오프라인 서점에는 판매가 되지 않는다. 당일 배송이 되지 않고 주문 후 4~7일 정도의 기간이 소요된다. 온라인 서점의 10% 할인 적용되지 않는다. 저자 개인의 SNS 구축이 잘 되어 있다면 기본 홍보는 되겠지만 오프라인 서점과 도서관 입고가 되지 않기에 마케팅에 한계가 있다. 물론 기획 출간된 책이라도 마케팅이 부족하면, 독자의 관심에서 사라지지만 말이다. 나의 두 번째 책 《북클럽 사용설명서》를 처음에는 자가 출판을 했지만, 강의를 꾸준히 해 왔고, 커뮤니티가 있어서인지 관련 분야 9위권까지 갔다. 온라인 판매만으로 확장성의 한계를 느껴서 다시 1인 출판사 〈책마음〉으로 재출간했다. 그런데도 관련 분야 베스트셀러 100위권 안에는 진입했다. 독자들과 꾸준히 소통할 수 있는 SNS와 커뮤니티가 있다면 출판 형태는 큰 상관이 없다고 생각한다.

간혹 기획 출판에 성공한 작가는 상업 출판만이 독자들이 알아주는 형태의 책이라고 자비출판이나 다른 형태의 출판에 대해 부정적으로 이야기하기도 한다. 그러나 챗GPT가 나오고 출판 형태가 다양해지고, 개인의 취향이 더욱 섬세해지는 이 시대에 상업 출판이 이 모든 저자와 독자의 욕구를 만족시킬 수 있을까. 절대 그럴 수 없다고 생각한다. 이보다 더욱 중요한 것은 각 사람만의 지식과 경험, 그리고 그 안에 담긴 메시지가 사장되지 않고, 다양한 플랫폼을 통해서 목소리를 발하는 공평한 세상이 왔다는 것이다. 디지털의 발달은 이 판을 깔아주고 있다.

나만의 출판사를
찾는 법

대형출판과 중소형 출판사 장단점

　예비 저자들은 대부분 인지도 있는 대형 출판사에서 책 출간을 선호한다. 나도 출판에 대해 전혀 지식이 없을 때는 그렇게 생각했다. 그러나 일 년에 수백 권의 책을 출간하는 대형 출판사와 수십 권에 그치는 중소형 출판사 중에서 어느 출판사가 더 자신의 책에 애정을 기울여 줄까? 애정을 기울여 준다는 말은 홍보와 마케팅 등 책 전반에 더 관심을 쏟는다는 말이다. 중소 출판사는 출판사의 생존 여부가 그 책에 달려 있을 비율이 대형 출판사보다 더 크다. 물론 원고 투고를 받아준 자체가 대, 소형 출판사에 상관없이 모든 책이 소중하며 귀하다는 증거다. 그렇지만 큰 출판사일수록 수백 권의 책을 출간하기에 유명인의 책, 잘 나가는 책에 관심을 기울일 수밖에 없다. 또한 대형 출판사에서 냈다고 베스트셀러가 되리라는 보장도 없다.

　대형 출판사의 체계적인 시스템은 장점이 될 수 있지만 그것이 단점이 되기도 한다. 원고 투고부터 편집, 출간까지 시간이 오래 걸린다. 내 앞서 이미 계약이 되어 있는 사람이 많을 것이고, 시스템을 거치는 속도가 느릴 수 있다. 문제는 그사이 트렌드가 바뀌거나 저자의 열정이 식기도 한다.

반면 작은 출판사는 속도가 빠르다. 자가 출판일 경우는 원고를 쓰고 3주면 출간이 된다. 나는 1인 출판사를 운영하고 있지만 원고만 준비되면 2주 안에 온, 오프라인 유통이 가능하다.

나만의 출판사를 찾는 법

종합 출판사가 아니고서는 출판사별 선호하는 콘텐츠가 있다. 서점이나 도서관을 자주 방문해라. 내가 지금 쓰고 있는 콘텐츠를 선호하는 출판사는 어디인지 조사해야 한다. 해외 소설을 주로 출간하는 출판사, 육아서를 많이 출간하는 출판사, 에세이, 운동, 컴퓨터, 등을 선호하는 출판사가 있다. 내가 지금 쓰고 있는 콘텐츠를 선호하거나 주력으로 하는 출판사를 파악해야 한다. 책 앞 또는 뒤를 펼쳐보면 출판사 정보와 원고 투고하는 메일 주소가 있다. 도서관이나 서점에 갈 때마다 내가 쓰고자 하는 카테고리의 책 정보들을 모아 두어라. 작은 출판사라도 나의 콘텐츠에 맞는 곳을 찾아 투고해 보아라. 내 콘텐츠를 잘 홍보해 주고, 맞춤형 소통으로 지금 원고보다 더 잘 만들어 줄 수 있는 편집자를 만날 수 있다. 내 콘텐츠를 받아줄 출판사를 찾는다고 생각하고 그에 맞게 찾아라.

이런 출판사는 피해라

표지, 본문, 편집, 디자인의 퀄리티가 좋지 않은 곳이 있다. 자비나 자가 출판일 경우 저자나 독자의 마음에 들지 않을 때가 있다. 이때 원고는 저자가 쓰지만, 디자인 편집을 외주에 맡기는 방법도 있다. 나는 디자인 편집을 직접 하지만, 내 책 《북클럽 사용 설명서》는 외주를 맡겼다. 그 당시 다른 책 작업 하느라 바쁘기도 했고, 퇴고하느라 더 이상 내 책을 작업할 에너지가 남아 있지 않았다. 그래서 시간을 돈을 주고 샀다.

그러나 그 이후로는 시간과 여건이 허락하는 한 표지와 내지 디자인은 직접 하려고 한다. 디자인에는 저자의 취향이 시각적으로 물씬 담긴다. 그래서 이를 소홀히 할 수는 없다. 디자인은 좀 더 직접적으로 소통하면서 예비 저자가 원할 때까지 개별 맞춤형으로 미세한 부분까지 수정해 간다. 물론 더욱 퀄리티 있는 표지와 내지 작업을 위해서는 디자인 공부를 꾸준히 해 가고 있다.

그리고 홍보와 마케팅에 무관심한 출판사도 무조건 피해야 한다. 출판사 홍보 시스템을 확인해 보아라. 고가의 돈을 주고 책쓰기 코칭을 받고 출판 계약을 했지만, 이 부분이 약한 곳도 많다. 작지만 SNS와 다양한 플랫폼을 통해서 독자들과 활발히 소통하며 꾸준히 책 소식을 알리고 홍보에 힘쓰는 출판사도 있다.

나 또한 독서 커뮤니티로 시작한 플랫폼을 키우고 인스타그램을 비롯한 각종 SNS를 꾸준히 하는 이유가 처음에는 내 개인적인 이유였다. 그러나 후에는 함께 책을 쓰는 작가들을 어떻게든 더 돕기 위해서 성장시켜야겠다는 거룩한 소명감마저 생겨났다. 특히 자신의 SNS가 구축되어 있지 않은 저자들은 콘텐츠 내용이 좋아도 이 부분이 약해서 출간이 거부되기도 한다. 출간 이후에도 독자들의 손에 가닿을 수 있는 마케팅력이 약하기에 책이 사장되는 경우가 많다. 그래서 나는 책쓰기 코칭뿐 아니라 저자가 원할 경우 SNS 채널과 커뮤니티 안에서 북토크나 출간기념회, 서평단 등 홍보와 마케팅을 돕고 있다. 출판인으로서 마땅히 협력해야 할 일이다.

이렇게 책 출간 방법은 다양해졌다. 출간 과정 전체를 투자받는 꿈의 투고 계약이 이루어진다면 가장 좋겠지만, 이것만이 정답인 시대는 지났다. 다양한 출간 방법을 확인하고 자기에게 가장 맞는 방식을 선택해라. 출판 경로를 선택하고 저자들은 출판사를 선택할 수 있는 시대가 되었다. 대형 출판사만이 더 낫다는 편견을 버려라. 자신만의 커뮤니티와 SNS를 활발히 하고 있다면 기존 출판사를 거치지 않고 책을 충분히 홍보하고 판매할 수 있다. 이런 경우 굳이 출판사의 콜을 기다려야 하는 과정을 거치지 않아도 된다. 이제 주도권은 저자에게 있다. 저자는 자신의 이야기를 독자에게 가닿도록 잘 글로 옮기는 실력만 된다면 누구나 출간할 수 있다. 책을 쓰겠다는 단단한 목표만 있으면 된다. 기회는 실행하는 자에게 있다.

나만의 책쓰기 클래스 선택하는 법

100세 시대에 평생 현역으로 살고자 자신을 브랜딩할 목적으로 책을 쓰려는 예비 저자가 많다. 이런 수요에 맞추어서 곳곳에 책쓰기 클래스도 많이 생겨나고 있다. 책쓰기 모임은 수백에서 천만 원 이상의 고가까지 다양하다. 나 또한 수년 전부터 책을 쓰고자 하는 갈급함이 깊어져 책쓰기 모임을 검색한 적이 있다. 책쓰기 관련한 책을 수 권을 읽었음에도 실행에 옮기지 못하고 있었기 때문이다. 방법은 책에 다 나와 있었지만, 첫 책은 혼자 쓰기에 너무 벅찼다.

독서 모임도 혼자 책 읽기 힘든 사람들이 찾는 곳이다. 함께하는 힘은 세기에 많은 이들이 환경 설정을 위해서 북클럽을 찾는다. 마찬가지로 나 또한 꼭 비싼 비용을 지불하면서, 책을 써야 할까 하는 생각도 들었지만, 첫 책은 나를 위해서 과감히 투자하기로 했다. 첫 책은 이미 인풋이 충분히 쌓여 있고, 동기도 아주 간절했기에 15일 만에 초고를 완성할 수 있었다. 그러나 그 비싼 참가비를 냈음에도 원고를 완성하지 못하는 사람도 의외로 많았다.

혼자 책을 쓰고 투고하고 계약이 되면 가장 좋다. 돈이 하나도 들지 않기 때문이다. 혼자 쓸 수 있는 사람들은 여러 마케팅에 휘둘리지 말고, 뚝심으로 끝까지 써라. 그러나 실력과 상황을 떠나서 혼자서 완성하기 어려운 사람이 실제로는 더 많다. 그래서 정보와 지식은 널려 있지만 수많은 챌린지가 존재하고, 코칭과 컨설턴트 과정이 고가로 판매가 되는 이유이기도 하다. 시간이 돈인 세상이다. 조금 더 빨리 정확한 방향으로 가길 원한다면 책쓰기 모임을 활용해도 좋다. 나 또한 내가 경험했던 지식과 노하우, 경험 등을 책쓰기 클래스와 코칭을 통해서 나누고 있다. 내가 수년 걸렸던 과정을 코칭으로 공저는 1~2개월 만에 개인 저서는 빠르면 3개월에서 5~6개월 안에 출간할 수 있게 된다.

내 책쓰기 클래스만이 좋다고 홍보할 마음은 없다. 모든 만남에 인연과 결이 맞는 사람이 있고 각각의 장단점이 있기 때문이다. 모든 사람을 감당할 수도 없다. 이미 수년 전부터 책쓰기 코칭을 해 온 플랫폼도 있다. 그곳에서 출간된 수많은 책이 홍보 마케팅으로 사용되고 있다. 그곳에서 책을 쓴 사람들이 많고, 그중에는 베스트셀러인 책들도 있다. 그곳에 가면 모든 사람이 책을 쓰고 베스트셀러 작가가 되는 줄 안다. 그러나 모두가 쓰는 것도 아니고 베스트셀러가 되는 것도 아니다.

비싸다고 대우가 더 좋은 것도 아니다. 사람들이 많기에 서로에게 동기부여가 될 수도 있지만 일대일 코칭의 깊은 배려는 얻지 못할 수도 있다. 그리고 큰 플랫폼은 일대일 코칭 수업은 그룹 비용의 두 배를 받기도 한다. 책 쓰는 경로들이 워낙 다양해졌기에 책쓰기는 스킬을 약간 배우고, 원고만 완성한다면 누구나 출판할 수 있는 것이다. 그러니 화려한 마케팅에만 속지 않았으면 한다.

반면 나처럼 책을 여러 권 낸 저자가 진행하는 책쓰기 모임도 많다. 이 코치들의 특징은 독서도 좋아하고 글쓰기도 좋아한다는 것이다. 사명감이 뚜렷이 있기에 그 연장선에서 책쓰기 코칭도 진행한다. 이들은 대형 플랫폼에서

할 수 있는 마케팅력은 약하지만, 커뮤니티나 SNS 콘텐츠로 홍보한다. 소규모이거나 일대일 코칭이 주를 이룬다. 나도 혼자 책쓰기 코칭뿐 아니라 독서와 북클럽 전문가 양성 과정도 운영하기에 많은 이를 수용하기는 힘들고 소수만 가능하다.

그래서 누구나 원한다면 조금은 저렴한 비용으로 책쓰기 코칭과 출판까지 도울 수 있다. 주로 일대일 코칭이기에 원고 쓰기, 디자인, 편집까지 좀 더 개인 맞춤형으로 소통하면서 세밀하게 작업할 수 있는 것이 장점이다.

책을 쓴다는 것은 나의 경험과 지식을 담아냄으로 지식 창업으로 가는 시작점이다. 책 출간을 위해서는 원고 완성뿐 아니라 디자인, 편집, 유통까지의 시간이 걸리는 과정이고, 그 과정에서는 여러 사람의 손길을 거쳐야 하기에 일정 비용이 든다. 일정한 비용은 투자개념으로 봐야 한다. 공저든 개인 저서든 문의만 하고 도전 못 하는 분들도 많다. 혼자 쓰든, 코칭을 받든 중요한 것은 실행한 사람과 실행하지 못한 사람의 차이일 뿐이다. 내가 고민하며 머뭇거리고 있는 사이 누군가는 책을 쓰고 출간해 작가가 되어 있다.

책 한 권에는 좀 더 농축되고 체계적인 형태로 자신의 메시지를 담을 수 있다. 책을 쓰며 우리는 이미 가지고 있는 역량을 한곳에 모으며, 좀 더 넓은 세상으로 가지고 나갈 브랜드 가치를 높일 수 있는 무기 하나를 갖추게 된다. 가만히 있으면 아무도 나를 알아주지 않는다.

4장

누구나 저자가 되는
글쓰기 레벨업

글쓰기에 대해
하고 싶은 말

> 소명은 의지에서 나오지 않는다. 그것은 듣는 데서부터 출발한다. 소명이란 성취해야 할 어떤 목표가 아니라 이미 주어져 있는 선물이다.
> _파커 J. 파머

글쓰기는 소명에 응답하는 길

《삶이 내게 말을 걸어올 때》의 저자 파커 J. 파머는 교육지도자이자 사회운동가로 '교사들의 교사', '위대한 스승'으로 영향을 끼쳐 왔다. 그는 책 초반에 오랫동안 외적 성취를 이루며 사람들이 우러러보는 자리에 올라갔지만, 자신의 영혼이 텅 비어 있었다고 말한다. 그러면서 소명에 대해 정의한다.

소명의 참된 의미는 '보케이션'이라는 단어 안에 숨겨져 있다. 소명이라는 단어의 어원은 라틴어로 '목소리'이다. 소명은 내가 추구해야 할 목표를 의미하지 않는다. 소명은 내가 들어야 할 내면의 부름의 소리이다. 내가 살아가면서 이루고 싶은 일이 무엇인지를 말하기에 앞서, 내가 어떤 존재인지를 말해주는 내 인생의 목소리에 귀 기울여야만 한다. 나만의 고유한 정체성을 일러주는 진리와 가치에 귀 기울여야만 한다. 마지못해 따르는 삶의 기준이 아니라 진정한 내 인생을 살기 위해 따르지 않을 수 없는 그런 기준 말이다.

그는 소명은 외부에서 주어진, 그래서 추구해야 할 어떤 목표가 아니라고 말한다. 소명은 "내가 들어야 할 내면의 부름의 소리"인 것이다. 그렇다면 어떻게 내면의 부름을 들을 수 있을까?

모닝페이지로 유명한 《아티스트 웨이, 마음의 소리를 듣는 시간》의 저자 줄리아 캐머런은 잘 듣기 위한 방법으로 모닝페이지를 추천한다. 모닝페이지는 매일 잠에서 깨자마자 의식의 흐름을 종이 세 장에 기록하는 것이다. 이 글은 누구에게 보이기 위한 글이 아니다. 그러나 꾸준히 페이지를 채워갈 때 자신의 진짜 감정과 생각을 만나게 되고, 모닝 페이지가 보내는 인생의 단서를 만나게 된다는 것이다. "단어와 단어가 이어지며 내가 알아야 할 것, 해야 할 일이 드러난다."는 것이다.

그녀는 "꿈은 때로 소리가 아주 작기 때문에" 듣기 위해서는 글을 쓸 때 주의를 기울여 집중해야 한다고 다음과 같이 덧붙인다.

> "단어 하나하나는 의식의 한 지점이며 합쳐지고 이어지는 단어들은 우리 영혼의 기록이다. 단어들이 이어지는 모습을 보면서 우리는 자기 삶의 이야기에 주의를 기울인다. 우리 삶의 이야기는 흑백이 아니다. 무척이나 다채롭고 무늬도 화려하다. 꿈에 집중하면 더 많은 꿈이 풀려나온다. 삶을 자세히 살필수록 그렇게 집중해 들여다볼 가치가 충분하다는 것을 알게 된다."

꼭 모닝페이지가 아니어도 좋다. 매일 노트를 펴고 당신의 일상을 기록하라. 바쁘게 흘러 지나가는 시간 속에서 글을 쓴다는 것은 그 시간을 붙잡아 온통 바깥에 쏠려 있는 시선을 내면으로 돌리는 것이다. 우리가 살아야 갈 삶의 방향이 외부에 있지 않고 내부에 있음을 믿고 그 영혼의 소리를 듣겠다고 작정하여 드린 시간이다.

그렇다. 글쓰기는 소명을 듣는 시간이다. 왜 내가 책을 써야 하는지, 책을 써서 무엇을 하겠다는 것인지, 나에게 책쓰기란 어떤 의미인지 무수한 끄적임 속에서 듣기를 바란다. 넬슨 만델라의 표현에 의하면 지금까지의 두려움은 실상 "우리 자신이 너무 큰 존재일지 모른다는 것"이다. 글쓰기는 어떤 제약에 자신을 가두지 않고, 자신을 풀어내는 시간이다. 충분히 머물고 들으며 자신의 진짜 꿈에 가 닿는 시간이다. 스스로 제한했던 수많은 한계를 뚫고 영혼의 부름을 향해 돌진하며 응답하는 시간이다.

어떤 형태의 글이든 책 한 권을 쓰며 우리는 그렇게 자기 자신을 마주하게 된다. 자기 영혼의 목소리와 만나게 된다. 영혼이 담기지 않는 텅 빈 글도 있다. 여러 정보만 짜집기 해 놓은 글 말이다. 그러나 같은 정보와 지식 조각이라도 그것을 빛나고 유용하게 하는 것은 요리하는 자의 솜씨에 달려 있다. 그 솜씨는 듣는 능력에 달려 있다.

글쓰기는 참자아가 되는 길이다

우리는 부모나 사회가 원하는 모습이 내가 원하는 모습인 줄 알고 착각하며 살아올 때가 많다. 그 두 가지가 일치하면 가장 좋겠지만, 그렇지 않은 경우가 더 많은 듯하다. 그래서 진짜 나를 찾겠다는 몸부림이 중년이 되어서야 시작된다. 혹시 당신도 그 대열에 동참하고 있지는 않은가?

파커J 파머는 "소명의 발견이란 이미 내 안에 가지고 있는 참자아의 보물을 받아들이는 것"이라고 했다. 나 아닌 다른 어떤 존재가 되라고 외부에서 주입한 목소리가 아닌 그 사람이 이미 태어날 때 신이 주신 본인의 자아를 완성하라는 내면의 부름에 대한 응답이 소명이라 했다. 즉 소명은 참자아를 발견해 가는 과정이다.

이미 태어날 때 우리는 그 단서를 가지고 시작하지만, 타인의 목소리로 인해 그것을 잃어버리게 된다. 다시 그 단어를 해독하는 일은 어렵지만 늦더라도 그것을 풀어내는 일은 중요한 의미가 있다. 글쓰기는 이 단서를 찾아 헤매는 과정이다. 때론 단어 사이에서 길을 잃고 방황하고, 발걸음을 멈추기도 하지만, 그 속에서 잊었던 단서를 발견한다. 외면과 내면의 격차가 너무 크게 벌어진 삶을 살아왔던 사람은 그 불일치 속에서 때론 아파하고 분노하고 억울한 감정을 느끼며 오랜 시간을 고통의 시간을 겪을 수 있다. 그러나 그 시간을 충분히 쌓아가면 드디어 참자아를 향해 조금씩 발걸음을 옮길 용기를 얻게 된다.

단어를 쌓고 문장을 만들며 그렇게 흩어진 시간과 존재의 조각들을 퍼즐 맞추듯 재조각하게 된다. 깊고 그윽한 눈으로 자신을 바라보며 단서 사이사이에서 자신의 인생을 다시 해독하게 된다. 이것이 글쓰기가 주는 가장 큰 기쁨이자 보상이다.

> "참자아는 신이 당신의 형상을 따라 인간을 창조할 때 우리 안에 심어 놓은 바로 그 자아이다. 이 자아는 우리에게 더도 덜도 원하는 것이 없다. 우리가 타고난 그대로 살아가기를 바란다. 참자아는 참된 친구이다. 그 우정을 무시하고 거부하는 것은 위험을 자초하는 일일 뿐이다."

파커 J. 파머의 말이다.

내 것이 아니기에 불안과 두려움에 떨었던, 그리고 움켜줬던 손안의 가득 찬 욕심들을 내려놓고, 더도 덜도 없이 타고난 대로 살아가기를, 글쓰기가 그런 구원의 여정이기를 바란다.

자신만의 별에 다다르는 길

정여울 작가는 빈센트 나의 빈센트에서 그를 예찬한다. 그는 고흐의 여정을 쫓으며 글을 쓰는 여정 속에서 자기가 왜 그토록 그에게 집착할 수 없었는지 그 이유를 발견한다. 글 쓰는 작가로서 불투명한 미래, 불안과 두려움 속에서 고흐가 걸어간 길은 정여울 그녀에게 하나의 빛이 되어주었다.

빈센트는 가족들에게도 이해받지 못했고, 가난과 사람들의 오해로 늘 외로웠고 사랑을 갈구했다. 미치광이 소리를 들었으며 정신병원에도 잠시 머문다. 그토록 애정을 갈구했던 고갱과도 결국 결별하고 자기 귀를 자른다.

그러나 동생 테오만은 형 빈센트를 향한 물질적, 정서적 지원을 아끼지 않는다. 빈센트가 테오에게 보내는 편지를 통해 우리는 빈센트의 삶에 대해 조금이나마 이해할 수 있다. 동생 테오마저도 그를 외면했더라면 그의 삶이 어땠을까? 우리는 그의 그림 외에 빈센트에 대해 이해할 수 있는 단초를 얻을 수나 있었을까? 빈센트는 비참한 가난과 사람들의 차가운 시선과 오해라는 감옥에 갇혀 있었다.

그는 동생 테오에게 묻는다

"너는 감옥을 없앨 수 있는 힘이 무엇인 줄 알지 않니. 그것은 바로 깊고 진한 정이야."라고.

평생 숱한 오해와 편견으로 관계의 복은 없었지만, 사람을 해방시키는 진정한 힘이 사랑임을, 그리고 각자가 자기만의 길을 가도록 돕는 힘은 깊은 정임을 알고 있었다.

> "사람들이 모두 시궁창에 처박혀 있을 때도 그중 몇 명은 하늘의 별을 보고 있다." _오스카 와일드

빈센트가 자신만의 별에 다다르는 길은, 그것은 바로 해바라기를 그리는 일이었다. 그는 해바라기 하나로 자신만의 화법을 창조해냈다.

빈센트는 모두가 어둠만을 바라볼 때도 빛을 발견해내는 사람이었다. 빈센트가 그린 밤하늘의 별이 감동을 주는 이유 중의 하나는 검은색이 없기 때문이다. 어둠 속에도 무수한 빛의 스펙트럼이 있다. 빈센트는 어둠 속에 빛나는 찬란한 무지개를 알아보는 사람이었다. 빈센트가 그린 밤하늘은 어둠이 머금고 있는 무수한 표정들을 고요하면서도 열정적으로 보여준다. 그가 그린 밤하늘의 색깔은 '빈센트의 빛'이라고 할만한 고유의 색상이다.

당신만의 고유한 색상은 무엇인가?

"빈센트는 평생 유행하는 화풍, 잘 팔리는 그림, 아름답고 화사한 색감과 싸웠다. 미술 시장에서 잘 팔리는 작품이 무엇인지 잘 알고 있었지만, 유행이나 대세에 굴복하여 진정한 자신의 색채, 작품 세계를 잃어버릴까 봐 두려웠다. 이 두려움은 자신의 참모습을 있는 그대로 표현하고 싶은 간절한 염원과 맞닿아 있었다. 빈센트는 지나치게 밝고 화사하게 그리려는 경향 때문에 '자신의 색'을 잃지 않도록 스스로를 단속해야만 했다. 그는 알고 있었다. 어두

운 밤의 풍경 속에 때로는 낮보다 더 많은 색채가 숨어 있음을, 우중충하고 텁텁해 보이는 어두운 빛깔 속에 생의 눈부신 진실이 도사리고 있음을."
_정여울, 《빈센트 나의 빈센트》

늘 가난과 오해로 삶도 인간관계도 궁핍했던 고흐. 그는 알았다. 유행하는 그림, 잘 팔리는 그림이 무엇인지. 그러나 유행과 대세에 굴복하지 않았다. 진정한 자기 자신이 되려고 했다. 가난과 결핍 속에 있었지만 자기 자신에게 이르려고 하는 그의 간절함은 결국 빈센트만의 화풍을 창조하게 했고, 후대에서야 그의 작품이 인정받게 된다.

고흐와 같이 평범하지 않은 삶을 살지 않을지라도, 세상이 알아주는 화가 되지 않을지라도 우리 각자에게도 자기만의 고유한 색이 있으며 그에 걸맞는 부르심이 있다. 유행과 대세를 쫓느냐?, 자신의 색을 지키느냐? 는 고흐만이 아닌 우리 모두의 고민이다. 자신만의 색을 지키기 위해서는 헌신이 필요하다. 여기에는 모든 사람이 좋다고 해도 자기 것이 아닌 것은 내려놓겠다는 포기를 포함한다. 글쓰기는 이 싸움을 더욱 뚜렷히 확인할 수 있는 공간이며, 대세를 이기고 자신을 쫓는 투쟁을 직면하는 공간이기도 하다.

그러나 자신의 영혼이 빠진 공허한 글이 될 수도 있다. 타인이 좀 덜 알아주더라도 나는 나만의 글을 써 갈 수 있는가? 물론 책을 쓴다는 것은 독자를 전제로 한 것이다. 그러하기에 최대한 많은 독자에게 가닿기 위해 노력해야 한다. 그러나 자신이 빠진 글이 무슨 울림이 있겠는가? 많은 독자를 얻는들 어떤 의미가 있겠는가?

고흐를 통해서 내 삶 또한 다시 돌아본다. 나는 나만의 길을 잘 걸어가고 있는가? 대세에 흔들리고 있지는 않은가? 여러분은 어떠한가? 자신만의 고유한 무언가를 발견했는가? 자기만의 고유한 것을 지키기 위해 무엇에 헌신했는가? 여러분만의 색을 지키기 위해 무엇을 포기했는가? 규모보다도 진정성을 선택하는 글쓰기의 여정이 되었으면 한다.

글쓰기의 쓸모

《삶을 바꾸는 책읽기》의 저자 정혜윤은 "책은 우리를 능력자로 만들어줍니다. 책은 우리에게 뭔가 한 가지를 잘하는 능력을 주는 게 아니라 모든 것을 새롭게 볼 능력을 줍니다."라고 말했다. 책을 읽으면 단지 기술적인 부분이 아니라 또 다른 연결 속에서 "자기 곁에 있는 세상 만물을 생생하게 받아들이"게 된다는 것이다.

그는 생생하게 본다는 것에 대해 "모든 것을 특정 목적을 위한 수단으로 생각하는 사람, 무엇에도 무관심한 사람이 결코 느끼지 못하는 감정이 있다면 바로 생생함"이라고 말한다. 또한 생생하게 본다는 것은 옛날의 상념들과 밀접하게 연결시킨다는 것을 의미한다고 한다. 즉, 자신이 좋아하는 것과 자신의 기억, 경험, 세상을 연결시켜 본단 뜻이다. 연결이야말로 진정한 사고라고 누군가도 말했듯이.

이 연결의 도움은 혼자가 가질 수 없고 외부의 도움이 필요한데 책이 그러한 도움을 가져다 준다. 책의 쓸모는 이 연결과 연결을 통한 모든 것을 새롭게 볼 수 있는 생생함을 가져다 주는데 있는 것이다.

"책의 접어 놓은 페이지마다 새로운 탄생이 있습니다."

저자는 이어서 "책을 읽고 분리된 것들을 연결시키고 이를 통해 모든 것을 새롭게 보게 된다면 우린 심지어 다시 태어날 수도 있다."라고 말한다. 책의 접어 놓은 페이지마다 새로운 탄생이 있다는 것이다. 단순히 어머니의 뱃 속에서 태어남만이 출생이 아니라 우리가 사는 와중에도 무수한 태어남이 있을 수 있다는 것이다.

이에 대해서 《구원의 별》의 저자 로젠츠바이크는 "자기의 출생일과 인격의 출생이 동일하지 않다."고 말하면서 '인격의 출생일'이라는 표현을 쓴다.

단순히 안경을 바꿔 낀다고 새로운 인간이 되는 것이 아니다. 새로운 인간이 되기 위해 저자는 "자신이 사는 세상과 이웃에 대한 새로운 관점과 지혜의 힘이 필요하다."는 것이다. 그 힘으로 "세상을 새롭게 볼 때만이 사람은 다시 태어날 수 있다."는 것이다. 이처럼 책은 죽지 않는 능력을 주지는 못하지만 몇 번이고 다시 태어나는 능력을 준다.

태어남

나는 글쓰기의 쓸모 또한 책의 쓸모와 같다고 생각한다. 누군가는 책을 읽고 누군가는 쓴다. 읽는 사람이 언젠가 쓰기도 한다. 쓰는 사람은 또한 읽는다. 이는 읽기는 쓰기라는 연결을 가져다주고, 쓰는 행위는 또 다른 읽기라는 연결을 가져다준다. 읽기와 쓰기는 그렇게 연결되어 있다.

누군가의 글을 통해서 연결되고, 자신의 삶을 또 다른 시각에서 생생하게 보고 느끼고 경험하게 되고, 그 새로운 삶을 누군가는 다시 기록하게 된다.

보고 느끼고 경험했던 생생함이 휘발되기 전에 어떤 이는 그것을 기록한다. 그 생생함을 붙잡아 두고, 더 깊이 연결되고 감각하기 위해서 말이다. 쓰는 동안 우리는 새로운 연결을 다시 감탄하게 되고 생생함을 더욱 깊게 느낀다. 생생함이 허공에 머물게 하지 않고, 붙잡아 두어 구체적인 언어로 남긴다. 읽기를 넘어 쓰기는 그렇게 또 다른 연결과 창조를 낳는다.

글쓰기는 자기 돌봄이다

당신이 지금 스스로에게 충실하지 않는다면 당신은 이 세상에 끔찍한 해를 끼치고 있는 것입니다. _시인 루미

자신을 잘 돌보는 사람이 세상에 그 에너지를 나눠줄 수 있다. 많은 사회 활동가나 봉사자들이 자신을 돌보지 않은 채 번아웃될 때까지 이웃을 섬긴다. 자기 돌봄에 대한 죄책감을 느끼고 오로지 외적인 삶이 전부인 양 말이다.

그러나 자기를 돌보는 것은 결코 이기적인 행동이 아니다. 타인을 향한 섬김을 베풀기 전에 먼저 베풀어야 할 대상은 자기 자신이다. 수시로 그리고 정기적으로 자신의 참 자아에 귀 기울이고 필요한 보살핌을 베풀 수 있어야 한다. 이는 자기 자신을 위해서만이 아니라 우리 모두를 위한 일이다.

자기 돌봄을 위한 여러 방법 중 하나가 글쓰기다. 글쓰기는 오로지 자신에게만 충실해지는 시간이 된다. 외부의 요청, 타인의 빗발치는 요구 사항에 시달렸던 모든 목소리를 잠재우고 오로지 내면의 필요, 요청에 귀 기울이겠다는 다짐이다. 그래서 글을 쓰는 그 자리까지 가는 움직임이 힘들지 막상 글을 쓰는 시간을 통해서 우리는 한껏 에너지를 얻는다. 왜냐하면 그 시간을 통해 나를 먼저 공감하며 수용하며 누구보다도 먼저 자신을 온전히 보듬기 때문이

다.

내 삶을 확대해서 보기

《읽어버린 시간을 찾아서》의 저자 프루스트는 책을 확대경에 비유한다.

> "나의 책은 콩브레의 안경점 주인이 손님 앞에 내놓은 확대 유리 알과도 같이 일종의 확대경에 지나지 않아. 나의 책은 그 덕분에 그들 자신을 읽는 방편을 내가 제공해 주는 구실을 한다."

정말 그렇다. 다람쥐 쳇바퀴 도는 듯한 삶이 때론 지루하게 느껴진다. 그러나 속도를 늦추고 가만히 우리의 삶을 책이라는 확대경으로 자세히 들여다보면 그 안에는 무수한 이야기가 연결되어 있음을 알게 되고, 삶을 또 다른 각도에서 보게 해 줄 관점을 얻게 된다. 같은 사물이라도 어떤 관점에서 보는지에 따라 완전히 달라진다.

또 다른 관점을 얻는다는 것은 새로운 생명을 부여받는 것이다. 그렇기에 삶이 매일 똑같지 않다. 삶이 더 이상 무미건조하지 않고 재미있다. 매일 책을 읽는다면 그렇게 우리는 매일 새롭게 태어나고 새로운 생명을 부여받게 된다. 어제의 나와 또 다른 인격이 만들어지는 것이다.

글쓰기도 이와 같다. 쓰기는 읽기보다 더욱 면밀하게 내 삶을 들여다보는 확대경이다. 책이라는 확대경으로 내 삶을 들여다보되 "아 그렇지, 그랬구나!"에서 멈추지 않는다. 쓰는 행위는 확대경을 계속 들여다보고 있는 일이다. 내 존재 구석구석 삶 구석구석을 말이다. 그동안 미처 알아주지 못했던 존재의 한구석, 미처 꺼내어 손질하지 못했던 생각의 한 조각을 연결하고 갈고 다듬어 새로운 창조물로 보기 좋게 내놓는 것이다. 나 혼자만이 아니라 누군가와의 연결을 위해, 그리고 그들의 삶에 또 다른 생생함을 가져다주기 위한 노동이다.

이렇게 읽고 쓰는 행위는 새로운 연결을 가져다주며 선순환이 된다. 그 연결 속에서 우리는 매일 새롭게 태어난다. 삶과 죽음은 우리 생에 한 번만 있지 않다. 읽고 쓰는 삶을 산다면 삶과 죽음은 매일의 삶 속에 있는 것이다.

이렇게 읽고 쓴다는 것은 산다는 것이다. 산다는 것은 세상을 읽고 나를 매일 읽어가는 것이다. 무수한 읽어감 속에서 또 다른 씀이 이어지고, 그 씀은 한 권의 책으로 만들어지고, 이 책은 또 다른 연결과 새로운 탄생을 가져다준다.

태어남의 시간

보르헤스는 각각의 책은 독자의 읽기를 통해 다시 태어난다고 말했다. 즉 누가 어떻게 읽느냐에 따라 의미가 무한하다고 했다.

정혜윤은 책과 삶의 치명적인 공통점을 소개한다. 책의 운명이 언제 결정 나는지에 관한 부분이다. 저자가 원고를 완성했을 때? 책이 서점에 진열되었을 때? 마찬가지로 인간의 운명은 언제 결정 날까? 엄마가 나를 낳았을 때? 대학에 갔을 때? 취업했을 때?

모두 아니다. 보르헤스가 말했듯이 "각각의 책은 각각의 독서를 통해서 다시 태어"난다. 책의 운명이 쓰인 시간, 혹은 작가가 출판한 연도, 독자가 책을 구입한 그 시기에 결판나지 않고, 어떤 사람이 책을 읽는 바로 그 순간에 결정 난다는 것이다. 책이 완료형이 아닌 것처럼 사람 또한 완료형이 아니라 계속 새로운 탄생을 앞두고 있다. 이처럼 우리의 인생 여정에 책은 우리 생을 완료형이 아니라 매일 새롭게 탄생과 변화를 가져다주는 미래 진행형으로 살게 한다. 그러나 여기서 멈추지 않고 새로운 탄생을 날마다 기록하여 책으로 담는다면 그 의미 창조는 또 다른 독자들을 통해서 무한대로 생성될 것이다. 생명이 생명을 낳게 되는 것이다.

가끔 사람들을 모집해서 에세이를 함께 쓴다. 나와 같은 보통 사람들의 이야기다. 에세이는 내 삶을 기록하는 것이지만 내 삶만 들어가 있지 않다. 그 안에는 무수한 다른 이들의 도움이 들어가 있다. 에세이는 수많은 연결 속에서 지금의 나를 기록하는 행위이다.

이 글을 읽는 여러분은 날마다 새롭게 태어나고 있는가? 삶이 무미건조하지는 않은가? 매일의 삶이 생생한가?

오늘 누군가의 글을 통해서 내 이야기와 연결되고, 새로운 시각을 얻었다면, 또 다른 생명이 또 주어진 것이다. 그러나 읽기에만 멈추지 말아라. 그 생명을 매일 기록하고 글로도 남겨 누군가에게 새로운 연결과 생명을 가져다주기를 바란다.

원고를 완성하는 비법

매일 쓰는 방법뿐이 없다.

《태백 산맥》을 쓴 조정래 작가는 하루 8시간이 아니라 그 두 배인 16시간을 일하고, 모자라는 잠은 토막잠으로 해결하며 20년 동안 오직 먹고 자고 쓰는 일만 되풀이했다고 한다.

그는 말한다.

"유혹은 수도 없이 찾아옵니다. 글이 막혀 나아가지 않을 때 보통은 술 또는 여행을 떠올립니다. 그런데 저는 이런 유혹에 한번 응하다 보면 끝없이 물러서게 될 거라 생각했습니다. 그러면 자기 통제가 안 되고 소설에 긴장감이 떨어지거든요. 한번 생각해보세요. 하루에 원고지 30매씩을 써서 10권 짜리 소설을 4.5년 걸려 완성한다는 계획을 세워 놓았어요. 그런데 한 번 술을 먹으면 사흘은 글을 못 씁니다. 술 한 번에 원고지 90매가 날아가는 거죠. 그걸 열 번 반복하면 900매가 날아가는 겁니다. 술 먹는다고 안 써지는 글이 써질까요? 그게 아니거든요. 저는 글이 안 써질수록 더 책상 앞으로 다가갔습니다. 그렇게 계속 견디다 보면 언젠가는 생각이 떠오릅니다. 고통이 환희로 바뀌는 순간이지요."

조정래 작가처럼 하루에 원고를 얼마나 쓸 것인지 정해야 한다. 그리고 하루 목표량은 어떤 일이 있어도 지켜야 한다. 직장인이라면 출근 전, 퇴근 후, 또는 점심시간을 이용할 수 있다. 하루 목표치를 달성하지 못하면 죽는다는 각오로 써야 한다. 그런 절박한 마음으로 한 번에 한 문장씩 써나가면 된다.

기준을 낮추고 계속 써라

세상의 모든 기준은 누가 정했던가. 기준이라는 것이 처음에는 목표 의식을 세워주고 동기 부여해 주지만, 지금 시작해 보고픈 이들에게는 좌절감을 안겨다 줄 수 있다. 기준은 나에게 집중하게 해주기보다는 끊임없이 타인에게 시선을 두게 한다. '저 사람은 저렇게 하는데 나는 이것뿐이 못하지?'. '저 사람은 이런 방법으로 해서 그렇게 되었다는데 나는 이렇게 해도 안 되지?' 하면서 말이다. 그러니 기준을 낮추고 계속 써라.

책 한 권 냈다고 해서 모든 작가가 글이 술술 써지는 것도 절대 아니다. 그저 기준을 낮추고 계속 써가는 수밖에 없다. 자신에게 솔직해지고 내면의 목소리에 귀 기울이며 내 마음의 소리를 듣는 것! 문법보다 더 중요한 부분이다.

글이 산으로 가게 하지 않기 위해 중요한 이것

가장 훌륭한 시는 아직 써지지 않았다. _나짐 히크메트

요즘에 책쓰기 클래스들이 많다. 나도 공저와 개인 저서 코칭도 하고 있다. 책쓰기 코칭비는 천차만별이긴 하지만 아주 저렴하지는 않다. 그러나 고가의 돈을 내고 제목과 목차도 정했지만, 원고를 마무리하지 못하는 경우가 많다. 책의 큰 틀 즉 목차를 세웠다면 이제 원고 한 편 한 편을 채워 나가야 한다. 다음은 원고를 쓸 때 기억해야 할 점이다.

글 쓰는 방식은 다양하다. 처음부터 개요를 짜고 써 가는 방식도 있고, 의식의 흐름대로 자유롭게 썼다가 퇴고하면서 뼈대를 세워나가는 방식도 있다. 어떤 방식으로 글을 써 가든 글이 산으로 가지 않기 위해서 주의해야 할 한 가지가 있다. 그것은 주제이다.

모든 책마다 그리고 그 책을 구성하는 원고 한 편 한 편에는 주제가 있다.

각각의 원고는 책 전체의 주제를 뒷받침한다. 원고 한 편 한편에도 각각의 소주제들이 담겨 있는데, 각 원고는 소주제를 뒷받침하는 여러 근거와 사례들의 모음이라 볼 수 있다. 모든 소재와 글감들이 이 주제를 향해 정렬해 있는 것이다. 주제와 그것을 뒷받침하는 근거는 아래와 같이 다양하게 표현할 수 있다.

- 주제 + 소재
- 주장 + 근거
- 메시지 + 에피소드

주제를 뒷받침하기 위한 근거 없이 끊임없이 주장만 나열한다면 글은 지루하고, 신뢰감을 주지 못한다. 근거를 가지고 올 때는 아무 자료나 쓰면 안 된다. 권위 있는 자료를 가져다 쓸 때 더욱 신뢰감이 들며 저자가 주장하고자 하는 주제를 좀 더 설득력 있게 하며, 돋보이게 한다. 더불어 저자의 지식과 경험은 최고의 글쓰기 재료이자 사례가 된다. 같은 주제의 글이라도 글을 좀 더 생기 있게 만드는 요소가 되며, 책을 차별화시키는 요소가 된다.

초보 저자가 실수 중 하나는 이 꼭지에서 말하고자 하는 주제가 무엇인지 정하지 못했거나 그것을 놓친다는 것이다. 중간중간 내가 쓰고자 하는 주제가 무엇인지를 상기하면서 그 주제를 꽉 붙들고 있어야 한다. 이 글을 통해서 내가 말하고 싶은 것, 즉 메시지는 무엇인지 꼭 체크해야 한다.

쓰기 위해 읽어야 한다

> 작가가 되고 싶다면 무엇보다 두 가지 일을 반드시 해야 한다. 많이 읽고 많이 쓰는 것, 내가 아는 한 두 가지를 피해갈 수 있는 방법은 없다. 지름길도 없다. _스티븐 킹

조정래 작가가 쓴 긴 장편소설 《태백산맥》, 《아리랑》, 《한강》에는 1,200여 명의 인물이 나온다고 한다. 그는 "한 작가의 능력을 평가하는 데는 그 작가가 얼마나 많은 작품을 썼느냐가 아니라 얼마나 많은 개성적인 인물을 창조했느냐로 결정된다."고 말한다. 독자들도 그 인물들을 소화해 내기 어렵겠지만, 그 인물을 창조해낸 작가를 능가하랴. 많은 이들이 그에게 질문을 한다. 그런 인물을 창조해내고, 글을 잘 쓸 수 있는 비결은 무엇이냐고.

그의 어쩌면 너무도 뻔한, 우리가 잘 알고 있는 대답을 한다. '삼다' 즉, 많이 읽고 많이 생각하고 많이 써 보라는 것이다. 그 비율을 4:4:2로 하라고 구체적으로 말해 준다. 물론 이 외에도 그만의 더 구체적인 노하우가 있겠지만,

아웃풋은 거저 나오지 않았다. 독서는 쓰기의 바탕이 된다. 읽지 않고 쓸 수 없다. 그리고 그만큼 생각해야 한다. 그다음 써야 한다.

나를 돌아본다. 많이 읽어왔고 지금도 어느 정도 읽고 있다고 생각하지만 잠깐 주춤할 때가 있다. 가끔 이 정도 읽었으면 된 거 아닌가 하는 생각도 든다. 물론 읽고 싶은 책들은 산더미. 그러나 조정래 작가의 말에 다시 정신이 번쩍 든다. 읽고 싶지만 그리고 읽어야 할 책이지만 시도하지 못한 책들이 여전히 많기 때문이다. 그리고 많이 생각해야 한다. 너무 섣부르게 글을 쓰려고 했던 것은 아닌가 반성해 본다. 글 쓰는 시간은 생각하는 시간을 머금고 있다. 글쓰기에 한 시간을 투자한다면 그의 배수인 두 시간은 생각하는 데 시간을 보내야 한다는 그의 조언에 읽기와 쓰기에 비해 부족하고 빈약한 사고력을 다시금 돌아본다.

《글감옥》은 수많은 단편과 장편소설을 써 내려간 조정래 작가의 사십 년 자전 에세이다. 그는 수십 년 강연하며 받은 질문들에 다 답변할 수 없었던 시간적 한계에 늘 아쉬움이 있었다고 한다. 몇몇 출판사의 제안을 받아들여 주로 대학을 중심으로 해서 받은 5백여 가지의 질문들을 간추렸다. 그 질문들이 크게 문학론, 작품론, 인생론이라는 큰 주제 아래 모였다.

조정래 작가의 소설들은 그저 취미로 읽기에는 너무 묵직하다. 그의 대부분의 소설은 사회와 역사의식을 깊이 내포하고 있다. 그는 사회의식과 역사의식이 떨어질 수 없다고 말한다. 그는 그저 연애소설이나 쓰려고 소설가가 되지 않았다고 말한다. 그가 그런 소설들을 쓸 수밖에 없었던 배경, 주색잡기 하나 없이 글 감옥이라고 표현할 만큼 자신의 삶을 그곳에 가둔 이유, 철두철미하게 작가로서의 투철한 소명 의식, 젊은 시절의 고민, 자기보다 먼저 등단한 아내와의 애틋한 사연, 소설가로서의 그의 철학 등을 그의 직접적인 대답으로 읽어볼 수 있다. 이 에세이를 읽는다면 누구나 쉽게 작가가 되려 하고, 작가로 불리고 싶은 현대인들이 멈칫할 것이다.

그가 이탈리아어 교수의 어법을 빌려 말한 소설 쓰기에 대한 조언을 다시금 적어본다.

"5백 권의 책을 읽지 않고는 소설을 쓰려고 펜을 들지 말라."

그리고 이어서 말한다.

"5백 권의 책이란 세계문학전집 1백 권, 한국문학전집 1백 권, 중, 단편소설 1백 권, 시집 1백 권, 기타 역사, 사회학 서적 1백 권입니다. 그것도 한 차례씩만 읽고 말 것이 아니라 5년을 주기로 되풀이해서 읽으면 그보다 더 좋을 것이 없습니다. 그뿐이 아니라 그때그때 발간되는 신간을 골라 읽는 꾸준한 독서 생활을 글쓰기와 병행해야 하는 건 더 말할 것이 없습니다.
예, 50권도 읽지 않고 소설가가 될 수도 있습니다. 그러나 이 사실을 잊지 마십시오. 얼마만큼 재능을 타고났으면 누구나 한두 편의 소설은 쓸 수 있습니다. 그러나 열 편, 스무 편까지 쓰기는 어렵습니다. 더구나 아흔 편, 백 편까지는 더 말할 게 있겠습니까."

나는 소설가가 될 생각도 없고, 소설가가 되지도 않을 것이기에 다행이라는 생각이 들었다. 그러나 조정래 작가의 이런 조언이 소설가에게만 해당할까. 에세이를 쓰든, 실용서를 쓰든 어떤 형태의 글을 쓰던지 작가는 보이는 한 권의 책을 쓰기 위해서는 우선 수많은 책을 읽고 사고하는 보이지 않는 치열한 숙성된 과정이 필요하다. 그것이 자기 책에 대한 작가의 최소한의 책임일 수 있겠다.

수많은 책을 펴낸 저술가로 유명한 일본의 다치나바 다카시는 하나의 주제로 책을 쓰기 위해 관련 분야의 책을 500권 가까이 읽는다고 말한다. 나 또한 50~100권의 관련 도서를 읽는다. 당신도 쓰기 위해서는 상당량을 읽어야 할 것이다.

읽기와 쓰기는 하나다. 잘 읽는다는 것은 잘 쓰는 것과 같다. 물론 꼭 작가가 되지 않더라도 독서는 삶을 바꿔주는 큰 계기가 된다. 그러나 작가가 되고 싶다면 독서가가 되어야 한다.

압도적인 인풋이 있어야 압도적인 아웃풋이 가능하다

《나는 한번 읽은 책은 절대로 잊어버리지 않는다》의 저자 가바사와 시온은 한 달에 30권의 책을 읽고 1년에 세 권의 책을 출간한다. 그는 매일 원고지 10~30장 이상의 글을 매일 쓴다. 3분 정도의 유튜브 동영상도 매일 빠짐없이 올린다. 심지어 그는 정신과 의사이다. 자신의 본업이 있으면서 어떻게 압도적인 아웃풋을 내고 있을까?

그는 한 달에 책 30권을 전철 타고 기다리는 틈새 시간에만 읽고 있다고 한다. 전철에서 스마트폰을 보는 것이야말로 가장 큰 시간 낭비라고 생각한다며 스마트폰도 없다고 한다.

> 스마트폰으로 매일 2시간씩 게임하고 문자를 주고 받아도 당신의 수입은 단 10원도 늘지 않는다. 하지만 매일 2시간씩 한 달에 10권의 책을 읽는다면 당신 인생에 혁명이 일어날 것은 틀림 없다.
>
> _자청.《역행자》

115권의 책을 출간한 괴테는 "만 권의 책을 읽었지만 내 몸은 서럽기만 하다."면서 독서에 대해 다음과 같은 다소 충격적인 말은 한다.

"나는 책 읽는 방법을 배우기 위해 80년이라는 세월을 바쳤지만, 아직도 잘 배웠다고 할 수 없다."

계속해서 쓰는 사람은 꾸준히 읽는다. 계속 읽고 쓰는 사람은 여전히 배고프다. 그 배고픔은 또 다시 읽고 쓰게 만든다.

글은 글쓰기 책으로
배울 수 없다

> 결국 선생들은 글쓰기를 가르치기만 할 뿐이다. 실천을 통해, 시행착오를 통해 배우는 것, 글로 자신의 적절한 목소리, 자신만의 독특한 목소리를 찾는 것은 온전히 학생들의 몫이다. _존 허시

 많은 사람이 글을 잘 쓰고 싶지만, 재능이 없다고, 지금은 때가 아니라고 말한다. 글쓰기에 재능이 필요할까? 필요하다면 어느 정도의 재능이 필요할까? 재능이 아니라면 작가가 되는데 재능보다 더 중요한 것은 무엇일까?
 미국 출판 편집자들을 대상으로 세계적인 작가들의 공통적인 재능이 물었다고 한다. 답변은 다양했지만 딱 두 가지로 정리할 수 있었다고 한다. 바로, 끊임없는 열등감과 노력이다. 노력의 밑바탕에는 우선 열등감이 깔려 있다. 내 글은 왜 저 사람 글처럼 써지지 않을까, 유명한 작가들이 진짜 부럽다 등 말이다.
 열등감을 느끼지 않는 작가들이 있을까? 글을 쓰는 작가라면 알 것이다.

한번 베스트셀러 작가가 되었다고 해서 자신이 쓴 모든 책이 베스트셀러에 오르는 것도 아니며, 그냥 가볍게 쓴 책인데 독자들의 공감을 불러일으켜 와서 베스트셀러에 오르는 역설 말이다.

세상의 많은 저자들이 열등감을 느낀다. 어떤 이는 '역시 난 안 돼', 라는 마음으로 글쓰기를 중단한다. 반면 어떤 이는 그 열등감을 극복하기 위해 글쓰기를 포기하지 않는다. 결과와 상관없이 그저 꾸준히 쓰며 책이라는 결과물을 생산해 낸다.

파블로 카잘스라는 위대한 첼리스트가 있었다고 한다. 그는 90세가 넘은 나이에도 첼로 연습을 게을리하지 않았다고 한다. 제자들은 이미 유명할 뿐 아니라 실력이 탄탄한 스승의 모습을 의아해하며 질문을 던진다.

"선생님 그 연세에도 연습을 하십니까?"
그러자 카잘스가 대답한다.
"나아지고 있는 한 연습을 해야지."

글쓰기는 책을 통해서 배울 수 없다. 모든 재능이 그렇듯이 글쓰기에 타고난 재능이 있는 사람도 있다. 그러나 타고났든 후천적으로 훈련했든 그 재능을 빛나게 하는 것은 매일의 축적된 시간이다.

어떻게 글 쓰는 실력을 좀 더 늘릴 수 있을까? 글쓰기 책은 매우 많다. 나도 글쓰기 책을 수십 권 읽었다. 이는 글쓰기에 대한 동기부여를 얻고 스킬을 배우며 방향을 잡는 데는 꽤 도움이 된다. 그러나 글쓰기 책을 읽는다고 글 쓰는 실력이 늘지 않는다. 헬스 관련 책을 여러 권 읽는다고 근력이 키워지지 않는 것과 마찬가지다. 글쓰기 책은 헬스장의 입장권을 끊어준 것과 같다. 글쓰기 입장권을 받았다면 이제는 묻지도 따지지도 않고 글을 써야 한다. 처음에는 어려울 수 있다.

글쓰기는 이론으로 절대 배울 수 없다. 매일 우직하게 쓰는 수밖에 없다. 한 달이고 100일이고 꾸준히 쓰면 자신만의 문체, 목소리를 발견하게 된다. 이는 선생이 대신해 줄 수 없다. 오직 글 쓰는 이의 몫이다.

그런데도 좀 더 쉽게 글쓰기 실력을 키울 쉬운 방법 하나를 소개한다. 필사다. 필사에도 여러 가지 종류가 있다. 한 글자도 빼놓지 않고 그대로 베껴 쓰는 것이다. 처음에는 이 방법도 매우 좋다. 많은 문장가가 필사로 글쓰기를 시작했다. 나 또한 함께 또는 혼자 한 달 에세이 쓰기, 한 달 단편소설 쓰기, 한 달 서평 쓰기, 한 달 시 쓰기 등 다양한 장르의 필사를 도전했다.

그러나 여기서 한 걸음 더 나아가 글 실력을 높이고 싶다면 필사를 다르게 활용해 본다. 우선 내가 쓰고 싶은 장르, 닮고 싶은 스타일의 글을 선택한다. 주제나 흐름은 그대로 가지고 가지만 단어나 문장 표현만 나만의 단어로 바꾸어 본다. 틀은 그대로 활용하고 주제나 표현 등은 모두 바꾸어 본다. 이는 바꿔 쓰기, 비틀어 쓰기다. 물론 이때 선택한 필사문은 문법이나 주제에 있어 어느 정도 완성도 있는 글이어야 한다.

그리고 한 문단이든 한 편의 완성된 글이든 필사한다면 문장 구조, 문단의 흐름을 분석해 본다. 이는 단순히 문장력뿐 아니라 한 문단이 어떻게 구성이 되어 있는지, 어떤 주제로 한 편의 글이 완성해 가는지에 대한 감각을 기를 수 있어 글쓰기에 많은 도움이 된다. 내가 진행하는 글쓰기 모임에서는 글쓰기뿐 아니라 필사문을 제공해서 필사와 함께 분석하는 과제를 주기도 했다.

이렇게 필사에서 시작해서 바꿔쓰기, 분석하기, 자유롭게 쓰기 등의 글쓰기를 실제로 하면서 중간중간에 글쓰기 책을 참조하는 것은 도움이 된다. 동기부여뿐 아니라 내가 쓰고 있는 글의 부족한 부분들에 대해서 좀 더 구체적이고 실제적인 도움을 받을 수 있다.

다시 강조하지만, 중요한 것은 실제로 글을 써 보는 것이다. 처음에 나만의 글쓰기가 힘들다면 필사에서 시작해서 바꿔쓰기, 분석해 보는 연습을 한다. 그리고 나만의 창작 글쓰기를 시도한다. 이렇게 매일 필사하다 보면 글 한 편이 어떻게 완성해가는지, 하나의 주제를 글로 전달하기 위해서 어떻게 수많은 사례와 근거가 구성되는지를 파악하는 눈이 열리게 된다. 필사와 함께 실제로 글을 쓰면서 매일 탄탄하게 글력을 쌓아가기를 바란다.

싱싱한 글감을 찾는 방법

> 작가는 스파이 같은 사람이에요. 주의 사람을 잘 관찰하면 좋은 아이디어가 나와요 _수지 모건스턴

"무엇을 써야 할지 모르겠어요."

주제와 콘셉트를 정했음에도 원고를 채워가는 데 어려움을 겪는 이들이 있다. 무엇을 써야 할지 모르겠다는 것이다. 하나의 주제를 정해 놓고 원고를 써가기 위해서는 그 주제를 뒷받침하는 소재가 필요하다. 이 소재는 글감이다. 이 소재들은 책 속 한 문장이 될 수도 있고, 영화 속 대사가 될 수도 있고, 카페에서 우연히 들은 옆 사람의 대화 일부분일 수 있다.

이렇듯 글감은 사실 일상에 널려 있다. 우리 주위에 모든 것이 글감이다. 그런데 우리는 왜 글감이 없다고, 무엇을 써야 할지 모르겠다고 말하는 것일까? 소위 영감이라고 해서 이런 글감 또한 섬광처럼 어느 날 우연히 번뜩 떠오른다고 생각한다. 그런 경우가 선물 같이 찾아오기도 하지만 많지 않다. 특히 책 한 권을 영감으로 채우기는 거의 불가능하다. 그래서 재료가 떨어지지 않도록 미리 준비해야 한다. 엄마가 일주일 동안 먹을 양식을 냉장고에 보관해 놓듯이 말이다. 그러면 매일 어떤 요리를 해야 할지 필요한 재료들을 꺼내어 그 요리에 맞게 손질하고 다듬고 적절한 비율로 섞어 요리만 하면 된다. 그렇게 싱싱한 재료들을 계속 보충해 준다.

싱싱한 글감을 모으기 위해서는 어떻게 해야 할까? 일상을 관찰해야 한다. 관찰한다는 것은 사물이든 사건이든 사람이든 그것에 충분히 머물고 애정을 가지고 시선을 두는 것이다. 이때 온몸이 관찰의 도구로 활용된다. 시각뿐 아니라 미각, 후각, 촉각, 청각을 관찰 대상에 열어둔다. 그러면 미처 발견하지 못한 것들이 보이고 '이것을 이제야 알게 되다니!' 하는 생각이 갖게 된다. 관찰을 통해 건져진 글감, 이야기들은 능동적으로 발견한 만큼 보물과 같이 여겨진다. 그러니 책을 쓰기 위해서는 평상시에 관심사를 가지고 꾸준히 관찰하고 부지런히 자료를 모아 놓는다.

그런데도 쓸 소재가 생각나지 않을 때

일상을 관찰하고 소재를 모아 가는 과정에서도 어느 날은 쓸 글감이 전혀 생각나지 않을 때가 있다. 그때는 의식의 흐름대로 써 본다. 여기서 중요한 점은 생각나서 쓰는 것이 아니라 글에 자신을 내맡겨 보는 것이다. 자유롭게 쓰다 보면 뭔가 쓸만한 거리가 주어지기도 한다. 그러면 그것에 대해서 집중적으로 써 본다.

다음은 영화 〈파인딩 포레스터〉에 나오는 말이다.

"글은 생각하고 쓰는 것이 아니다. 아무 생각 없이 쓰는 것이다.
아무 생각 없이 자판을 두들기다가 마침내 살아남는 단 한 가지의
그 무엇에 대해 쓰면 된다."

그런데도 쓸거리가 도저히 생각나지 않을 때 다음과 같은 방법을 활용해 보자.

- 글감이 주어진 책들이 있다. 하루 한 페이지씩 짧게 명언과 단상을 적어 놓은 책들 말이다. 나도 현재 진행하는 한 달 글쓰기 모임에서 이런 책을 활용하고 있다. 읽기 위한 책이기보다 쓰기 위한 책으로 활용한다. 작가가 적어 놓은 작은 단상과 글의 주제를 생각의 재료로 삼아 나도 같은 글감으로 써 보는 것이다. 현재 20여 명이 한 달 글쓰기 챌린지에 참여하고 있는데 글감은 같지만, 이야기는 천차만별이다. 그 주제를 풀어가는 방식도 모두 다르다.
- 서점 또는 도서관을 방문한다. 주제와 관련된 책들을 빠르게 훑어본다. 신문, 잡지와 같은 간행물을 참조해도 좋다. 관련 자료들을 읽어보며 관심 가는 내용들을 메모한다.
- 인터넷을 활용한다. 관심 주제를 검색하고 기록한다. 모은 자료들을 주제와 어떻게 연결할 수 있을지 고민하고 주제에 통합시킬 내용을 선별한다. 연결하며 새로운 생각이 창조된다.

내 머릿속으로 모든 것을 생각하려 하지 말아라. 주어지지 않는다면 적극적으로 찾아 나서라. 글감의 원천은 무궁무진하다. 관심을 두고 관찰하면 활용할 소재들이 널려 있다. 책, 대화, 영화, 잡지, 인터넷, 간판 등 말이다. 글 쓰는 사람에게 일상은 글감 천지다. 너무 어렵게 생각하지 말아라. 약간의 부지런함으로 오감을 살려 일상을 예민하고 빠르게 낚아챌 수 있다면 글 쓰는

부담이 훨씬 줄어들 것이다. 그 순간을 붙잡는 방법이 메모다.

메모는 책쓰기의 원천

　치열한 메모만이 살 길이다. 메모는 책쓰기의 원천이다. 일상에서 스치는 무수한 아이디어들이 휘발되지 않고 붙잡아 두려면 재빨리 기록해야 한다. 메모는 책쓰기를 훨씬 수월하게 해 준다. 책을 쓸 때 소재가 생각났지만, 미처 적어놓지 않아 활용하지 못했던 아쉬웠던 기억이 가끔 있었다. 반면 다행히 짧은 단상이라도 어딘가에 기록해 놓아 아주 유용하게 활용한 적도 종종 있었다. 그때마다 '이래서 메모가 중요한 거구나!'라는 것을 절실히 깨달았다.

　어떤 책은 자료 수집만으로 이루어지기도 한다. 자료 수집은 섬세한 관찰과 성실한 기록이 필요하다. 어떻게 자료 수집만으로도 책을 만들 수 있을까 의아해할 수 있지만, 그 자료들을 어떻게 정리, 배열하고 편집하느냐에 따라 새로운 의미와 가치가 만들어진다. 해 아래 새로운 것은 없다. 편집과 연결 속에 창조가 있을 뿐이다.

　다산 정약용은 자료를 수집, 분류해서 새로운 아이디어를 만드는 데 고수였다. 그는 7~8개의 저술 작업도 동시에 진행했다고 하는데 평소의 치밀한 자료 관리 덕분이었다. 요즘 말로 지식 경영의 대가였던 것이다. 지식 경영은 다름이 아니라 자료를 수집하고 수집한 자료를 재배열해서 분석한 후 새로운 지식을 창조하는 것이다.

　새로운 아이디어는 좋은 자료에서 나온다. 이 자료가 쌓이고 누군가에 의해 어떻게 연결되고 편집되느냐에 따라 새로운 생각과 관점, 글이 만들어진다. 책을 쓰겠다고 하면 일상에 널려 있는 자료를 모으고 기록하기를 멈추지 말아야 한다.

나만의 보관 창고 만들기

자료들을 모으기만 해서는 안 된다. 이 자료들을 적절하게 잘 분류해야 한다. 그렇지 않으면 자료는 넘쳐나지만 활용하지 못하는 쓰레기로 전락할 수 있다. 그래서 자료를 모으기만 해서는 안 된다. 자료는 잘 모으지만, 분류를 못 해 활용하지 못하는 사람들도 많다. 수집과 동시에 분류를 함께 고민해야 한다. 그래야 책을 쓸 때 적재적소에 배치할 수 있어 도움이 된다. 그것을 어떻게 활용하는지에 따라 금이 될 수도 있고 아무 소용 없는 물건이 될 수도 있다.

메모하되, 목적 없이 여러 군데 하면 안 된다. 활용할 효율성이 떨어진다. 냉장고에 재료들을 마구잡이로 넣어 놓아 활용도 못 하고 쓰레기통으로 가버리는 경우가 얼마나 많은가. 나 또한 냉장고 정리를 하지 않을 때 사 두고도 먹지 못한 채 버려진 재료들이 꽤 있었다. 글도 마찬가지다. 내 재료가 어디에 들어가 있는지를 알아야 한다.

오프라인과 온라인 모두를 활용할 수 있다. 이 두 가지를 합친 것을 디지로그라고 한다. 온라인에서는 페이스북, 블로그, 인스타그램 등 무료로 활용할 수 있는 플랫폼이 너무 많다. 최근에는 트위터와 비슷한 메타의 저크버그가 만든 스레드까지 출시되었다.

이 모든 플랫폼을 활용할 수 있지만 주력 플랫폼을 정하는 것이 좋다. 짧은 메모들은 인스타나 페이스북 같은 플랫폼이 활용하기 좋다. 정리되지 않은 메모를 순간적으로 기록하기 위해서는 공개 플랫폼은 부담스러울 수 있기에 나와의 채팅장을 활용도 한 방법이다. 그러나 이는 카테고리가 없어서 자료 분류가 어렵다.

반면 블로그는 글자 제한 없이 긴 글을 쓸 수 있고, 카테고리도 주제별로 만들 수 있고 비공개로도 글이 발행된다. 태그를 달아놓는다면 검색해서 필요한 주제를 찾을 수도 있다. 오프라인 노트도 활용한다. 인상적인 문장, 드라마, 가슴 울리던 대사를 한 가지 수첩에 꾸준히 모아놓는다. 꾸준히 메모하면서 나만의 문장 수집을 한다.

치열한 메모만이 좋은 글을 쓸 수 있는 가장 기초적이고 쉬운 방법이다. 메모는 글쓰기가 어렵고 힘든 것이 아님을 경험하게 해주고, 내 안의 좋은 글감을 꺼내도록 도와준다. 자기에게 맞는 방법들을 찾아라. 나와의 채팅만 하다가 괜찮다면 블로그도 시도해 보고, 블로그를 해보다가 브런치도 도전해 보면 좋겠다. 순차적으로 하나씩 해 본다면 글쓰기뿐 아니라 작가가 되는 길도 멀지 않을 것이다.

편집과 창작의 차이

책은 완전히 나만의 생각과 사례로만 구성되어 있지 않다. A4 100장을 자기 생각과 경험만으로 채우는 사람은 없을 것이다. 모든 작가가 누군가의 이야기와 글에 기대고 덧대어 자신 작품을 창조해 간다. 우리 모두 누군가의 이야기 선물을 이미 받은 사람이다. 그 선물이 우리를 충동질하여 또 다른 책을 써 가게 한다.

그렇다면 자료 수집은 어느 정도 해야 할까? 많이 모아놓을수록 든든하고 좋을 것이다. 쓰고자 하는 원고의 네다섯 배는 모아놓으면 좋다. 그중 엄선한 자료들을 활용한다. 그렇다고 자료 수집의 함정에 빠져서도 안 된다. 자료는 끝이 없기 때문이다. 그러면 정작 자신의 글을 쓰지 못하게 된다.

어느 정도 자료가 쌓이면 수집한 자료를 분석하고 소화하는 과정을 거친다. 분석한 자료를 정리하면서 내가 말하고자 하는 주제와 관련된 핵심 키워드를 뽑는다. 내 생각만으로 미리 주제를 정해 놓을 수도 있지만, 자료를 분석하며 그 주제가 좀 더 날카로워지기도 하고, 방향이 살짝 바뀌기도 한다.

양질의 자료들을 나만의 방식으로 분석해서 재배열하면 나만의 글이 완성된다. 이 과정은 같은 자료를 주어도 다른 글들이 나올 수밖에 없는 이유이기도 하다.

싱싱한 글감을 찾기 위해서는 손과 오감의 부지런함이 필요하다. 여기서 그치지 않고 적절한 분류와 재배열, 편집과 연결의 묘미를 잘 다룬다면 생각지 못한 창작의 기쁨을 누리게 된다.

하루 한 페이지
100일이면 충분하다

> 이제 막 시작하는 입장이거나 아직 시작 단계에 있다면 그것이 자연스러운 일이라는 점을 명심하라. 가장 중요한 것은 많이 해보는 것이다. 스스로 마감일을 정하라. 매주 이야기를 한 편씩 완성해보라.
>
> _아이라 글래스

매일 하루 한 페이지를 쓴다. 평상시에도, 책을 쓸 때도 하루 한 페이지를 100일 동안 꾸준히 쓴다면 A4 100장 분량의 책을 완성할 수 있다. 글쓰기 체력을 기르는데 이만한 게 없다. 하루 한 페이지 쓰기는 일상에서 하나의 주제를 정해 매일 한 편씩 1,500자를 쓰는 것이다. 1,500자는 기본 서체 기준으로 A4용지 한 페이지를 다 채우지 못하는 정도이다. 많아 보이지만 그리 부담스러운 양은 아니다.

주제와 목차는 완성했지만, 글쓰기 기본 체력이 되어 있지 않아 A4 100장 분량의 책을 완성하지 못하는 예비 저자들이 많다. 그래서 평상시 한 가지 주제에 대해 집중해서 생각하고 그와 관련된 이야기를 꺼내어 정리하는 글쓰기 경험은 습관뿐 아니라 쓰기에 대한 두려움을 떨치도록 돕는다. 뿐만 아니라 그 과정에서 글에 대한 감각을 가지며, 책을 써나가는 과정에서 겪는 무수한 난관들을 미리 경험해 보며 저마다의 대처법을 터득하게 한다. 이제 글 쓰는 습관은 몸에 익고, 글쓰기의 매력에 빠져 더 이상 이를 놓지 못하게 된다.

이렇게 하루 한 페이지, 100일 뒤면 100페이지의 글이 쌓이게 된다. 이 중에서 쓰지 않으면 절대 몰랐을 이야기를 발견할 것이다. 자신이 생각지도 못한 보석과 같은 의미와 가치를 길어낼 것이다. 그렇게 글이 쌓이면서 단단해져 가는 자신을 마주할 것이다. 이 근력은 이제 책 한 권을 거뜬히 쓸 수 있는 마법의 무기가 되어준다.

하루 한 페이지 책쓰기

SNS를 살펴보면 독서 인증하는 사람들이 많다. 한 달에 몇 권, 하루에 몇 페이지를 읽었는지 매일 매일 기록하면서 목표를 선포하고 기록을 채워가는 이들을 볼 수 있다. 독서도 그럴진대, 글쓰기는 더더욱 목표가 필요하다.

대중소설의 대가 스티븐 킹 역시 무명 시절부터 '매일 2,000자' 글쓰기를 철칙으로 삼고 있다. 2,000자는 원고지 10장 분량으로 A4 한 장 정도의 분량이다. 심지어 그는 2,000자를 채우기 전까지는 자신의 방 밖으로 나서지도 않는다. 하루 2,000자씩 3개월을 쓰면 18만 단어가 쌓인다. 그는 그렇게 매일 2000자 글쓰기로 《캐리》, 《샤이닝》, 《쇼생크 탈출》, 《그린 마일》 등 수많은 명작을 남겼다.

분량에 맞춰 글을 쓰면 좋은 이유는 제한된 분량 내 원하는 내용을 담기 위해 단어 선택, 문장 표현, 전달 방법을 고민하게 하기 때문이다. 집에 사람을 초대해야 하는데 열 명만 수용할 수 있다면 누구를 초대할지 생각하게 되고 꼭 필요한 사람만 택하게 된다.

이렇게 매일 한 페이지 쓴다면 글쓰기 체력이 매우 좋아진다. 글 쓰는 습관뿐 아니라 글을 쓰는 과정에서 온갖 효과를 경험하게 된다. 이렇게 매일 한 페이지 100일을 쓰면 초고 원고를 손에 넣을 수 있다. 이를 매일 SNS에 연재하고 이 원고를 다듬으면 출판용 원고가 된다. 내 이야기를 구독하는 독자들이 많아져서 출판사의 선택을 받는 행운이 따라올 수도 있다.

글을 공개적으로 노출할 때의 부끄러움이 어느새 사라지고 자기 검열의 비중도 줄어들고 글쓰기의 자유로움을 경험하게 된다. 또 자연스럽게 소통하는 독자가 생기고, 자신을 홍보하게 되고 저절로 브랜딩이 된다. 이렇게 모은 원고를 출판사에 투고할 수도 있고, 출판 플랫폼을 이용하여 자체 출간을 할 수도 있다. 그렇게 조금씩 작가의 길을 걷게 된다.

책을 쓴다고 하면, 하루 한 페이지는 꼭 쓰라고 권하고 있다. 석 달이면 A4 100페이지, 책 한 권의 분량이 완성된다. 책 쓰기도 너무 오래 질질 끌면 안 된다. 흐름을 놓치고, 다른 관심사에 마음이 빼앗기면서 처음의 열정과 목표가 시들해질 수 있다. 그렇다고 일반 직장인이나 아이를 돌보아야 하는 주부가 온종일 글쓰기에만 매달려 있을 수는 없다. 그래도 책을 쓰기로 작정했다면 하루 한 시간, 하루 한 페이지 정도는 누구나 낼 수 있지 않을까.

'시간이 나면 써야지.', '되는대로 써야지.' 하면 영원히 책을 못 쓰게 된다. 분명한 목표 설정은 당신을 움직이게 한다.

2000자를 쓰는 힘

사이토 다카시도 매일 2,000자 쓰는 힘을 강조했다. 그는 "원고지 열 장을 두려워하지 않는 사람이야말로 '글을 제대로 쓸 줄 아는 사람'"이라고 말한다. 다카시에게 '쓰는 힘'이란 200자 원고지 열 장 분량의 글을 쓸 수 있는 능력이다.

2000자 = 원고지 10장 = A4 1장
단행본 책 한 권 = 한 꼭지 A4 2~2.5 페이지 = 소꼭지 40장 = 100일 완성

A4 용지 80~100페이지면 책 한 권이 만들어진다. 분량이 더 적으면 더 이른 기간 안에 완성할 수 있다. 원고지 열 장을 두려워하지 않는 사람이야말로 '글을 제대로 쓸 줄 아는 사람'이다.

그는 "질보다는 양이 문장력 향상의 지름길"이라고 말한다. 양을 마음대로 조절할 수 있으면 질도 향상할 수 있다고 주장한다. 목적은 양, 하루에 쓸 목표량을 정해 놓고 일정 기간은 꾸준히 정한 분량만큼 글을 쓸 것을 제안한다. 수단과 방법을 가리지 말고 글을 2,000자를 쓰자는 것이다. 물론 글을 술술 풀어 써나갈 수 있도록 자신만의 흥미로운 주제를 선택하는 것이 중요하겠다.

A4 한 페이지 분량은 생각보다 어렵지 않다. 직장인이든 전업주부든 누구나 쓸 수 있다. 양을 설정해서 정해진 시간에 몰입해 보라. 어느 순간 A4 한 페이지가 거뜬히 채워지는 것을 경험하게 될 것이다. 누구든 하루 한 페이지, 100일이면 책 한 권을 쓸 수 있다.

일기 같은 글도
에세이가 될 수 있을까요?

글쓰기 진입 장벽이 낮아졌다. SNS의 발달도 한몫하지만, 특히 에세이 분야는 유명하지 않아도 특별한 경험을 하지 않아도 누구나 도전해 볼 수 있는 장르이다. 에세이 소재는 어떤 전문 분야가 아니라도 특별한 지식이 없을지라도 모든 소재가 글감이 된다. 육아일기도, 여행하는 일상도 책을 읽은 후 서평도, 소소한 취미도 모두 에세이 글감이 될 수 있다.

수필의 정의는 '붓 가는 대로 자유롭게 쓰는 글'이다. 나도 내가 속한 지역에서 한때 지역 수필 문학회에 참가한 적이 있다. 이론을 배우고 글도 쓰고 첨삭도 받아보는 수업이었다. 강사님은 중수필이라고 부르는 글 사례들을 가지고 와서 수필 이론을 설명해 주셨다.

《한국어 사전》에 쓰인 중수필의 정의는 다음과 같다.

"중수필은 일정한 주제를 가지고 체계적인 논리 구조와 객관적인 관찰을 바탕으로 쓰인 수필이다. 중수필은 논리적이며 지적인 성격을 지니며, 소논문에 가까운 수필도 있다."

중수필은 조금 무거울 수 있지만, 사람들이 좋아하는 에세이는 나와 같은 이웃이 쓴 평범한 소재로 쓴 글들이다. 붓 가는 대로 쓰기 편하고 자유롭지만, 에세이에도 어떤 형식은 있다. 이것이 일기와 에세이의 차이점일 것이다. 일기는 나만 보는 글이기에 형식 없이 정말 자유롭게 쓸 수 있다. 그러나 에세이라는 장르에 담고 책 출간을 목표로 한다면 이는 독자들을 전제로 한다. 그러기에 일기에 담긴 사적인 경험을 그대로 나열하면 안 된다.

개인의 이야기를 나열만 한다면 어떤 감동이나 울림도 줄 수 없다. 그렇다면 일기나 메모를 에세이로 만들려면 어떻게 해야 할까? 개인의 이야기를 어떻게 다듬는지에 따라서 개인의 이야기를 넘어 누구에게나 가닿는 콘텐츠가 될 수 있다.

단순히 개인의 이야기를 넘어 보편적인 가치를 갖는 글이 되도록 해야 한다. 자신의 이야기에서 특별한 메시지를 뽑아내야 한다. 모든 소재는 말할 거리가 있다. 다만 글쓴이가 그것을 발견하지 못할 뿐이다. 그냥 나열한 이야기는 메시지가 되지 못한다. 그 이야기가 정말 말하고자 하는 바에 주목해야 한다. 그 목소리를 첫 번째로 들어야 할 사람은 저자다. 그 의미를 길어 올린다면 개인의 이야기는 그제야 빛을 발하고, 누군가에게 울림으로 공감으로 가닿을 것이다.

어떻게 하면 일기 같은 글을 누구나 공감하는 에세이로 전환할 수 있을까? 다음 세 가지 순서를 기억해 보자. 우선 선택한다. 수많은 경험과 소재 중에서 쓰고 싶은 소재나 경험 하나를 골라 집중해 본다. 대화, 책, 영화, 일상 등 모든 것이 재료가 된다. 잘 생각나지 않는다면 키워드만이라도 모아 본다.

두 번째는 성찰한다. 수많은 일 중에서 왜 그것을 골라 글을 쓰고 싶었는지 생각하라. 우연은 없다. 그 단어, 소재, 경험을 가지고 온 데에는 이유가 있다. 그 이유를 찾는 과정이 글쓰기다. 속도를 줄이고 쏟아놓은 모든 것에서 그 경험이 말하고자 하는 것에 귀를 기울이고 그것을 받아 적어라.

세 번째는 의미를 길어 낸다. 성찰의 과정에서 발견한 의미나 가치를 정리하라. 아주 작은 평범한 일상에도 모든 이가 공감할 수 있는 의미와 가치가 있다. 이 의미와 가치는 누구에게나 가닿는 보편성의 특성을 갖는다. 아주 사적인 이야기가 보편적인 가치가 담긴 이야기로 바뀐다. 일기가 에세이가 되는 과정이다.

오감 글쓰기

"작가님, 제 글이 생동감이 없는 거 같아요."
"작가님, 제 글은 왜 이리 지루할까요"

이 질문 또한 함께 글 쓰는 모임에서 꼭 등장하는 단골 주제이다. 무미건조한 글을 생동감 있는 글로 바꾸려면 어떻게 해야 할까? 오감 글쓰기다. 오감 글쓰기는 글쓰기 근육을 깨우는 방법 중 하나다. 오감에는 시각, 청각, 후각, 미각, 그다음에 촉각 이렇게 다섯 가지가 있다. 설명하지 말고 보여주어라. 글을 쓰다 보면 추상적인 자기 생각만 나열하는 경우가 있다. 이때 글이 지루하고 건조하게 된다. 이것을 좀 더 생동감 있고 생기 있게 만들기 위해서 퇴고하면서 오감 언어로 바꾸어 준다.

보고 듣고 느끼고 냄새를 맡는 경험을 구체적으로 기록한다. 즉 오감을 통해 습득된 정보로 글을 쓰는 것이다. 보통 대부분의 사람은 편한 감각 기관만

의지해서 정보를 습득하기에 초고를 쓸 때는 한 가지 또는 많으면 두 가지 감각 기관에만 의지해서 글을 쓰게 된다. 오감을 총동원해서 글을 쓰면 글쓰기가 재미있고 글에 생동감이 살아난다. 연습이 필요하다. 안 쓰던 감각을 써야 하고 안 했던 것을 해야 하기 때문이다.

초등학생일수록 오감 글쓰기를 더 재미있어하고 쉬워한다. 어른들은 대개 어려워한다. 어릴 때는 모든 감각이 열려 있었지만 성장하면서 자신에게 편하고 익숙한 것만 사용하다 보니 다른 감각이 축소되었다. 그러나 다시 활용하면 잊었던 감각이 살아나고 새로운 경험의 문이 열리게 된다.

《토와의 정원》이라는 소설이 있다. 한 어린아이가 엄마가 없는 집을 홀로 지킨다. 엄마의 방임, 폭력이 있었고, 결국 엄마는 아이 곁을 떠난다. 그런데 아이는 눈이 보이지 않는다. 소설은 눈이 보이지 않지만 다른 감각 기관을 통해 경험하는 소녀의 경험을 생생하고 아름답게 그려준다. 이 소설을 읽으며 내 감각 기관이 얼마나 부실한지를 깨닫게 되었다. 시각 외에 다양한 감각 기관을 활용할 때 우리는 얼마나 세계를 새롭게 경험할 수 있는지를 알게 되었다.

글을 쓸 때 모든 오감을 다 활용할 필요는 없다. 세 가지 정도만 써도 훌륭하다. 어려우면 시각, 청각, 후각, 미각, 촉각을 표로 만들고 그에 해당하는 언어들을 평상시에 수집해 놓는다. 그러면 글을 쓸 때 활용하기 쉽다. 이렇게 활용하다 보면 '나는 시각에만 의지했던 사람이구나.', '청각만 의지했던 사람이구나.', '이 감각은 거의 사용하지 않았네.'를 깨닫게 될 것이다.

또는 익숙하지 않은 감각 기관만 하나 선정해서 매일 글을 쓸 때 활용해 본다. 보통 후각, 촉각을 잘 사용하지 않아 힘들어한다. 처음에는 익숙하지 않아서 어렵겠지만 글을 쓴 후 퇴고할 때라도 꾸준히 이를 적용한다면 점차 오감이 개발될 뿐만 아니라 글도 생기있게 된다.

챗GPT가 인간의 글쓰기를
능가할 수 있을까?

챗GPT에 대한 관심이 뜨겁다. 이에 따라 인공지능이 더욱 빠르게 우리 일상에 편입된 느낌이다. 챗GPT를 활용한 책쓰기 수업 또한 진행하는 곳이 많다. 나 또한 빠르게 챗GPT 활용을 배우고, 무료 특강으로 지식을 나누고, 관련 책도 써 보았다.

다양한 장르의 책을 읽고 쓰려고 하지만, 시집과 동화는 아직 내가 직접 창작해서 쓰기 힘든 분야이다. 그런데 이 장르를 챗GPT로 도전해 보았다. 그렇게 나온 책이 《챗GPT로 일주일 만에 시집 출간》, 《여름 바다의 비밀》이다. 시집은 자가 출판했고, 동화책은 전자책으로 출간했다. 처음에는 신기술을 배우는 재미도 있었고 빠르게 문장과 이야기를 만들어 주는 챗GPT가 신기했다. 그러나 빠른 속도만큼 이에 대한 열정도 빠르게 식었다. 최소 6개월에서 1년에 걸쳐 책을 완성했을 때보다 큰 성취감과 희열은 없었다. 챗GPT가 빠르게 편리하게 책까지 써 주었지만, 책을 써 가는 과정에서의 기쁨과 고뇌,

희열 또한 적었다.

그 뒤 나는 업무에는 챗GPT를 필요에 따라 활용하되 책은 조금 더디더라도 내 머리와 감성, 손을 활용해서 써야겠다고 다짐했다. 홀로 고뇌하고 사유하며 나를 새롭게 발견하고 의미를 길어내는 그 시간만큼은 인공지능에 빼앗기고 싶지 않았다. 책이라는 결과물을 얻는 것도 크지만, 먼저 그 과정에서의 시간을 더 애정한다고 할까?

기술은 진보해 간다. 인공지능을 활용할 수 있는 자와 없는 자에 따라 그 격차는 커질 것이다. 신기술을 두려워하기보다 생산성을 위해서 인공지능을 적절히 활용해야 한다. 많은 일자리가 인공지능으로 대체될 것이다. 기사를 써 주고, 이야기를 만들어 주는 일까지 말이다. 그렇다면 인간은 무엇을 할 수 있을까? 작가 또한 그 자리를 넘겨주어야 할까?

《챗GPT를 이기는 인간의 책쓰기》의 저자 김병완은 회사를 떠나 3년 동안의 도서관 몰입 독서를 통해 1,000권을 독파했다. 그 이후 독서법과 책쓰기에 다수의 책을 출간해 왔다. 책쓰기 코칭을 하며 다수의 작가도 배출했다. 챗GPT 열풍 속에 인간의 책쓰기는 이제 사라질까 하는 고민을 그도 했을 것이다. 그는 책에서 인공지능과 인간의 차이점에 대해서 이렇게 결론을 내린다.

> "인공지능은 영혼이 없다는 것이다. 인간이 아무리 기술이 발전하여, '생각하는 기계'를 만들어 낼 수 있고, 실제로 만들어 냈다고 해도, 그것은 그저 기계일 뿐이다."

AI가 절대 하지 못하는 것은 인간의 감정과 직관, 상호작용과 창조성의 분야다. AI에는 뜨거운 심장이 없다는 말이다. 그러므로 뜨거운 심장으로 책을 쓰는 작가를 절대 대체할 수 없을 것이다.

그는 "AI가 절대 하지 못하는 것은 인간의 감정과 직관, 상호작용과 창조성의 분야"라고 말한다. 즉 AI에는 희로애락의 감정도 '뜨거운 심장'이 없다. AI가 지식과 정보는 빠르게 조합해서 새로운 것을 만들어 내는 듯하지만, 영혼이 담기지 않은 말이 독자들에게 사랑받는 글로 오래 남지 못한다고 그는 말한다. 나는 인간이 챗GPT와 굳이 싸울 필요도 경쟁할 필요도 없다고 생각한다. 챗GPT가 할 일은 챗GPT에 맡기고, 인간은 인간만이 할 수 있는 일에 집중하자. 고통도 기쁨이 살아 꿈틀대는 이야기를 가진 인간만의 이야기를 진솔하게 써 가자.

계속 써라

지속적인 창작의 노력보다 앞서는 것은 없어요. 시 한 편을 직접 써보는 것만큼 좋은 공부도 없죠. 좋은 시든 그렇지 못한 시든 중요한 것은 썼다는 사실이에요. 시간을 투자하고 집중하고 감성이 무뎌지지 않도록 훈련해야 합니다. 여기저기 떠도는 헛소리에 귀 기울이지 말고 꾸준히 연마해야 해요. _안도현

책 한 권 내고 사라지는 작가들도 많다. 심지어 첫 책이 운이 좋아 베스트셀러 반열에 오르기도 했다. 반면 1년에 수 권의 책을 내는 저자들도 있다. 쉼 없이 책을 쏟아놓는 다작이 꼭 좋은 것이라고 말할 수는 없다. 그러나 책 한 권을 내고 멈추는 저자들은 왜 그럴까? 더 이상 책을 쓰는 과정에서의 노동을 감내하기 벅차기 때문일 수도 있고, 책쓰기를 아웃풋을 할만한 충분한 인풋을 그 이후로는 지속하지 않아서일 수도 있다.

어떤 일을 마무리했다고 그것이 곧 걸작이 되는 건 아니다. 나는 책을 100권 이상 만들어 냈다. 물론 모든 책이 잘 나가지는 않았다. 하지만 그 책들을 쓰지 않았다면 나는 이 책을 쓸 기회를 얻지 못했을 것이다. 피카소는 1,000점 이상의 그림을 그렸다. 그러므로 사람들은 피카소의 그림을 3개 이상 알고 있다.

_세스고딘, 《린친핀》

삶을 바꾸는 독서가 되기 위해

많은 사람이 독서하며 자기 계발을 하고 있다. 그러나 큰 변화가 나타나지 않는다고 말한다. 그것은 아웃풋의 차이 때문이다. 아웃풋이 형태는 여러 가지가 있지만 책도 그 중 한 가지다. 책 한 권을 써 가는 과정에서 엄청난 내공이 쌓여간다. 지식과 경험을 정리해 자신만의 지적 자산을 쌓고, 자신을 확실히 브랜딩하고자 한다면 책쓰기만한 것이 없다.

이제 직장도 안전하지 않다. 회사 없이는 일도 없는 회사형 인간으로 살아가기를 포기해라. 회사에 다닐 때는 최선을 다해서 배울 수 있는 모든 것을 배우고, 일하고, 능력을 계발해라. 회사에 다니면서 책을 쓰고 브랜딩하고 1인 비즈니스를 준비해야 한다. 아무리 머리가 좋고, 박사학위가 있고, 세상과 거래할 실력과 선한 가치를 가지고 있더라도 책이라는 아웃풋이 없다면 아무도 나를 알아주지 않는다. 이제 직장에 의지해야만 살아갈 수 있는 삶이 아니라 당당히 '나'라는 가치를 드러내어 세상과 연결되기 위해서 책을 써라. 이것이 독서만 해서는 안 되는 이유이다. 아웃풋 없는 독서와 자기 계발은 존재의 변화는 가져다주겠지만, 눈에 보이는 큰 변화를 가져다주기 힘들 수 있다.

그동안 시간에 비례해서 일에 대한 대가를 받았다. 우리는 이런 논리에 익숙하다. 그러나 책을 써 브랜딩하고 비즈니스로 이어진다면 가치에 비례해서 대가를 받게 된다. 가치와 대가도 내가 정한다. 지식과 경험이 돈이 되는 순간이다. 여러분의 지식과 경험으로 녹인 가치는 절대 작지 않다. 그 가치를 보이는 형태로 꺼내 놓기만 하면 된다. 두려워하지 말고 용기를 가지고 펜을 잡아라. 책쓰기는 재능보다 세상에 내 이야기를 꺼내놓겠다는 용기와 성실함만 있다면 누구나 쓸 수 있다.

이제 남의 책만 읽지 말아라. 당신이 책을 읽고 있을 때 누군가는 읽을 뿐 아니라 끊임없이 쓰고 있다. 책을 쓰면 전문가로 인정받게 된다. 전문가로 인정받으면 비즈니스인으로서 살 기회가 더욱 열린다.

책쓰는 것 자체가 목적이 아니다. 책쓰기는 당신의 꿈을 이루기 위한 하나의 전략이다. 물론 책을 쓰는 과정에서 엄청난 치유가 일어나고 자존감이 상승하며, 실력도 쌓인다. 그리고 당신의 지식과 경험을 세상을 알리고 거래하기 위한 도구가 되어준다. 책은 자는 중에도 당신의 명함이 되고 전단지가 되어 홍보해 준다.

자신을 더 많이 알리고 기회를 적극적으로 넓히고 싶다면 한 권 쓰고 끝나서는 안 된다. 첫 책을 쓰고 그 성취감과 경험이 강렬해서 매년 최소 한 권의 개인 저서를 쓰기로 다짐했다. 그러나 뒤돌아 보니 올해만 해도 개인 저서 1권, 공저 3권, 전자책 2권을 쓰고 네 번째 개인 저서인 이 책을 쓰고 있다. 이 또한 퇴보하지 않기 위한 나의 다짐이자 나의 지식과 경험을 세상과 나누기 위한 결단이다.

인간은 살아 있는 한 계속 배우고 성장하는 존재다. 책쓰기는 배우고 성장하는 과정의 기록이 될 것이다. 한 권의 책은 배움을 내 존재에 새기며 세상과 적극 소통하기 위한 도구로 활용될 것이다.

계속 쓰기 위한 습관

책 한 권 쓰고 멈추지 마라. 책 한 권의 수명은 그리 오래가지 않는다. 첫 책을 기억했던 독자들도 어느 순간 망각에 빠져든다. 그때쯤 다시 책을 출간한다면 독자들은 '이 저자는 계속 책을 쓰는 작가가 맞구나!' 하며 작가에 대한 인지를 더욱 뚜렷이 한다. 정기적으로 책을 출간할수록 저자와 독자와의 관계는 더욱 깊어질 것이다. 저자가 첫 책을 냈을 때는 '내가 작가가 맞는가?'라는 자기 회의와 의심을 조금은 가진다. 작가라는 정체성이 아주 강하지 않다. 그러나 한 권이 두 권이 되고, 두 권이 세 권이 되면서 저자는 '작가'라는 정체성을 더욱 분명히 가지게 된다.

어떻게 하면 계속 쓸 수 있을까? 우선 인풋을 멈추지 말아야 한다. 무엇을 먹든지 먹는 것이 그 사람이 된다. 마찬가지고 읽는 글이 그 사람의 정신세계와 정서, 존재를 형성한다. 좋은 글을 많이 읽고 생각하고 필사해라. 거기서 멈추지 말고, 매일 읽은 내용들을 나만의 일상에 적용해서 글쓰기로 완성해라.

독서 노트 기록법에 '본깨적'이 있다. 본깨적은 본 것, 깨달은 것, 적용한 것을 기록하는 방법이다. 《나는 죽을 때까지 지적이고 싶다》의 양원근 작가는 여기에 하나를 더 추가했다. '본깨적글'이다. 본깨적으로 노트에 기록하는 것을 넘어 그것을 더 체화해서 글쓰기로 완성하는 것이다. 모든 인풋은 아웃풋으로 완성하는 습관을 지녀라.

두 번째 책 출간을 목표로 한다면 첫 책보다는 더 쉬울 수 있다. 주제와 콘셉을 정하고, 목차를 잡고, 한 꼭지를 쓰는 전 과정을 경험해 보았기에 이제 두 번째 책은 매일 쓰는지의 여부에 달려 있다. 나 또한 첫 책은 '책을 써야지!' 하는 마음을 먹는 순간부터 출간까지는 3~4년이 걸렸다. 두 번째 책은 첫 책을 낸 후 1년 2개월이 걸렸다. 세 번째 이 책은 1년이 걸리지 않았다. 두 번째 책과 세 번째 책 사이에는 공저도 여러 권 함께 썼다. 첫 책이 어렵지 두 번째, 세 번째 책 쓰기는 더욱 쉬워질 것이다. 매일의 인풋과 아웃풋이라는 꾸준함만 있다면 말이다.

매년 책을 쓰기로 마음을 정했지만 계속 직면하는 사실은 재능과 영감보다 더 중요한 글쓰기의 자질은 습관이라는 것이다. 그저 세상과 잠시 단절하고 자신과 약속한 시간과 공간에 머물러 있는 것 말이다. 그렇게 자신을 책상 앞에 붙들어 맬 수만 있다면 자기를 대면하는 고통도, 글이 안 써지는 비참함도 어느 순간 다 극복할 수 있게 된다.

5장

환경 설정은
너무나 중요해

작가라는 이름

"좀 더 준비하고 쓸게요."
"딱히 전문성이 없는데 쓸 수 있을까요?"
"아직 제가 뭘 잘하는지 모르겠어요. 그래서 책을 쓸만한 콘텐츠가 없어요."

가끔 책쓰기 특강을 연다. 위의 여러 질문은 공통으로 나오는 것들이다. 이 의문 속에는 걱정, 두려움이 한가득 담겨 있다. 즉 "내 지식과 경험은 아직 농익지 않았고, 그래서 내 콘텐츠는 아직 책이 될만하지 못하다는 것"이다.

겉으로 드러나는 질문들은 조금씩 다른 모양을 가지고 있지만 나는 안다. 이 모든 것을 해결해줄 딱 하나가 있음을. 그것은 자신에 대한 믿음이다. 실제로 실력이 부족할 수도 있겠지만 나는 글을 얼마나 잘 쓰느냐보다도 글에 담긴 저자의 이야기에 더 주목한다. 저자가 살아온 인생 이야기, 그 안에 담긴 지식과 경험은 그 어느 하나 소중하지 않은 것이 없다. 그 지식과 경험은 각자 주어진 상황 안에서 성실하게 써 내려 온 한 권의 책이다. 그러하기에 먼저 필력이나 문법보다도 자신의 이야기를 사랑하라고, 그리고 자신을 믿어 보라고 권면한다. 그 믿음 하나로 함께 책쓰기 작업을 하고 있다.

그런데도 자신을 제한하는 다음과 같은 네 가지 유형이 있다.

첫 번째는 완벽주의 유형이다.

"책을 쓰려면 좀 더 완벽하게 준비하고 써야 할 것 같아요."
"내가 알고 있는 지식과 경험은 아직 부족해 좀 더 관련 분야를 공부하고 쓸게요."
"자료조사를 더 해야겠어요."
"석사 학위 정도는 마치고 써야 하지 않을까요."

당신도 이런 생각을 하지 않는가? 책은 한번 출간하면 개정하지 않고서는 영원히 남는다. 완벽하게 준비하고 쓰려는 마음은 충분히 이해한다. 그러나 완벽주의는 늘 시작을 막는다. 내가 고민하고 준비만 하고 있을 때 나보다도 지식과 경험이 적지만, 누군가는 책을 쓰고 결과물을 내서 자신을 빠르게 알리고 비즈니스를 시작한다.

나 또한 완벽주의 형의 사람이었다. 그래서 늘 계획만 세우고 시작은 서툴렀다. 그러나 이제는 안다. 마음이 일어날 때가 곧 시작할 때임을. 완성은 과정에서 이루어짐을. 혹 완벽하지 못한 결과물일지라도 그 과정에서는 무수한 배움을 얻고 그다음을 시작할 수 있는 실력을 쌓아간다는 것을 말이다. 지금도 생각한다. 좀 더 첫 책을 빨리 시작했더라면. 3~4년 전 책을 쓰고자 하는 마음이 일어났을 때 책을 썼더라면 지금과는 또 다른 내가 되어 있지 않을까

하는 생각 말이다.

　세상의 모든 것은 완벽하지 않다. 완벽한 책은 이 땅에 없다. 모든 책은 그저 세상의 일부분만 엿보게 해 줄 뿐이다. 당신의 책도 완벽하지 않을 것이다. 그리고 완벽하지 않아도 된다. 그저 세상의 한 부분만 보여준다고 생각하고 담아내면 된다. 요즘에는 젊은이들도 책을 쓴다. 이미 그들보다도 10년, 20년, 30년 이상 살아온 중장년층들은 지식과 경험이 재산이다. 완벽주의보다 필요한 것은 결단이고 실천이다.

　두 번째 유형은 자신감 부족형이다.
　이 유형은 자신만의 콘텐츠가 있음에도 불구하고 자신감이 부족해서 실천하지 못하는 유형이다. 스스로가 자신을 제한한다. 잠재의식을 중요시하는 사람들, 끌어당김의 법칙을 말하는 사람들은 믿기만 해도 실현된다고 믿는다. 우리의 삶을 결정하는 것은 의식이 아니라 그 아래 있는 무의식이라는 것이다. 이 무의식을 바꾸기 위해서 확언하고, 그것을 말로 뱉어 내기도 하고, 그것도 부족해 확언의 말을 100번 쓰기도 한다. 이유는 우리 안에 깊이 억압되어 있어 잘 노출되지 않는 무의식 속 부정적인 생각과 감정을 바꾸기 위해서이다. 실제 뇌과학도 이를 증명하고 있다.
　실제 나는 내가 생각한 것보다 크다고 많은 이들이 말하지 않는가. 우리가 가지고 있는 잠재력 일부분만 인간이 사용하고 있다. 자신을 제한하는 것은 환경도 다른 누구도 아니라 자기 자신임을 기억하자. 다른 누구도 아닌 일차적으로 자기가 자신을 믿어야 한다.
　책쓰기는 짧아도 100일에서 수개월, 이 페이스를 포기하지 않고 끝까지 경주하기 위해서는 무엇보다 자신을 믿고 제한하지 말아야 한다. '내가 무슨 책을 써.', '내가 무슨 작가야.'라는 의심의 생각이 계속 고개를 쳐들고 올라올 것이다. 그때마다 그 생각들을 밀쳐내기보다 새로운 생각을 덧입혀라. '나는 이제 작가야.', '내 지식과 경험은 가치가 있어.', '내가 살아온 이야기 자체가 하나의 메시지야.'라고 당당히 외치며 자신에게 먼저 선포해라.

세 번째 유형은 나 찾기 형이다.
"아직 제가 무엇을 좋아하는지 모르겠어요.", "잘하는 게 딱히 없어요.", "책을 쓸 주제를 모르겠어요."라고 말하는 유형이다. 타인 중심, 사회가 요구하는 일 중심으로 살아온 중장년 세대들에게 뒤늦게 나 찾기 열풍이 일고 있다. 나이가 들어가면서 열정이 바뀌거나, 새로운 열정을 발견하거나, 열정이 더욱 좁혀지기도 한다. 어쩌면 인생은 죽는 날까지 나를 찾는 여정이 아닐까 싶다.

그러나 수천의 시간을 이미 살아왔다. 그 속에 당신만의 콘텐츠는 분명히 있다. 그런데도 자신의 주제를 발견하지 못하는 이유는 진지하게 질문을 던져보지 않아서이다. 내가 뭘 좋아하는지, 뭘 잘하는지 진지하게 자신에 대해 생각하는 시간을 많이 갖지 않을 확률이 높다. 당신의 인생을 커다란 하나의 콘텐츠로 바라보는 연습이 필요하다. 내가 살아온 경험은 버릴 것 하나 없이 소중하다는 사실을 깨닫게 될 것이다.

네 번째는 두려움형이다.

"저는 잘하는 게 딱히 없고 전문성도 없는데 그래도 책을 쓸 수 있을까요?"

> 작가로서의 삶을 시작하는 사람들에게 글쓰기 재능을 연마하기
> 전에 뻔뻔함을 키우라고 말하고 싶다. _하퍼 리

이 말은 그래도 책을 쓰고 싶은데 두렵다는 것이다. 이 유형의 사람 또한 자신감이 부족하다. 별다른 성과나 결과물을 낸 경험이 부족할 수 있다. 오히려 실패하고 좌절한 경험이 더 많을 수도 있다. 그렇다면 그런 경험을 떠올려도 좋다. 모든 실패는 배움이며 이 또한 자산이다. 실패를 또한 경험 자산이며, 실패 후 이룬 성공이 더 탄탄하다.

요즘은 초보가 왕초보를 가르치는 세상이다. 여러 시행착오를 거친 저자의 경험과 그 경험 속에 녹아 있는 성찰과 해결 방법이 다른 이들에게 오히려 더 큰 공감과 위로를 전해 줄 것이다. 이것이 유명인이나 전문가가 아닌 나와 같은 보통 사람의 글들에 더 공감하는 이유다.

책쓰기 방법을 알았다고 해서 책이 잘 써지는 것이 아니다. 방법보다 더 중요한 것은 자신에 대한 믿음이다. 많은 이들이 책쓰기 수업을 듣고 나서도 책을 쓰지 못하는 이유는 이 믿음이 부족해서이다. 부정적인 감정과 생각은 수시로 올라와 책쓰기를 방해한다. 책을 쓰지 않을 이유를 계속 대며 자신을 합리화한다. 책을 쓰는 와중에 이런 감정과 생각들이 계속 올라올 것을 미리 인지해야 준비할 수 있다.

《트랜서핑》이라는 책에서는 경쟁이 극심한 물질적인 세계의 다른 편에서는 모든 것이 넘치도록 풍부한 비물질적인 세계가 있음을 소개한다. 이곳에서는 상품이 눈앞에 실재하지 않지만, 뭐든 맘대로 선택해서 주문할 수 있고 주문한 것은 조만간에 이루어진다는 것이다. 이것이 생각하는 힘, 상상의 힘이 아닐까 한다.

> 거울의 그쪽 면에서는 모든 것이 넘치도록 풍부하다. 게다가 아무런 경쟁도 없다. 상품이 눈앞에 실재하지는 않지만, 매력적인 것은 거기서는 카탈로그를 보고 고르듯이 뭐든 맘대로 선택해서 주

문할 수 있다는 점이다. 주문한 것은 조만간에 그대로 이루어진
다. 돈도 낼 필요 없다. _바딤 젤란드, 《트랜서핑》

우리는 그동안 작가로 살아오지 않았다. 글 쓰는 이로 살아오지 않았다. 초보 작가라면 그 이름이 처음에는 너무나 멀게만 느껴질 것이다. 나 또한 첫 책을 쓰고 그 이름이 얼마나 어색했었는지 모른다. 이런 생각이 올라오는 것을 당연하게 여기자. 그러나 이제는 달라져야 한다. 내 책이 곧 나올 것이기 때문이다. 나는 작가가 될 것이기 때문이다.

책을 쓰는 와중에도 계속 점검하며 자신에 대한 이미지를 바꿔가야 한다. 책을 쓰려고 마음먹었을 때, 책을 쓰기 시작했을 때, 책을 쓰고 있을 때 계속 내가 이미 작가가 되었음을, 아니 작가임을 상상해야 한다. 상상의 힘을 활용하자. 모든 것이 넘치도록 풍부한 비물질적인 세계가 있음을 상기하며 이미 작가가 되어 북토크를 열고, 독자들을 만나고, 내 이야기를 즐겁게 풀고, 사인을 해주는 장면을 적극적으로 선택하며 상상하자. 내 이름이 박힌 출간된 책을 손으로 만지고 느껴보자! 그렇게 상상으로 주문한 것은 곧 이루어질 것이다. 상상하는 데 돈이 들지 않는다. 어느 순간 당신은 작가가 되어 있을 것이다. 축하합니다. OOO 작가님!

실패로 가는 지름길

> 글의 가치는 다른 이의 받아들임이나 인정에 달린 게 아니다. 다른 사람의 의견을 따르느라 자기 고유의 목소리를 외면하는 것은 나 스스로를 속이는 일이며 고통스러운 글쓰기와 진정한 정체성의 상실을 초래한다. _브라이언 로빈슨

모든 사람의 마음에 들려는 것은 실패로 가는 지름길이다. 이 사실을 깨닫는 데 얼마나 오랜 시간이 걸렸던가? 그런데도 여전히 모든 이의 인정을 얻고자 내 고유의 목소리를 따르는 데 흔들리는 부분이 없는지 돌아본다.

가장 유혹이 있는 공간은 SNS다. SNS는 그저 소소하게 자신의 일상을 기록용으로 활용하기도 하지만 다양한 콘텐츠와 색깔로 다양한 사람이 경합하는 비즈니스 현장이기도 하다. 나는 어떤 알고리즘도 로직도 따르지 않고 그저 내 컨디션, 속도와 내 방식대로 SNS를 현재 활용하고 있는 수준이다. 나름 빨리 배우는 편이기에 새로운 기술, 사용법 등을 발견하여 적용해 보지만, 지속하지는 않는다. 새로운 기술을 배우되 내 것인지 아닌지 검증해 본다고

나 할까. 잘 활용하는 사람을 보면 '나도 저렇게 해 볼까?' 이리저리 머리를 굴리지만, '저건 내 콘텐츠가 아니야, 내 색깔이 아니야.'라며 나만의 이유를 내세우며 내 방식을 고수하기도 한다.

지금, 이 시간 내 SNS 계정을 돌아보니, 가장 많은 조회수, 반응을 얻었던 것은 순전히 가볍게 순간의 마음을 따라서 만들어 본 북콘텐츠 릴스 하나이다. 어쩌면 가장 나다운 콘텐츠였다고 할까? 처음으로 올린 가장 짧은 숏폼형 북 콘텐츠인데, 이 릴스 하나로 한 달 만에 팔로워가 2,500명이 추가로 생겼고, 7천 명에서 머물러 있던 계정은 단번에 1만 팔로워를 훌쩍 넘어버렸다.

그러나 이 또한 에너지가 많이 들어서 2주를 넘기지 못하고 만들지 못하는 실정이다. 그 뒤로 카드 뉴스, 그리고 모임 사진들 위주로만 올리고 있다. 이 과정에서 미묘한 갈등은 계속된다. 최고의 정보를 제공하는 카드 뉴스, 릴스 형식의 콘텐츠를 만들면 반응은 정말 좋다. 그러나 현재 다양한 모임과 일정을 소화해야 하는 나는 이 모든 것을 다할 수 없다. 그래서 고민은 계속된다. 지금처럼 내 페이스를 지키며 기록용으로 활용할 것인가? 물론 이 또한 나의 여정을 보여주며 나를 브랜딩하는 과정은 된다. 아니면 조금 더 적극적으로 팔로워를 늘리고, 계정을 키우는 목표를 가지고 진행할 것인가 하는 고민 말이다.

북콘텐츠를 만들면 잘할 수 있는 자신은 있는데, 역시 시간이 문제다. 콘텐츠 만드는 과정은 시간과 에너지가 필요하다. 어떤 형태로든 자기만의 색깔로 꾸준히 했을 때 그 과정 자체가 브랜딩이 된다. 벤치마킹도 좋으나 결국 한 포인트에서는 자기만의 색깔이 담겨야 한다. 글톤이라든지, 색이던지, 영상미라던지. 각자마다 처한 상황은 다르다. SNS 계정을 운영할 때도 자신만의 목표와 우선순위를 분명히 세운다면 덜 흔들리며 페이스를 유지해 갈 수 있을 것이다.

책쓰기도 마찬가지다. 나를 세상에 드러내는 위험을 감수하며 용기 있게 쓴 책 한 권을 담기 위해 우리는 내 지나온 역사를 다시 밟을 뿐 아니라 수많은 책 사이를 오간다. 그 속에서 비슷하면서도 다른 자신만의 이야기를 잘 녹여내야 한다. 내면을 파고 들어가 진실한 자신의 목소리를 잘 들을 때 자신만의 이야기, 책 한 권이 탄생한다. 같은 주제의 책이라도 저마다 이야기하는 포인트는 미묘하게 다르다. 이 책을 읽었으면 하는 독자층이 있겠지만, 그 독자 중에서도 내 이야기에 동의하지 않는 이들도 분명히 있다. 현실을 직시하고 작가가 해야 할 일은 두려움 없이 자신의 이야기를 써 가는 것뿐이다.

오늘 《하버드 비즈니스 스쿨에서 내가 배운 것들》이라는 책을 새벽에 읽었다. 하버드 학생들에게는 수많은 좋은 과정, 만남이 잔칫상처럼 자기들 앞에 주어져 있다고 한다. 그러나 아무리 최고의 것이 주어졌다고 해도 그 모든 것을 다할 수 없다는 것을 어느 순간 깨닫게 된다고 저자는 말한다. 그중에서도 자신의 목표와 열망에 맞는 것을 찾는 연습을 치열하게 하지 않으면 이것저것 하다가 그 좋은 것도 온전히 누리지 못한다는 말이다. 그래서 최고로 보이는 것 중에서도 자신에게 맞는 최고를 선택하기 위해 자신의 목표와 꿈, 그리고 그 내면에 있는 자신의 야망, 욕망을 더욱 세밀하게 파고드는 노력을 부지런히 해야만 한다고 한다.

이것만이 남의 것이 아니라 자신의 것이기 때문이다. 거저 얻는 것은 없다. 인정에 이끌리지 않고, 유혹에 넘어가지 않는 길은 자신과의 치열한 대화만이 답이다. 글쓰기에서도 타인이 아닌 자신에게 집중하고, 내면의 부름에 끊임없이 응답해야 한다. 평상시 이 연습만이 일상에서 불쑥 찾아오는 인정의 유혹에 끌려 선택하는 실수를 피할 수 있다.

내 삶의 재료는 누군가에게 희망이 된다

> 나는 알고 있다. 누구나 글을 쓸 수 있고 누구나 작가가 될 수 있다는 것을. 그런 사실을 받아들이고 자기를 알고 자기를 믿으려면 글과 씨름을 할 필요가 있다는 것을. 또한 나는 알고 있다. 그 씨름을 계속하려면 믿음과 용기가 필요하다는 것을 또한 알고 있다. 글쓰기는 누구에게나 무한한 가치가 있다는 것을.
>
> _로버타 진 브라이언트

대부분의 사람은 작가 DNA를 가지고 있다. 작가는 누구일까? 자신의 이야기가 담긴 지식과 경험을 글로 표현하는 사람이다. 디지털 원주민인 알파 세대는 누구나 주인공이라는 정체성을 가지고 있다. 그래서 자신을 어떤 형태로든 표현하는 것이 자유롭다.

그러나 디지털 이주민인 중년 세대는 SNS를 하지만 자신을 적극 표현하는 것을 어려워한다. 더군다나 영원히 박제될 수 있는 책을 쓴다는 것은 더욱 그렇다. 누구나 표현의 욕구가 있기에 책 한 권 쓰기는 버킷리스트에 포함되는 경우가 많다.

지금 시대는 글뿐 아니라 이미지, 영상 등 다양한 형태로 자신을 마음껏 표현한다. 수많은 SNS 채널을 활용하여 자신의 목소리를 마음껏 송출할 수 있다. 그런데도 왜 글인가? 왜 책인가? 우리는 이 질문에 답하지 않을 수 없다. 모든 이미지와 영상으로 자기 생각을 온전히 내보이는 데는 한계가 있다. 글로는 더욱 세밀하고 깊은 생각을 표현할 수 있다. 물론 언어의 한계는 세계의 한계라는 유명한 말처럼, 어휘력의 한계로 그것을 다 표현하지 못할 뿐이다.

책 한 권에는 좀 더 농축되고 체계적인 형태로 자신을 메시지를 담을 수 있다. 책을 쓰며 우리는 이미 가지고 있는 역량을 한곳에 모으며, 좀 더 넓은 세상으로 가지고 나갈 브랜드 가치를 높일 수 있는 무기 하나를 갖추게 된다. 가만히 있으면 아무도 나를 알아주지 않는다.

그런데도 여전히 이 대열에 참여하지 않는 사람들이 있다. 그 이유는 다양할 것이다. 나 또한 유독 영상으로 나 자신을 드러내는 것을 어려워한다. 어떤 이들은 글로도 자신을 드러내기 힘들어한다. 공저와 개인 책쓰기 코칭을 하고 있는데, 책을 쓰러 오셨음에도 막상 자신의 글이 책으로 만들어진다고 생각하니 두려움에 포기하려고 하는 이들이 있다.

그러나 완벽해서 책을 쓰는 것이 아니다. 지금까지 살아온 인생, 배우고 시행 착오한 지식과 경험, 앞으로 만들어 갈 미래와 꿈을 상상하며 쓰는 것뿐이다. 완벽한 인생이 있을까? 누구도 없다. 완벽한 글이 있을까? 누구도 없다. 더군다나 초보 저자들에게는 더더욱 그렇다. 우리가 주목할 점은 살아온 모든 삶에는 사람들이 보기에 그것이 성공이든 실패이든 전해 줄 메시지가 있다는 것이다. 우리는 대단한 문학가나 전업 작가가 되려는 것이 아니다. 물론 이런 꿈을 가지고 있는 사람도 있겠지만. 우리는 자신의 이야기를 글로 옮길 뿐이다.

이 과정에서 여러 가지 장벽이 존재한다. 가장 처음 초보 저자가 직면하는 장벽 하나는 바로 자기를 노출하는 것이다. 여기에서 많은 이들이 주춤한다. 나 또한 책 한 권 쓰고 도망치고 싶었다. 타인의 시선과 끊임없는 자기 검열이 내 안의 솟아오르는 진실한 목소리를 순간순간 가로막았다. 그리고 '네가 무슨 글을 써.', '이제 책 한 권 써서 언제 또 쓰니.', '네 책을 누가 읽어줄까.', '지인들이 네 책을 읽고 어떤 평가를 해 줄 거 같아.', '넌 무얼 해도 안 될 거야.', '책 쓴다고 큰일이 벌어지지 않아.', '책 쓰기는 너무 큰 노동이야. 돈이 되는 다른 일을 알아봐.' 등 더 이상 내가 글을 쓰지 않아야 하는 이유를 대며 내 앞길을 가로막았다.

생각을 바꿔보자. 나의 지질하지만 나를 살아내게 한, 그리고 살 가치가 있었던 작은 스토리가 누군가에는 위로와 희망, 더 나은 삶을 만들어 나가는 데 필요한 지식과 지혜가 된다면 나에게도 그 누군가에게도 플러스 되는 인생이 아니겠는가 하고 말이다.

나와 당신의 이야기는 작지 않다. 세상은 숫자로만 평가한다. 꼭 그 큰 숫자에 들어가지 않더라도 우리의 이야기는 소중하다. 발가벗는 용기만 있다면 말이다. 책을 쓰려고 한다면 자신을 드러내고 발가벗는 힘이 필요하다. 이 힘은 아프고 슬프고 억울하고 행복했던 자신의 이야기에 끈질기게 주목하는 것에서 나온다. 이렇게 길어낸 각자의 이야기, 그 이야기 속에 숨겨진 메시지는 가장 먼저는 나를 살찌우고, 그리고 내 글을 읽는 누군가를 도울 것이다. 글 속에 녹여진 각자의 삶의 재료들이 서로에게 마중물이 되어준다면 이는 나와 우리를 함께 살리는 아름다운 길이 될 것이다.

그러니 용기를 가져보자!!

미루기의 달인

> 나는 모레 할 수 있는 일을 결코 내일로 미루지 않는다
> _오스카 와일드

지나고 보니 나는 완벽주의 형의 사람이었다. 완벽주의는 철저한 계획형의 삶의 형태로 드러났다. 그러나 지난 삶을 돌아보건대 실행은 50퍼센트도 되지 않았다. 오랜 기간 나에 대한 탐구와 성찰 속에서 그 원인을 발견했다. 깊은 열등감 속 두려움은 실행을 가로막았고, 이를 대체하는 유일한 실행은 계획을 세우는 것이었다. 계획을 세우는 순간만큼은 온갖 상상력으로 채워져서 즐거웠다. 그러나 이 만족함으로 끝, 희열은 그때뿐, 두려움은 실행을 막았고, 실행하지 못했다는 죄책감이 이어져 하루를 짓눌렀다. 다음 날로 이어진 죄책감은 나를 또 다른 계획으로 밀어 넣었다.

그러나 이제 오랜 독서를 통해 존재에 대한 구멍을 채워갈 수 있었고, 완벽하지 않아도 시작해도 괜찮다는 목소리를 그제야 발견할 수 있었다. 글쓰기 또한 그렇다. 공저와 책쓰기 코칭하고 있기에 여러 사람이 문의한다. 자기의 이야기가 담긴 책 한 권을 가지는 것은 많은 이들의 버킷리스트이기 때문이다. 그러나 '좀 더 준비가 되면 시작할게요. 연습하고 올게요.'라는 대답을 많이 듣는다. 그래서 글쓰기와 관련된 책과 강의, 이론으로 든든히 채운다. 그러나 정작 한 줄도 쓰지 않는다면 글력은 절대 늘 수 없다. 운동에 관련된 책을 아무리 읽는다 해도, 아령 하나 들지 않는다면 근력이 자라지 않는 이치와 같다.

> 일단 컴퓨터 앞에 앉아서 뭐든 써 보는 것도 중요하지만 기계 앞에 앉기 전에 우선 얼마나 많은 고민과 구상의 시간을 견딜 수 있느냐가 진정한 글쓰기의 재능인 것 같다. 글을 쓸 때는 인터넷 휴대전화, 텔리비전도 모두 꺼버리고 오직 나와 글만이 남는다. 그런 집중력이 글쓰기의 진정한 희열이다. _정여울

다시 직시해 보자. 우리가 글쓰기를 미루는 이유는 무엇일까? 바빠서인가? 그게 이유라면 평생 못 쓴다. 글을 써야만 하는 이유를 진지하게 다시 고민하고 분명한 목표 설정과 우선순위를 세워보자. 글을 써야만 간절한 이유를 발견했다면 그것은 동력이 되어 어떤 환경에서도 글을 쓰도록 이끌어 줄 것이다. 글을 못 써서? 그래서 써야 한다. 글은 써야 써진다. 습관이 안 들여져서? 혼자 안 된다면 글을 쓰는 환경을 강제적으로라도 만들자. 글쓰기 모임을 추천한다. 지금, 이 글도 내가 만든 글쓰기 모임에서 쓰는 중이다. 마음에 드는 글 모임이 없다면 자신이 만드는 것도 강력히 추천한다. 리더는 도망갈 수 없기 때문이다.

글을 써야 하는 진짜 이유를 발견할 때까지

이보다 좀 더 본질적인 질문으로 들어가 보자.

《쓸수록 내가 된다》의 저자 손화신은 국문학과 출신 기자이다. 그녀는 공황을 경험했고, 20대에는 여러 아르바이트를 전전하다가 점점 자신이 누구인지 흐릿해지고, 자신이 점차 사라지는 것 같아 글쓰기를 다시 시작했다고 다음과 같이 고백했다.

> "나란 사람이 흐려져서 없어질 지경에 이르렀을 때 미치도록 쓰고 싶었다. (중략) 내게 글쓰기란 지적이고 우아한 활동이라기보다 불현듯 맞닥뜨리는, 삶을 가로막고 선 벽을 뚫고자 하는 거친 돌파였다."

그녀는 글쓰기가 "생존 그 자체였고 언제고 내가 연기처럼 사라져버릴 것만 같은 순간이 오면 자신을 지킬 수 있다는 방법"이었다고 한다. 이어서 "이 세상이 내게 말도 안 되게 덤벼들 때조차 조금도 기죽지 않게끔 나를 북돋웠다."며 글쓰기가 자신을 일으켜 세웠으며, 구원임을 밝힌다.

> "펜을 든 자가 세상을 바꾸는 법이죠."
> _영화 〈콜레트〉 키이라 나이틀리의 대사

펜은 세상을 바꾼다. 책을 쓰는 이유는 누군가에게 메시지를 전하고 싶어서이다. 책 출간은 메시지로 세상을 바꾸는 행동이다. 그러나 그 전에 펜을 든 사람을 먼저 바꾼다. 출간 전 쓰는 과정에서 내가 써 가는 글이 나를 먼저 바꾼다. 씀으로써 자신을 좀 더 객관적으로 마주해가며 세상에서 유일한 내가 되어 가는 것이다.

우리는 얼마나 '나'로 살아가고 있는가. 정신없이 하루를 살다 보면 수많은 일과 역할에 묻혀서 정말 중요한 '나'를 놓치고 살아가고 있지는 않은지. 글쓰기는 세상을 바꾸기도 하지만 먼저 글 쓰는 그 사람을 바꾼다. 왜냐하면 글쓰기는 자신을 진실하게 직면하는 시간이며, 글 앞에서만은 자신을 속일 수 없기 때문이다. 자신을 속이는 글을 쓰면 그만큼 글쓰기는 재미없게 된다.

글을 쓰고 싶은 진짜 이유는 무엇인가? 나는 읽다 보니 쓰고 싶었다. 나를 찾고 싶었다. 나를 더 단단히 만들어가고 싶었다. 매년 내가 공부하고 경험한 내용을 휘발시키지 않고 책으로 농축해 담고 싶었다. 내 전문성을 탄탄히 하고 싶었다. 그 과정을 기록하고 싶었다. 기록한 것을 나누고 싶었다. 메시지로 사람을 살리고 세상을 풍요롭게 하고 싶었다. 그렇게 매년 책을 내고 싶었다. 책쓰기로 나를 브랜딩하고 싶었다. 나의 지식과 경험이 담긴 책이 넓은 세상과 연결해 줄 다리가 되어 더 다양한 사람들과 만나고 싶었다. 이상은 내가 글을 쓰고 싶은 간절한 이유다.

당신이 글을 쓰고 싶은 이유는 무엇인가? 간절한 이유 한 가지를 발견할 때까지 열 가지라도 스무 가지라도 그 답을 찾아 적어 보자. 미루는 이유보다 쓰고 싶은 이유가 많아지고 분명해질 때 절대 포기할 수 없게 된다. 미루는 이유를 철저히 파헤치고 그 안에 숨겨진 무수한 핑계와 심리적인 문제를 직면하자. 그 원인을 찾아 들어가다 보면 글쓰기에 저항하는 진짜 이유를 발견하게 될 것이다. 그럼, 이제 닥치고 써 볼까? 더 이상 도망가지 말자. 미루기의 달인은 이제 그만 내려놓자.

생산적인 글쓰기 루틴을 위한
세 가지 필수 기술

글을 쓰고 싶지만, 꾸준히 글을 쓰기 힘들어하는 사람이 많다. 글쓰기를 하루의 루틴 안에 일정하게 자리 잡게 하는 일은 야심 찬 작가들에게도 공통적인 도전이다. 글쓰기에 대한 욕구는 강할 수 있지만 일상적인 글쓰기 루틴을 유지하는 것은 그만큼 어렵다. 지속 가능한 글쓰기 루틴을 구축하는 데 도움 되는 세 가지 핵심 전략을 살펴보겠다. 이를 통해 일관된 글쓰기를 방해하는 장애물을 극복하고 창의성과 생산성을 키우는 습관을 개발할 수 있다.

첫 번째 성공적인 글쓰기 루틴의 기초 중 하나는 명확한 목표를 설정하고 우선순위를 설정하는 것이다. 특정 단어 수 완성, 원고 분량, 장 완성, 특정 프로젝트 작업 등 글쓰기 목표를 정의하는 것부터 시작해라. 큰 목표는 더 작고 관리할 수 있는 작업으로 목표를 세분화해라. 현실적이고 달성할 수 있는 목표를 설정함으로써 초점과 목적의식을 분명히 한다. 하루 한 페이지, 하루

한 시간이 아니어도 좋다. '한 문장만 써 보자.', '10분만 써 보자.'에서 시작한다.

다음으로 우선순위를 정한다. 하루 중 가장 생산적이고 창의적이라고 느끼는 시간을 파악해라. 이른 아침, 늦은 밤 어느 시간도 좋다. 하루 중 누구의 방해도 받지 않으면서 생산성을 높일 수 있는 조용한 시간을 선택해라. 직장인은 새벽 시간이 될 수 있고, 전업주부는 아이들을 학교에 보낸 오전 시간이 될 수 있다.

나는 새벽에 독서하고, 이어서 오전 시간에 글쓰기를 마친다. 오후에도 저녁에도 시도해 보았지만 모두 실패했다. 에너지가 소진된 상태에서는 집중력을 발휘하기 힘들었다. 글쓰기는 에너지가 필요한 일이다. 각자에게 가장 좋은 시간을 택해야 한다. 글쓰기에 전용 시간을 자신에게 할당하고 타인과의 약속처럼 중요한 약속으로 취급해야 한다. 절대 가볍게 취급하면 안 된다. 명확한 목표와 우선순위를 설정함으로써 일관된 매일 쓰기를 위한 단계를 설정한다.

두 번째는 생산성에 도움이 되는 글쓰기 환경 만드는 것이다. 유익한 글쓰기 환경은 지속 가능한 글쓰기 루틴을 구축하는 데 중요한 역할을 한다. 전용 사무실, 집의 아늑한 구석, 동네 카페 등 글쓰기를 위한 특정 공간을 지정해라. 산만함과 어수선함을 최소화하여 이 공간을 편안하고 고무적으로 만들어라. 비전 보드, 영감을 주는 인용문 또는 주변 음악과 같이 창의력을 자극하는 요소를 통합하는 것을 고려해 보아라.

내 전용 공간은 우리 집 베란다 앞이다. 베란다 밖으로 내다보이는 바깥 풍경이 뚫려 있어 전망이 시원하다. 나는 풍경이 보이는 거실 한쪽 구석에 내 책상을 마련하고 거기서 모든 업무를 할 뿐 아니라, 책을 읽고 글도 쓴다. 예전에는 사람들이 북적대는 도서관을 많이 이용하기도 했지만, 지금은 풍경을 마주한 이 공간의 나에게 최적이다.

 또한 디지털 방해 요소를 최소화해라. 휴대전화와 소셜 미디어 알림을 끄고 웹사이트 차단기나 생산성 앱을 사용하여 집중해야 한다. 종이나 혹은 컴퓨터를 고집할 필요가 없다. 전통적인 펜과 종이, 디지털 쓰기 소프트웨어 등 다양한 쓰기 도구를 시험해보고 가장 적합한 것을 찾아본다.

 세 번째 의식과 습관은 구조 감각을 제공하고 글쓰기 루틴을 강화한다. 뇌에 글을 쓸 시간이라는 신호를 보내는 사전 쓰기 의식을 만드는 것부터 시작해 보아라. 이것은 차 한 잔을 만들거나, 빠른 스트레칭을 하거나, 짧은 마음챙김 운동을 하는 것처럼 간단할 수 있다. 마음을 창의적이고 집중된 상태로 전환하는 데 도움이 되는 자기만의 활동을 찾아보아라.

 이와 매일 쓰는 습관을 통합해라. 매일 15분 글쓰기로 시작해도 좋다. 15분이 절대 작지 않다. 습관이 굳어지면 점차 그 시간을 늘리면 된다. 일관성이 핵심이므로 몇 문장이라도 매일 쓰는 것을 목표로 해라. 한 달 글쓰기 모임을 진행하고 있다. 처음 참여하는 이들에게는 한 문장에서 시작해 보라고 말한다. 처음에는 한 문장, 한 문단도 힘들어하는 사람들이 나중에는 긴 글을 쏟아낸다. 한 문장에서, 10분에서 시작하면 된다. 그 한 문장이, 10분이 자신을 이끌어 줄 것이다.

 지속 가능한 글쓰기 루틴을 구축하려면 헌신, 규율 및 인내가 필요하다. 명확한 목표를 설정하고, 도움이 되는 글쓰기 환경을 조성하고, 의식과 습관을 확립함으로써 일관성의 문제를 극복하고 창의력과 발전을 촉진하는 일상적인 글쓰기 루틴을 개발할 수 있다.

 이 또한 여정이기에 힘들게 느껴지는 날이 있을 수 있지만 쓰인 모든 단어는 한 걸음 앞으로 나아가게 할 것이다. 이런 과정을 수용하고 성과를 축하하며 하루에 하나씩 계속 글을 써 가라.

망하는 책쓰기의 7가지 원인

요즘에 책을 쓰려고 하는 이들이 많다. 좀 더 빠르게 자신이 목표하는 책을 출간하기 위해서 책쓰기 클래스에 등록해서 배우는 이들도 많다. 그런데 문제는 비싼 수강료를 주고도 책을 쓰지 못하는 이들도 많다는 것이다. 이유가 무엇일까? 《팔리는 책쓰기 망하는 책쓰기》라는 책에서 망하는 책쓰기의 일곱 가지 원인에 대해 재미있게 소개하고 있어 나만의 방식으로 정리해 보았다. 책 한 권 쓰기를 목표로 정진하고 있지만 진도가 안 나가거나 중간에 멈추고 있다면 이에 비추어 점검해 보길 바란다.

1. 게으름형

인간은 기본적으로 엔트로피 법칙에 지배받는 존재이다. 엔트로피 현상이란 '가만히 놔두면 점점 퍼지는 현상'인데 이는 인간뿐만 아니라 우주 삼라만상이 사실 모두 이 법칙의 지배를 받는다. 아마 모두 이 현상에 공감하실 것이다. 글쓰기든 독서든 운동이든 혼자만의 의지로는 한계가 있음을, 작심삼

일을 무수히 경험해 보았을 것이다.

그래서 나는 모든 것을 되도록 함께하려고 한다. 내가 잘할 수 있는 부분은 무료이든 유료이든 모임을 열어서 진행하면서 나도 동참한다. 그렇게 공저 출간을 도와 드리면서 나 또한 함께 글을 썼다. 내가 아직 더 배워야 하거나 습관이 필요한 영역이라면 다른 이의 모임에 참여한다. 지금도 100일 챌린지를 두 곳에나 참여하고 있다. '돈'과 '함께하는 사람'은 강력한 환경 설정이 되어서 내 몸에 습관이 정착될 때까지 나를 이끌어 간다.

책쓰기는 조금은 고도의 끈질김이 필요한 작업이다. 시간과 인내가 필요하다. 이 또한 시간을 벌고자 한다면 약간의 코칭비가 필요하겠지만 도움을 얻는 것도 환경 설정의 한 방법이 될 것이다.

2. SNS 중독형

내가 원하지 않는데 누군가 내 신경망 안으로 들어오는 것을 해킹이라고 한다. 페이스북 초대 사장이었던 숀 파커는 SNS가 우리의 행동을 어떻게 조종했는지 인정했다.

"사람들에게 인정받기 위해 그리고 그렇게 인정받는 재미에 취해 SNS를 쓰게 만드는 겁니다. 딱 저 같은 해커가 생각할 만한 것이죠. 인간 심리의 취약점을 이용하는 거예요."

우리는 하루에도 수십 번 해킹당한다. 핸드폰 알람, 메시지, 이메일 등 알람 소리를 꺼 놓았다고 하더라도 습관적으로 우리의 손은 폰을 향해 있어서 수시로 만지작거리면서 확인한다. 잠깐의 휴식 시간에 폰을 열어보는 것은 다른 곳으로 빠질 확률을 높여 책쓰기를 지연시킨다. 글을 쓸 때 폰을 뒤적이는 것은 글쓰기를 망치는 지름길임을 기억해라.

3. 거북이형

트렌드가 빠르게 변하는 시대다. 책도 유효기간이 있다. 내가 글을 쓰는 동안 내 콘텐츠와 비슷한 책이 출간된 소식을 접하기도 한다. 실제 내가 코칭하고 있는 책 출간을 앞두고 주제뿐 아니라 제목까지도 비슷한 출간 소식을 접하기도 했다.

100일 책쓰기 코칭을 하고 있다. 100일 안에 초고를 무조건 쓰도록 권해 드리고 있다. 왜냐하면 출판 시장의 흐름뿐 아니라 저자의 열정도 일정 기간 지나면 사그라들기 때문이다. 열정이 불타오를 때 몰입해서 집중해서 써야 한다. 참고로 내 첫 책은 열흘 만에 초고를 썼다. 자료도 어느 정도 준비가 되어 있었고 책을 쓰고자 하는 열정이 최고조에 이르러 있었기에 가능했다. 책을 쓰기로 했다면 초고 목표를 정하고 지체 없이 써 나가야 한다.

4. 자료 의존형

원고를 쓸 때 내 이야기로만 쓸 수 없다. 내가 이야기하고자 하는 메시지를 보충하거나 설득하기 위한 자료들이 필요하다. 자료가 빈약한 것도 문제지만 완벽한 자료를 찾으려다가 정작 자신의 이야기는 놓칠 수 있다. 정말 차별화가 되는 요소는 자신의 이야기임을 믿어야 한다. 이는 같은 주제라도 수많은 책이 쏟아져 나오는 이유이기도 하다.

자료 찾기에서 완성은 없다. 그런데 이 또한 완벽함을 지향한다면 어느 순간 내 이야기를 잊게 되고, 결과물도 놓치게 된다. 그래서 너무 자료에 집중하지 않았으면 한다. 우선 내 안에 충분한 이야기가 있음을 믿고, 거기서 충분히 길어내야 한다. 자료는 이를 보완하는 수단일 뿐이다. 책을 많이 읽는 사람, 인풋만 하는 사람은 결국 책이라는 아웃풋 결과물을 놓치게 된다. 반면 인풋은 조금 부족한 듯 해도 빠르게 책이라는 결과물을 만들어내는 사람이 있다. 인풋과 아웃풋의 균형이 필요하다.

5. 꼼꼼형

이는 방금 썼던 글이 맞는지 계속 다시 보고 고치면서 글을 쓰는 타입을 말한다. 글을 쓰면서 수시로 퇴고하면서 쓰는 사람도 있다. 그러나 이는 작업 속도를 현저히 떨어트린다. 초고를 쓸 때는 문법, 구조, 흐름 등 일단 신경 쓰지 말고 자기의 이야기, 메시지에 초점을 맞추어 빠르게 쏟아놓는다고 생각하고 쓴다. 우리에게는 퇴고가 남아 있다.

6. 완벽주의형

지금 시대에 완벽함은 잘 맞지 않는다. 빠르게 시도하고 실수하고 수정하는 과정이 중요해진 시대이다. 책도 마찬가지다. 완벽하게 쓰려고 하기보다 빠르게 쓰고 출간해야 한다. 글 쓰는 실력도 쓰면서 는다. 어느 정도 완벽해진 후에 써야지 하면 평생 못 쓸 수 있다. 실제 공저라도 한 권을 출간해 본 사람은 글에 대한 안목, 책에 관한 생각이 많이 바뀜을 볼 수 있다. 부족한 글이라도 출간하는 과정을 통해 자신의 현시점을 파악하게 하고, 글 실력도 늘게 된다.

7. 체면치레형

이 질병은 특히 전문가에게 해당할 수 있다. 김난도 교수가 쓴 《아프니까 청춘이다》는 대박 난 책이다. 교수니깐 소위 있어 보이는 글로 채웠다면 이 책이 성공할 수 있었을까? 누구나 읽기 쉽고 평이한 말로 젊은이들을 위로한 책이다. 책은 논문이 아니다. 전문용어를 남발하지 말아라. 중학생이 읽어도 쉬운 글을 쓰도록 노력해야 한다. 이는 내 위치를 하락시키는 것이 아니다. 누구에게나 읽히는 대중성이 중요하다. 눈치 볼 필요가 없다. 그저 자신의 지식과 경험을 글로 옮긴다고 생각하고 말하듯이 글을 쓴다. 친구에게 말하듯이 편하게 힘을 빼고 글을 써 본다.

이상 망하는 책쓰기의 일곱 가지 원인을 점검해서 책쓰기라는 목표를 꼭 이루기를 바란다.

시스템이
책을 쓰게 한다

> 내가 그 어떤 것보다도 확신을 갖고 자신있게 말할 수 있는 것은 매일 방안에 들어가 작업을 하면 글이 점점 나아진다는 사실이다. 3일이 지나고도 여전히 그 방에 들어간다면 당신은 하루하루가 끔찍하다고 생각할 것이다. 하지만 넷째날에도 그 방에 들어간다면, 시내로 새거나 마당에 나가지 않는다면 대개는 무언가가 나타날 것이다.
>
> _존 디디온

글쓰기에도 나만의 리추얼이 필요하다. 리추얼은 매일 매일 자기에게 부여하는 약속이자 루틴이다. 특별히 책을 쓰는 것은 고도의 몸과 마음의 에너지를 많이 필요로 한다. 이를 실행하기 위해서는 규칙적인 환경 세팅이 필요하다. 몰입하기 위한 시간과 공간을 일상에서 떼어놓아야 한다. 그래야 몰입하게 된다. 책쓰기는 최소 100일이라는 장기전이기에 루틴이 깨지면 글 흐름도 놓치게 된다. 목표를 설정하고 이 호흡을 꾸준히 가져가는 이는 결국 책을 출간하게 되지만, 책을 쓰겠다는 목표가 있었지만, 이 호흡을 놓치는 자는 타이밍을 놓쳐 결국 출간도 어려움을 겪게 된다. 또한 이 흐름을 놓치면 다시 쓰려고 해도 회복하는 데 시간과 에너지가 소요 된다. 그래서 책을 쓰기 위한 나만의 루틴 확보가 꼭 필요하다. 모든 습관은 처음은 힘들다. 습관이 되면 물 흐르듯이 쉬워진다.

새벽 글감옥

> 이것은 너무 중요해서 아무리 강조해도 지나치지 않다. 4시에 글을 쓰기로 했으면 4시에 글을 써야 한다. 어떠한 핑계도 통하지 않는다.
> _도러시아 브랜디

성공하는 많은 이들의 습관 중 하나가 새벽 기상이다. 그래서인지 여전히 미라클 모닝 습관을 잡는 모임은 인기다. 나 또한 새벽 5시에 줌방을 열어 〈새벽몰입독서〉를 진행하고 있다. 현재 이 글을 쓰는 기준으로 10개월째 운영하고 있다.

오랜 시간 새벽형으로 살아왔기에 새벽에 줌을 열기가 어렵지 않아 조금이라도 도움을 주기 위해서 열었다. 처음에는 사람들이 신경 쓰이기도 했지만, 어느 순간 함께 하는 이들로 인해 나 또한 더 몰입하게 되고, 더 온전한 습관으로 자리 잡아 가고 있다.

그러나 나는 책을 쓴 저자이기도 하지만 글쓰기 루틴 만들기는 여전히 어려웠다. 그동안 새벽을 독서로 온전히 채웠고, 글쓰기는 그 이후 또는 밤에 글을 쓰려고 하니 이미 하루를 살아낸 에너지가 대부분 빠져나간 터라 집중력과 에너지 면에서 몰입이 되지 않았다.

새벽에 일어나면 우선 집중력이 최고다. 뇌 연구에 따르면 이른 아침 시간은 학습, 기억 통합 및 창의적 문제 해결을 위한 적절한 시간이 된다고 한다.

인지 기능과 주의력이 이 시간 동안 더 빠르게 향상되어 생산성이 향상한다.

새벽에 일어나기 위해서는 일찍 자야 한다. 나는 늦어도 밤 10시나 11시 전에는 꼭 자려고 한다. 11시 이후 어쩔 수 없는 늦은 일정이 있다면 낮잠을 자거나 휴식 시간을 가짐으로 에너지를 미리 보충해 둔다. 잠이 부족하지 않도록 말이다.

지금은 새벽과 그 이후 2~3시간 일정을 모두 독서와 글쓰기에 할애하고 있다. 이 시간만이 집중력과 생산성이 최고이며, 누구의 방해도 받지 않는 시간이기 때문이다.

나의 새벽 루틴 사례

- 새벽 4시에 기상한다.
- 따뜻한 물을 마신다.
- 10분 스트레칭 한다.
- 커피를 먹는다.
- 성경 묵상한다.
- 새벽 5시에 새벽몰입독서에 참여한다.
- 새벽 6시에 줌방에서 함께 글을 쓴다.
- 아침 8시까지 쭈욱 이어서 글을 쓴다.
- 매일 한 꼭지, A4 1~2 페이지씩 집필을 목표로 한다.
- 아침 8시에는 30~40분 근육 운동을 한다.

빠르게 책 쓰는 길

책쓰기에도 함께의 힘을 믿는다. 어떻게 하면 함께 꾸준히 쓸 수 있을까를 고민하며 글쓰기 모임을 열었다. 한번은 새벽 5시 독서 모임이 끝나고 이어서 6시에 글쓰기 모임에 참여하는 분들을 대상으로 줌을 열어드리기로 했다. 단지 30분이었지만, 의외로 몰입이 잘 되었다. 그리고 공저 프로젝트를 진행하면서도 혼자 쓰지 않고 함께 쓰는 글방을 열어드리기도 했다. 현재는 한 달 글쓰기 모임에서 여러 명이 네이버 카페에서 함께 글을 쓰며 서로를 독려하고 있다. 매일 글쓰기임에도 인증률이 생각보다 높다. 나 또한 이 시간을 활용하거나 새벽 모임 후 이어서 글쓰기 시간을 가진다. 이 시간을 놓치면 생각보다 글쓰기가 쉽지 않다.

우선 글쓰기 초보자로 꾸준한 글쓰기가 어렵다면 함께 하는 시스템에 참여해 본다. 유료라도 참여하라. 돈을 냈기에 더 강제적으로 자신을 밀어붙이게 된다. 습관 잡기에는 딱 안성맞춤이다. 그러나 유료임에도 중간에 포기하는 사람들이 속출한다. 그래서 방식을 바꾸었다. 유료지만 완주한 이들에게는 모임 참여비 몇 배의 보상을 두둑이 보상해 주는 것이다. 인증 시간도 오전 10시까지로 가장 생산성이 높은 새벽과 오전에 모두 마치도록 환경 세팅을 했다. 왜냐하면 이른 아침 시간이 집중도와 에너지 면에서 효율이 가장 높기 때문이다. 예상대로 24시간을 주는 것보다 이런 환경 설정을 사람들이 좋아했다. 빨리 글쓰기를 끝내놓아서 나머지 하루가 마음이 편하다는 것이다.

글쓰기는 몰입이 필요한 고도의 노동이다. 낮에 낮잠을 자든지 등으로 에너지를 보충하지 않고서는 모든 에너지를 허비한 후 밤에 글을 쓰는 것은 웬만한 의지 아니고서는 쉽지 않다.

자신이 글쓰기 모임을 만들어 보는 것도 추천한다. 어떤 모임이든 인원에 상관없이 모임을 주최하는 리더에게 가장 큰 보상이 돌아간다. 나 또한 나를 위해서라도 글쓰기 모임을 매달 추진하고 있다. 어느 달은 쉬고 싶었다. 그러나 그러면 나 또한 글쓰기를 쉬엄쉬엄할 듯하여 몇 명이 참여하든 글쓰기 모임을 이어가고 있다. 내 공저와 책쓰기의 많은 부분이 글쓰기 모임에서 탄생했다. 나만의 글 감옥 환경 세팅이다. '함께'의 힘은 대단하다. 일정한 기간에 어떤 결과물을 얻고 싶다면 시스템으로 나를 강제하라. 책을 쓰려고 한다면 더더욱 이 방법을 추천한다.

하루 한 시간 글쓰기

책을 쓸 계획이라면 최소 하루 한 시간은 글을 쓰는데 투자한다. 새벽 시간이 가장 좋지만, 힘들다면 자기만의 루틴 안에서 시간을 설정한다. 주부라면 아이들과 남편이 없는 오전 시간이 좋을 수도 있다. 직장이라면 새벽이나 출퇴근 시간을 활용할 수 있다. 출퇴근 지하철 1~2시간을 이용해서 책을 출간한 저자도 있다. 중요한 것은 이 시간은 다른 어떤 시간으로도 대체하면 안 된다. 달력에 분명히 표시하고 나와의 진지한 약속으로 체크해 놓아야 한다. 다른 이들이 이 시간을 넘본다면 말해라. "나 약속 있어!!"라고 말이다. 그 시간에 글을 쓴다고 굳이 말할 필요는 없다. 나와의 약속이기에 책이 나올 때까지는 비밀에 부쳐둔다.

시공간의 설정도 중요하지만, 그보다 더욱 중요한 것은 그 시간에 얼마나 몰입하느냐이다. 책쓰기는 고도의 집중력이 필요하다. 한번 글 흐름을 놓치면 다시 회복하는 데 시간이 걸린다. 캘리포니아 대학의 한 연구 결과에 의하면 다른 일을 하다가 원래의 일로 돌아가는데 평균 25분이 걸린다고 하니 주어진 시간의 양보다도 중요한 것이 몰입임을 잊지 말아야겠다.

슬기로운 슬럼프 대처법

　매일 글을 쓰는 작가들에게도 슬럼프가 올 수 있다. 슬럼프의 사전적 의미를 찾아보니 슬럼프는 "자신의 실력을 제대로 발휘하지 못하는 부진 상태가 긴 시간 동안 이어지는 상황"이라고 한다. 글 쓰는s 분야에서뿐만 아니라 모든 직업의 영역에서 슬럼프는 존재한다. 글쓰기 슬럼프는 언제 올까? 슬기롭게 슬럼프를 극복하는 방법이 있을까? 각 사람이 개성이 다르듯 슬럼프에 대처하는 방법도 다 다를 것이다.

　《내가 글이 된다면》의 저자 캐시 렌첸 브링크는 글쓰기는 "굴 까는 칼로 가장 연한 속살을 에는 듯한 고통이 따른다."고 말한다. 자신을 낱낱이 파헤치는 일은 잔인하고 공격적으로 느껴질 수 있다. 저자는 이 일을 포기하라고 말하지 않는다. 어쩌면 글쓰기에는 그런 고통이 따른다.
　다만 "우리가 이 일에 마음을 쏟고 의미를 부여한 만큼 자기 연민과 자기 돌봄의 비중도 높여야 한다"라고 다정하게 권면한다. 친구들과 함께 시간을 보내고, 걷고, 샤워하고, 좋아하는 책을 읽고, 자연과 가까이하고, 요리하고, 한잠 늘어지게 자던지 말이다.

나에게 슬럼프가 올 때는 같은 일을 질리도록 할 때이다. 나는 책 읽는 것을 좋아한다. 글쓰기에 비해서 독서는 나에게 쉽이다. 그러나 때론 그 좋아하는 일도 재미가 없어질 때가 있다. 그때는 뇌가 피로해져서 좀 쉬어 주거나, 새로운 자극을 가져다주는 책을 읽어야 할 때이다.

내가 글을 쓸 때 겪는 슬럼프는 대체로 이런 것들이다. 정작 내 깊숙한 내면으로 들어가지 못하고 겉만 핥는 듯한 글을 쓰고 있을 때, 글이 잘 안 써질 때, 쓰고는 있지만 내 글로 인해 스스로 의미를 발견하지 못할 때, 그리고 이런 현상들이 계속 나타날 때이다.

나의 원씽 재점검하기

> 영감은 잊어버리고 매일 글 쓰는 습관을 들여라.
> 습관은 영감보다 훨씬 더 많은 책을 썼다.
> 뮤즈가 당신을 찾아오길 바란다면
> 그녀가 당신이 어디에 있는지 알아야 한다.
> 그러니 책상에 앉아 있어라.
> _필립 풀먼

매년 책을 쓰기로 마음을 정했지만 계속 직면하는 사실은 재능과 영감보다 더 중요한 글쓰기의 자질은 습관이라는 것이다. 그저 세상과 잠시 단절하고 자신과 약속한 시간과 공간에 머물러 있는 것 말이다. 그렇게 자신을 책상 앞에 붙들어 맬 수만 있다면 자기를 대면하는 고통도, 글이 안 써지는 비참함도 어느 순간 다 극복할 수 있게 된다.

다이어리가 만나야 할 사람으로 꽉 차 있을 때, 모든 모임이 중요하다는 생각으로 일정이 꽉 차 있을 때 중요한 한 가지를 놓치게 된다. 나에게도 그런 적이 있다. 하루가 꽉 차 있고, 모든 일정과 만남이 소중했다. 재미있었고, 열정이 있었고, 어느 하나 소중하지 않은 것이 없었다. 그러나 뭔가 허전했고, 쫓기는 느낌이 들었다. 그때 만난 멘토 한 분이 물으셨다. "원씽이 무엇입니까?"라고. 쉽게 답변할 수 없었다. 그때 딱 한 가지가 있었다면 내가 원하는 만큼 충분히 글을 쓰고 있지 못하고 있다는 사실이었다. 아무리 좋은 것이라도 최고에 비한다면 가장 나쁜 선택이 될 수 있었다. 내가 다른 중요한 모든 일정을 소화해도 나만의 동굴로 들어가는 이 시간을 지키지 못한다면 나에게 나쁜 것일 수 있었다. 이미 나는 알고 있었지만, 누군가의 질문을 통해 다시 직면하게 된 것이다.

자기만의 루틴이 어떤 이유로 깨질 때 그래서 결국 써야 할 분량을 쏟아내지 못했을 때 나에게는 슬럼프가 찾아온다. 나와의 약속을 지키지 못했다는 죄책감, 제시간에 제출하지 못한 과제가 늘 남아 있는 듯한 아쉬움이 내 존재와 일상 주변에 서성거린다. 이때 이러한 감정에 오래 머물면 안 된다. 그 감정은 결국 자신을 향한 탓과 원망으로 이어지고, '그래 결국 넌 글쓰기에 소질이 없어.' '자신과 약속 하나 지키지 못하면서 무슨 작가야.' 등과 같은 온갖 자기 비하로 이어진다.

이때는 하루빨리 이런 부정적인 감정을 떨쳐 내고 일어나야 한다. 그리고 삶을 재 정돈해야 한다. 어디서 우선순위가 꼬인 건지, 정말 지금 내게 중요한 것은 무엇인지, 내 삶의 목적과 비전은 무엇인지, 그 비전 아래에서 선택과 집중을 해야 할 투두리스트는 무엇인지 말이다.

글쓰기와 마라톤

그다음은 내 몸을 외면하고 일에만 매진했을 때이다. 글쓰기를 단순히 정신적인 일이라고만 생각하는 경우가 많은데 글쓰기는 많은 부분 몸의 노동이다. 몸과 마음이 지칠 때, 잠이 부족하거나 운동이 부족하거나 여러 가지 모임과 만남을 소화하느라 정작 내 마음을 충분히 쉬게 하고 돌보지 못할 때 슬럼프가 온다. 몸이 무너지면 마음도 의지도 무너지는 것이다. 그래서 삶의 루틴 안에서 긴 호흡을 가지고 꾸준히 글을 써 가기 위해서는 체력 관리를 잘해야 한다.

> 100km 울트라 마라톤 완주,
> 철인 삼종 경기,
> 매년 마라톤 참가로 25회 풀마라톤 참가 (2007년 시점)

누구의 기록일까? 《달리기를 말할 때 내가 하고 싶은 이야기》의 무라카미 하루키의 기록이다. 그는 다음과 같이 말했다.

> "장편소설을 쓴다고 하는 작업은 근본적으로는 육체노동이라고 나는 인식하고 있다. 글을 쓴다는 것 자체는 두뇌 노동이다. 그러나 한 권의 정리된 책을 완성하는 일은 오히려 육체노동에 가깝다."

하루키의 기록이 놀랍다. 마라톤 100km이라니. 꿈의 수치다. 그것을 완주할 수 있는 저력은 어디서 나오는 걸까? 보통 작가 하면 집안에 틀어박혀 굉장히 내향적인 삶을 살수 밖에 없는 직업이라는 생각 때문에 매우 허약한 체질을 상상한다. 실제 하루키는 혼자의 삶으로도 충만함을 느끼는 내향적인 성격의 소유자라고 한다.

하루키는 서른쯤 전업 작가의 삶을 시작하면서 건강에 문제를 느끼고 달리기를 시작했다고 고백한다. 그러나 운동을 할 수는 있지만, 이렇게 집요하고 꾸준하게 달리고, 온몸으로 고통과 희열을 느끼며, 자기 몸의 한계의 지점까지 밀어붙이는 작가가 또 있을까?

그는 이어서 이렇게도 고백한다.

"그래서 마라톤 단련은 전혀 피로감을 느끼지 않고 매일 매일 집필 생활을 계속할 힘을 지탱해주었을 뿐만 아니라 나에 대해 말한다면, 나는 소설 쓰기의 많은 것을 매일 아침 길 위를 달리면서 배워왔다."

난 아직 글을 쓰는 것보다 책을 읽는데 더 많은 시간을 보내며, 매년 책을 쓰기로 결단하고 이제 세 번째 개인 저서를 쓰고 있다. 그러다 보니 '한 권의 정리된 책을 완성하는 일은 오히려 육체노동에 가깝다.'는 하루키의 고백이 조금은 이해가 된다. 책을 읽든 글을 쓰든 책상 앞에 앉아 있는 것은 굉장한 육체노동임을 절실히 깨닫는다.

올해 초 나 또한 체력이 약해지는 것을 느끼고, 요가와 조깅을 일주일에 서너 번 하고 있다. 달리고 요가하며 심장의 요동침과 온 근육의 고통을 느낀다. 그런데 신기한 것은 그 고통이 지나간 후에 오히려 힘이 생긴다는 것이다. 몸과 정신에 무언가 활력이 도는 것을 느낀다. '소설 쓰기의 많은 것을 매일 아침 길 위를 달리면서 배웠다'는 그의 고백처럼 소설 쓰기는 끈기와 인내가 필요한 일이고, 그로 인한 발생하는 고통의 면면을 참고 버텨야 했을 것이다. 소설과 달리기는 어울리지 않는 것 같지만 그 이면 삶의 본질은 다 비슷하다.

하루키는 자신의 묘비명에 '적어도 끝까지 걷지는 않았다.'고 쓰고 싶다고 한다. 이 문장을 읽으면서 달리기하며 얼마나 멈추고 싶은 순간들이 많았을까 하는 생각이 들었다. 순간순간의 수많은 유혹을 물리치고 끝까지 달렸고, 그 힘으로 끝까지 소설을 써 갔던 그가 있었기에 우리는 그의 수많은 작품을 만날 수 있었다. 인생도 그와 비슷할 것이다. 오늘 하루도 우리는 달리기를 쉬고 싶고, 책 읽기를 쉬고 싶고, 글쓰기를 쉬고 싶은 순간이 얼마나 많았던가. 하루키의 그 집념과 투지, 고통을 통해 오히려 살아있음의 감각을 생생하게 느끼며 멈추지 않았던 그를 본다. 그리고 내 안의 집념과 생의 감각을 다시 다져본다.

심리적 장벽 제거하기

슬럼프는 누구에게나 올 수 있다. 초보 작가뿐 아니라 오랫동안 꾸준히 글을 써 온 이들에게도 올 수 있다. 나는 첫 책을 쓰고 바로 찾아왔다. 책 한 권 겨우 냈지만, 작가로서 나 자신을 노출해야 한다는 부담감, 내가 상품이 된 듯한 느낌, 글은 쓰고 싶지만, 타인의 시선과 나를 드러내야 한다는 부담감이 글쓰기를 방해하고 있었다.

다시 한번 내가 힘들게 책을 써야만 했던 이유를 재점검해야 했다. 내 삶을 어느 정도 세상에 노출한다는 것은 절대 쉬운 일이 아니다. 그 삶이 완벽한지 아닌지의 문제가 아니다. 좋은 평가를 받을 수도 있지만 원치 않는 피드백을 받을 수 있기 때문이다. 새로운 기회가 열릴 수도 있지만 조용한 침묵 아래 아무런 반응도 없을 수도 있기 때문이다.

그런데 나는 왜 책을 써야 할까? 왜 책에 나의 이야기를 담아내어 위험할 수도 있는 세상을 향해서 나아가려고 할까? 이에 대한 분명한 답이 각자에게 있어야 한다. 이런 슬럼프는 책을 쓰기 전, 쓰고 나서, 책을 여러 권 내는 작가에게도 충분히 올 수 있다.

그리고 글쓰기를 좋아하고 나도 언젠가 책 한 권 내야겠다는 생각을 품은 사람에게도 올 수 있다. 책의 주제와 콘셉트를 정하고 기획과 목차를 짜고, 이제 원고만 채워 나가면 된다. 초고 날짜를 선포하며 매일 매일 계획서에 동그라미를 쳐 간다. 그러나 이 과정에서 무수한 난관을 경험한다. 아이가 아프거나, 갑자기 없던 일이 생기거나, 재미있는 드라마와 영화가 갑자기 눈에 띄어 시간을 빼앗긴다. 책을 안 쓸 이유가 갑자기 폭풍처럼 늘어난다. 일정과 컨디션이 관리가 안 되고, 루틴이 무너진다. 외적인 상황들은 결국 심리적 장벽을 만들어낸다. 충분히 콘텐츠가 있고, 쓸 수 있음에도 지지부진한 상태가 계속 이어진다. 책을 쓰려는 처음의 열정이 조금씩 사그라지면서 자신을 합리화하기 시작한다. '나 같은 사람이 무슨 책을 써.', '헛된 꿈이었어.', '다른 일이나 찾아보자.'하고 말이다. 그러나 계속 책을 쓰고 싶은 마음은 존재 어딘가에 남아 있어서 순간순간 고개를 치켜들고 자기의 목소리를 낸다. '그래서 책은 언제 쓸 거냐고?'

이럴 때 나는 10~15분 타이머를 설정해놓고, 나의 부정적인 감정을 노트에 몽땅 쏟아낸다. 모닝 페이지처럼 내 말과 글에 다른 사람이 어떻게 생각하는지는 전혀 걱정할 필요가 없다. 내 투덜거림을 아무 편견 없이 노트는 무조건적 받아주기 때문이다. 인간은 걱정이든 두려움이든 한 가지 생각에 붙잡혀 있으면 거기서 헤어 나오지 못하는 속성이 있다. 그러나 누군가에게 대화로 털어놓거나 글로 토해내면 나를 붙잡고 있던 상념에서 한껏 자유로워짐을 경험할 것이다.

실제로 여기저기 책쓰기 강좌에 큰돈을 지불하고 들어갔지만, 글을 못 쓴 분이 한 분 공저를 쓰러 오셨다. 여기서도 글을 못 쓰면 평생 못 쓰겠다는 생각이 들어서 첫 수업을 마치고, 잠깐 남으라고 해서 두 시간가량 함께 대화를 나누었다. 그분에게는 글쓰기에 대한 심리적인 장벽이 있었다. 대화 후 훨씬 가벼워졌다면 원고를 제출하셨고, 공저지만 첫 책을 낼 수 있었다. 그 후 소식을 들어보니 글쓰기의 매력에 빠져 또 다른 에세이를 쓰고 계셨다.

"당신은 현재의 삶에 이르게 한 재능, 아이디어, 고유한 능력으로 축복받았고, 이러한 선물은 다른 사람들과 나눌 수 있도록 당신에게 주어졌습니다. 오늘날 당신이 가진 것을 필요로 하는 사람들이 있습니다. 그리고 그들은 당신이 당신의 목소리를 찾아 그들의 삶을 바꾸도록 도울 수 있기를 기다리고 있습니다. 지금 당신의 목소리를 개발하지 않으면 그들에게 얼마나 큰 비극입니까?"

읽고 있는 책《브랜드설계자》중 한 부분이다.

우리 모두에게 자기의 이야기가 있고, 그것을 세상과 나누고자 하는 욕구가 있다. 그리고 우리의 목소리를 나누도록 신은 각자에게 고유한 능력을 주셨다. 그런데 그 목소리를 찾아 개발하지 않으면 그것은 그것을 필요로 하는 사람들에게 비극이다. 글을 쓸 수 있음에도 여러 가지 이유로 실력을 발휘하지 못하고 속도를 내지 못하고 있다면 어디서부터 길을 잃었는지 자신을 재점검해 보라. 분명 길이 있을 것이다. 슬럼프 같은 것에 절대 지지 말아라.

읽고 쓰며
책도 만들고 있습니다

애독자에서 작가로

독자는 독자에서 머물지 않는다. 글이 쌓이고 말이 쌓여 또 다른 글을 낳는 선순환을 일으킨다. 그렇게 꾸준한 독자가 작가가 될 확률이 높다. 스무 살에 시작한 독서 여정은 내 존재의 전 구석구석을 변혁시켰다. 독서는 열등감과 낮은 자존감에 여리고 여린 나를 단단한 어른으로 성장시켜 주었고, 내 존재뿐 아니라 나만의 인생 주제에 대해서 누군가에게 메시지를 나눌 만큼 그 지식과 경험을 축적해 가도록 도와주는 도구였다.

수없이 넘어지고 일어서기를 반복했지만, 20여 년 동안 쌓아 올린 책탑들은 내 존재를 완성해가는 귀한 디딤돌이 되어주었다. 수많은 저자들의 가르침과 관점들은 내 존재와 인생을 해석해 주는 나침판이었다. 그 지침들은 모이고 흩어지기를 반복하며 내 결에 맞는 나만의 철학과 관점으로 무장시켜 주었다. 그리고 그 결과물 중 하나가 책이 되었다.

그렇다. 책은 또 다른 책을 낳는다. 헤매고 방황하는 인생 여정 속에서 진심으로 꾸준하게 읽는 독자들은 결국 그 속에서 답을 찾아간다. 책의 저자들을 닮아가고, 그들의 이야기가 담긴 책이라는 물건에 관심을 가지면서 어느 순간부터 '나도 저자가 되어볼까?', '나도 책 한번 쓰고 싶다.'는 욕망을 조금씩 키워가게 된다.

이 욕망은 어느 순간 폭발한다. 내 안에 쌓이고 쌓인 수만 개의 단어, 문장, 글들이 외쳐댄다. 내 존재 안에만 머무르기에는 억울하다는 듯이 외쳐 댄다. 너 혼자만 간직하지 말라고, 너 혼자만 행복하지 말라고, 네가 책으로부터 답을 구하고 인생을 의지하며 지금까지 왔듯이 너도 너만의 책을 써 누군가에게 도움이 되라고, 비루한 인생일지라도 그 속에 한 줄기 의미를 길어내어 세상에 거름이 되라고 목소리를 높인다. '내가 무슨 책을 써!', '나 같은 사람이 어떻게 책을!', 하는 또 다른 목소리가 밀려와 이내 그 소리를 잠재우지만, '용기를 내 보라고', '네 인생은 이미 충분히 가치가 있다고', '너도 쓸 수 있다.'라는 또 다른 편에서는 조용하지만 섬세한 목소리가 말을 건네 온다.

결국 두 목소리의 갈등을 견뎌내고 책을 쓰기로 결단한다. 책 한 권 쓰니 또 다른 세상이 보였다. 독자는 적어지지만, 저자는 많아지고, 매달 수천 권의 책들이 출간되고 있는 이 시대이지만 독자로서 읽는 책과 저자가 되어 책을 대하는 자세는 달라졌다. 성취감과 더불어 누군가에게 도움이 될 수 있겠다는 자신감, 책을 쓰는 과정에서 얻는 공부 내공, 한 분야에 전문가가 되었다는 자존감 등이 밀려왔다. 한 권의 책은 한 권으로 그치지 않았다. 독자들과 또 다른 저자들을 연결해 주었고, 내 철학과 관점을 나눌 사람을 얻고, 커뮤니티도 형성시켜 주었다.

작가에서 책쓰기 코치로

'혼자 읽으면 혼자만 살지만, 함께 읽으면 함께 산다'라는 구호를 외치며 가끔 독서법이나 독서 모임에 대해 강의한다. 독서가 어떻게 개인과 사회를 변화시켜 가는지에 대한 중요성을 알리기 위해 독서뿐 아니라 독서 모임도 운영하고 북클럽 전문가 강사 양성 과정도 시작했다. 마찬가지고 책을 한 권 써내니 글 쓰는 기쁨도 발견했다. 책을 읽을 때와는 또 다른 기쁨과 성취감이 내 자존감을 한껏 높여 주었다.

읽으면 분명히 변화된다. 보이는 외적 변화가 아니더라도 보이지 않는 지성, 감성, 의지 등 내 존재가 전반이 터치되면서 서서히 바뀐다. 그러나 쓰면 보이는 부분의 변화도 시작된다. 책이라는 물건이 하나의 결과물로 나타난다. 그동안 읽고 쓰며 적용하고 경험한 것들이 농축되어 책이라는 상품에 담긴다. 책을 쓴 저자가 되었다는 것은 공인이 되었다는 표시다. 브랜딩이 되며, 차별화가 이루어지며, 그 분야의 전문가로 우뚝 서게 된다.

책은 단순히 혼자 읽고 그 기쁨을 만끽하는 데서 멈추지 않는다. 읽고 쓰고 경험한 모든 것이 담긴 책은 저자와 세상을 연결하는 다리가 된다. 기술의 발달과 SNS의 발달은 모든 사람을 평준화시켜 주었다. 유명한 사람이나 전문가나 그저 보통의 사람도 자신만의 목소리를 발할 수 있게 되었다. 언어의 민주화가 이루어진 것이다. 블로그와 브런치, 페이스북에 쌓인 글들이 책으로 출간되고 있다. 책은 그 결정체이다. SNS에도 우리는 글을 쓰지만, 좀 더 체계적으로 정리된 책 한 권은 세상으로 나아갈 좀 더 분명한 명함이 된다.

그래서 나는 '함께 읽자!'고만 말하지 않고, '함께 쓰자!'라고도 외친다. 우리 모두에게 주어진 생의 의미가 있고, 저마다 신이 주신 재능과 열정이 있으며, 그것을 세상과 나누도록 삶이 주어졌다는 믿음 때문이다. 세상이 주목하는 유명인뿐 아니라 모든 사람이 자신만의 생의 가치를 나누도록 그 하나의 방편으로 책쓰기를 외치고 있다.

　20여 년 머물렀던 일터를 떠난 후에는 가슴이 이끄는 대로 살기로 했다. 책 출간과 더불어, 독서 모임에 이어, 글쓰기 모임도 열었다. 책 두 권을 내고 공동 저자 프로젝트도 진행하고 개인 저서 책쓰기 코칭도 시작했다. 글쓰기를 가르치며 나도 함께 썼다. 지나고 보면 참 겁이 없었다는 생각도 든다. 그러나 시작하지 않았다면 아무런 결과물도 그 과정에서의 성장과 성취감도, 새로운 만남도 얻지 못했을 것이다. 이제 함께 읽을 뿐 아니라 글도 쓰며 한 사람의 퍼스널 브랜딩을 도우며, 자신만의 분야에서 독립적이고 주체적이며 세상과 또 다른 연결을 일으킬 책쓰기 코치로 살아가고 있다.

책쓰기 코치에서 1인 출판인으로

　책을 좋아하다 보니 읽고 쓰는 삶을 살아가고 있다. 내 시간의 많은 부분이 혼자 또는 함께 읽고 쓰는 것으로 이루어져 있다. 그러다 보니 책이라는 물건에 관심이 많이 생겼다. 그전에는 책 속 이야기에만 관심을 기울였다면 한 권의 책이 어떻게 만들어지는 것인지, 어떤 사람이 저자가 되는지, 책 표지부터 목차, 프롤로그, 디자인까지도 관찰하게 되었다. 그러다 보니 출판 시장의 다양한 경로를 알게 되었고, 꼭 원고를 투고하고 출판사의 선택을 받고 기다리는 긴 과정을 거치지 않고도 출판할 수 있는 다양한 방법을 알게 되었다.

　그렇게 1인 출판인의 삶이 시작되었다. 그저 이 또한 마음이 이끄는 대로 따를 뿐이었다. 출판사를 등록하고 사업자 등록증을 냈다. 매우 간단했다. 디자인 프로그램을 써서 책을 만드는 과정도 배웠다. 이를 실제로 배우고 적용하는 과정은 처음에는 조금 힘들고 시간도 오래 걸렸지만, 한 권을 작업할 때마다 시간과 에너지가 단축되었다. 글을 쓸 뿐만 아니라 책 한 권 전체를 기획하고 편집하고 디자인까지 하며 내는 결과물은 또 다른 성취감을 안겨 주었다.

책을 인쇄소에 맡기고, 인쇄된 책을 물류 창고에 보관하고, 온, 오프라인 서점에 배본하고, 주문이 들어온 책을 보내주는 일은 또 다른 영역이다. 이 부분까지 온전히 감당해야 1인 출판인이라 할 수 있겠지만, 나 혼자 감당하기는 벅찼다. 아니면 사람을 써야 하는데 지금 내 상황으로는 이 또한 어려운 일이다. 이 외에도 독서와 글쓰기 교육과 코칭 쪽으로 해야 할 일들이 많았다. 이 부분은 외주로 해결했다. 요즘에는 인쇄와 배본, 유통과 주문까지 감당해 주는 플랫폼이 많이 있었다. 얼마나 감사한지. 나는 내가 하고 싶은 일, 해야 할 일에만 집중할 수 있었다.

읽고 쓰는 공동체 책마음 커뮤니티

어쩌다 이 지경까지 왔을까. 그저 읽다 보니 쓰게 되고, 쓰다 보니 책을 출간하게 되고, 읽고 쓰는 삶은 평생 내가 해야 할 과업이라고 생각하니 누구에게도 기대지 않고 책을 출간할 수 있는 통로를 내가 스스로 만들어 버렸다. 그리고 축적해 온 지식과 경험을 다른 이들과도 나눌 수 있게 되었다.

지금은 읽고 쓰는 책마음 커뮤니티 리더로 활동하고 있다. 읽고 쓰는 나의 나눔에 반응하여 다양한 곳에서 흘러 들어오신 분들이다. 나와 결이 맞아 처음부터 지금까지 내 곁을 지켜주시며 지지해 주시는 분들도 계신다. 이 자리를 빌려서 감사의 말씀을 전한다.

인스타그램 닉네임에서 시작해서 딱히 다른 이름이 생각나지 않아서 커뮤니티 이름도 출판사 이름도 이것으로 정해 버렸다. 나중에는 좀 더 다른 이름을 고민해 볼 걸 하는 후회도 있었지만 이미 나도 커뮤니티 사람들도 이 이름에 적응해 버렸다. 한번 정한 이름은 바꾸기 어려운 법이다.

책마음 커뮤니티는 소란스럽지 않다. 내가 고립되지 않으면서도 느슨한 연대를 지향하다 보니 소통이 아닌, 홍보를 위해서만 들어오시는 분들은 사절하고 있다. 가끔 올라오는 책 속 문장들, 블로그 링크들이 전부다. 에너지가 생길 때는 독서와 글쓰기, 비즈니스에 대한 무료 강의도 열고, 다른 저자들의 특강을 열기도 하고, 함께 공동 저자로 책을 쓰신 저자들의 북토크를 열어드리기도 한다. 단출하고 소란스럽지 않은 이 공동체를 좀 더 사랑해 보련다.

온라인 공간이다 보니 아직은 몇 분 외에도 닉네임으로만 기억한다. 그러다가 유료 클래스에 들어오시면 익숙한 닉네임을 살아 있는 인물로 소통하게 된다. 온라인에서만 소통하다가 오프라인으로 만나면 그 반가움을 두 배 세 배가 된다.

규모가 중요하지 않다. 이 공간을 드나드는 사람 중 한 사람이라도 읽고 쓰는 주체적인 인간으로 서기를 바란다. 우리 한 사람 한 사람이 읽고 쓰며 자신을 치유하며 단단한 어른으로 성장해 가기를, 타인의 인정을 구걸하지 않고 정직하게 자신을 대면하며 스스로를 수용하는 용기를 발하기를 바란다. 누구에게나 결핍과 고통은 있다. 그러나 그 속에서도 의미를 발견하며 감사하는 자와 끊임없이 그것을 비관하며 자신과 타인을 해하는 자가 있을 뿐이다. 이 공간을 드나드는 모든 이들이 자신의 삶을 해석할 줄 알며 더 나아가 생의 의미를 발견하여 어떤 고통 속에서라도 삶을 노래하기를 바란다. 그렇게 축적한 지식과 경험을 성실히 기록한 책 한 권의 저자가 되어, 작은 메신저들로 세상에 기여할 수 있기를 바란다.

점 없이 선이 될 수 없다. 선 없이 면이 될 수 없다. 그러나 우리는 바로 선으로 면으로 점프하려고 한다. 그 점은 오늘 하루 한 문장을 쓰는 것이 될 수 있다. 한 문장이 한 문단이 되고, 한 문단이 모여 한 꼭지가 되고, 한 꼭지들이 모여 책이 완성되는 것이다.

6장

책만 쓰면 끝이 아니다

출간 후가 진짜 시작이다

나는 책쓰기를 코칭하며 책을 쓰려고 하는 분들을 돕고 있다. 이 중 대부분은 이미 자신의 업으로 바쁜 일상을 보내고 있는 분들이 많다. 자신을 브랜딩하여 가치를 더욱 올리고자 그 와중에 책을 쓰려고 찾아오는 것이다.

업무, 집안 살림 등만 해도 하루가 눈코 새 없이 바쁜데 이 와중에 원고도 써야 한다. A4 100장 정도의 원고 완성은 절대 쉬운 일이 아니다. 책을 쓰려는 동기와 목표, 간절함, 끈기, 몰입이 있어야 가능하다. 원고를 쓰고 수없는 퇴고 과정을 거쳐야 한다. 원고가 출판사에 넘어가고 교정 교열과 디자인 편집 과정을 거치는 과정에서도 몇 번의 소통이 필요하다. 이렇게 저자와 여러 사람의 시간과 에너지가 들어간 책 한 권을 출간했다면 아마 속이 시원할 것이다.

그러나 이제부터가 진짜 시작이다. 이렇게 힘든 과정들을 독자들은 모른다. 요즘처럼 저자가 많은 시대에 책 한 권 냈다고 저절로 저자를 알아주지도 않는다. 출판사가 알아서 홍보해 주겠거니 기다려서도 안 된다. 대형 출판사는 대형 출판사대로 작은 출판사는 작은 출판사대로 다 사정이 있다. 출판사와 저자가 협력하면 가장 좋다. 출판사가 홀로 홍보하고 마케팅하는 시대는 지났다. 이제 저자는 자신의 책을 적극적으로 홍보하는 마케터가 되어야 한다. 독자들은 출판사보다 저자가 직접 자신의 책을 알리고 홍보하는 것을 더욱 신뢰한다. 이런 노력 속에서 인지도가 생기고 홍보가 되고 브랜딩으로도 연결된다. 참 세상에 거저 되는 것이 없다.

책 홍보는 언제부터 해야 할까요?

홍보는 책이 출간된 후에 하면 될까? 아니다. 책이 나온 후에 하면 너무 늦다. 책 홍보는 책을 쓰면서 함께 하는 것이 가장 좋다. SNS를 하고 있지 않다면 당장 시작해야 한다. 잠시 멈추고 있다면 책 출간 최소 2~3개월 전부터는 관련 글들을 기록하거나, 책 쓰는 과정 자체를 노출해야 한다. SNS를 시작했다고 할지라도 팔로워가 단숨에 생겨나지 않는다. 꾸준히 기록하는 사람에게 이웃도 생긴다. 나 또한 현재 인스타그램 1.1만 팔로워를 만들기까지 2년이 넘는 시간이 걸렸다. 매일 꾸준히 글을 발행했기에 가능한 일이다. 책쓰기와 SNS을 통한 간접 홍보는 동시에 해야 한다.

책을 쓰기로 한 이유, 결심, 목표뿐 아니라 책에 들어갈 정보와 생각의 조각도 조금씩 나누어야 한다. 작가로서의 여정, 비하인드 스토리, 대상 독자에게 유용한 콘텐츠를 공유해라. 커뮤니티가 있다면 그 안에서도 공유하고, 책 내용을 가지고 무료 강의도 진행해 본다. 이 과정 자체가 자신을 브랜딩하고, 전문성을 알리는 과정이다. 이런 여정 속에서 나라는 사람에 대한 신뢰가 생기고, "이 사람 생각 괜찮은데." "이 사람 이야기를 계속 듣고 싶어." 하면서 조금씩 그 사람이 눈에 들어오게 된다. 이 과정을 통해 관계가 맺어지고, 찐 팬이 생겨나기도 한다.

채널보다 더 중요한 것은 '꾸준함'이다. 동일한 주제에 대해서 꾸준히 콘텐츠를 업로드하면 팬층이 사전에 확보된다. 책 출간 전에 이미 관련 자료들이 많이 올라와 있으면 검색했을 때 내가 노출되고 예비 독자들에게 신뢰도 얻게 된다.

독자가 줄어들고 출판 시장이 어려워진 지금 저자 각자가 1인 미디어가 되어서 마이크로 인플루언서(팔로워 혹은 구독자 1만 명 이하)가 되도록 노력해야 한다. 과거 대중매체의 영향력이 줄어들고 이제는 누구나 자신만의 목소리를 낼 수 있는 방송국 즉, 유튜브, 인스타그램, 페이스북, 스레드, 틱톡, 브런치, 팟캐스트 등 하나쯤은 가질 수 있는 시대이다. 그것도 무료로 말이다. 원한다면 이런 방송국을 여러 개 가질 수도 있다. 평범한 사람이라도 이를 잘 운영만 한다면 연예인 못지않은 영향력을 가질 수 있는 시대다.

이미 마이크로 인플루언서가 된 사람들에게 출판사가 역으로 책출간 제안하기도 한다. 인플루언서가 되었다는 것은 꾸준히 SNS에서 활동한다는 뜻이다. 어느 정도 자신의 팬이 확보가 된 상황이다. 그래서 이들은 아직 원고가 없음에도, 책을 써야겠다는 마음을 먹기도 전에, 출판사에서 먼저 제안이 오기도 한다. 이들은 자신만의 SNS 채널을 통해서 이미 브랜딩이 되어 있다. 출간 전 이미 자연스럽게 홍보를 착실히 하고 있었다.

책을 쓴다는 것은 세상에 나를 데뷔시키는 것과 같다. 공인이 되겠다는 결심이다. 이는 책출간과 함께 갑자기 등장하는 것이 아니라 평상시의 모든 활동을 통해 책에 대한 이미지를 형성해 간다. 책 출간 전 모든 활동이 책 홍보 기초 자료가 되는 것이다.

내 첫 책 《하루 한 페이지, 나를 사랑하게 되는 독서의 힘》은 되돌아보면 읽은 분들은 좋게 평가해 주셨지만, 마케팅에는 실패했다. 첫 책을 쓸 때는 마케팅에 대한 개념도 없었다. 세상과 소통하고자 책을 썼지만, 끊임없이 나를 노출해야 하는 부담감에 오히려 짓눌렸던 시기다.

그리고 두 번째 책 《북클럽 사용 설명서》를 쓰게 되었다. 이 책은 원래 계획한 책은 아니었다. 한 플랫폼에서 5개월 정도 꾸준히 강의했고, 그 내용을 블로그와 인스타그램에 기록해 왔다. 예정에 없었지만, 그 내용을 책에 담게 되었다. 강의를 통해 나에 대해 알게 되고, 그 내용에 대해서 신뢰를 보내주신 분들이 책이 나온 후 빠르게 구매해 주셨다. 그래서인지 처음에 책 홍보를 열심히 하지 않았음에도 한 온라인 서점에서 9위까지 올라 바로 베스트셀러가 될 수 있었다.

영화에서는 예고편을 '티저 영상'이라고 한다. 티저는 영어에서 '약 올리다.'라는 뜻이다. 예고편의 역할은 잠재 고객들에게 궁금증을 유발하고, 미끼를 던지고, 영화관으로 오도록 유혹하는 장치다. 책출간 전 홍보 작업은 티저와 같은 역할을 한다. 책 내용 일부분을 보여주면서 책과 저자에 관한 궁금증을 낳게 되고 이는 책 구매로 이어지는 것이다.

그러하기에 책출간 전에 강의든, SNS이든 책 내용들을 계속 기록해 가고 알리는 과정은 매우 중요하다. 지금 시작해도 늦지 않다. 책이 나오면 그때부터 홍보해야지 마음은 늦은 감이 있다. 책을 쓰기로 했다면 이미 나를 세상에 드러내기로 결심한 것이니 이왕이면 적극적으로 생각과 자료들을 차곡차곡 쌓아가야 한다. 이 모든 것인 귀한 자료가 된다. 출간 후가 아닌, 책을 쓰는 그 순간부터 책을 홍보해야 한다는 사실을 잊지 말아라. 책 홍보는 책을 쓰는 시작하기로 마음먹은 순간부터 시작된다.

출간 후 마케팅 전략
A~Z까지

저자는 출판 마케터

우선 마케팅의 의미부터 정의해보자. 마케팅에 대해 부정적으로 생각하는 사람도 많다. 나도 그중에 하나였다. 내용은 없는데 어그로를 끄는 거 같고, 상업적인 냄새가 물씬 났기 때문이었다. 그러나 돌아보니 마케팅이 아닌 것이 없었다. 누군가가 "내가 의식하지 못할 뿐이지 기업이든 개인이든 이를 잘 이해하고 활용하지 못하고 있다면 나쁜 마케팅을 하는 것뿐"이라고 말했다. 마케팅이 아니었다면 내가 지금 쓰고 있는 물건, 가보고 싶은 장소 등에 대한 정보를 알 수 없다. 내 손 안에 들어오게 되고 경험하게 된 모든 것은 직, 간접 마케팅의 힘 때문에 가능한 것이었다. 아무리 좋은 제품, 서비스라도 그것을 구매해 줄 독자들에게 알리는 기술을 갖지 못한다면 결국 소비자에게 가닿지 못하고 그 사업은 사장된다.

마케팅으로 인해 나에게 흘러들어왔지만 경험해 보고 좋지 않으면 그다음부터 그것이 물건이든 장소이든 사람들의 발길은 끊기게 된다. 그러나 좋으면 오히려 입소문을 타고 더욱 확장하게 된다.

일시적인 마케팅은 일시적으로 끝날 수 있다. 입소문까지 난다는 것은 그 속에 알찬 내용이 있다는 것이다. 마케팅이란 결국 나에게 있는 좋은 것을 세상에 나누는 것이다. 누구나 살아오면서 만들어진 경험과 지식이 있다. 그런데 가만히 있으면 그것을 아무도 알아주지 않는다. 세상에 나를 적극적으로 홍보하지 않으면 안 되는 시대다. 내가 말하지 않아도 배우자가 알아주기를 바라는 것이 헛된 환상인 것처럼.

마케팅은 나의 가치를 세상에 알리는 과정이다. 그 과정에 조금은 기술이 필요할 뿐이다. 당신이라는 사람은 유일하다. 그 유일함을 실현해 가는 과정이 삶이다. 우리는 모두 각자에게 있는 유일함을 세상에 나누도록 부름을 받았다. 그것은 독특하며 유일하기에 가치가 있다. 이 책을 팔아서 어떤 상업적 이득을 누리겠다는 마음을 갖기 전에 이 마음가짐이 우선이라고 생각한다.

첫 3개월이 중요하다

책을 쓰기로 한 사람은 이미 내 삶의 재료를 세상에 나누겠다고 결단한 사람이다. 자신의 유일한 가치를 나누기로 마음먹은 사람이다. 그렇다면 책 출간 후에도 적극적으로 자신의 존재가 담긴 책을 알려야 한다. 저자가 책 출간 후에 할 수 있는 홍보에는 어떤 것들이 있을까? 몇 가지로 정리해 보았다.

출간 전, SNS에 꾸준히 기록하는 것만으로도 예비 독자와 소통하며 팬이 생기고, 책 홍보가 된다. 이제 출간 후에는 본격적으로 홍보해야 한다. 가장 중요한 시기는 책 출간 후 3개월이다. 책 출간 후 3개월은 홍보에 미친 듯이 집중해야 한다. 첫 3개월이 선순환을 일으키고 마중물 역할을 한다.

적극적인 홍보를 위해 출판사와 저자는 되도록 빨리 미팅한다. 출간 기쁨에 취해 있으면 안 된다. 좀 더 전략적으로 어떻게 홍보하고 마케팅해 나갈 것인지를 구체적으로 논의해야 한다. 물론 책 출간 전부터 논의해야 하지만 출간 후에는 더욱 실질적인 논의를 이어가야 한다.

아직도 신간이 나오면 자동으로 주요 서점에 진열되는 줄 아는 분들이 많다. 자동으로 되는 것은 아무것도 없다. 1차로 노출이 되는 것은 출판사의 영업 결과물이고, 2차로 메인에 노출되는 것은 초기 판매량 혹은 저자 인지도의 결과물이다. 2차 노출은 저자의 홍보 활동의 결과물인 것이다. 그래서 첫 출간 3개월 동안 지인들의 도움을 얻거나, 여러 SNS 협력을 통해 판매량을 높여야 온, 오프라인에 추가 진열과 노출 혜택이 주어짐을 기억해야 한다.

매달 5,000권 이상의 책이 출간된다고 한다. 서점은 유명 저자의 책, 베스트셀러 책만 팔아도 돈이 되고, 매대 광고비로도 돈을 번다. 이 말은 반대로 돈이 드는 홍보와 영업을 작은 출판사가 하기 힘들다는 말이다.

나 또한 1인 출판사를 운영하고 있기에 작은 출판사와 저자들은 되도록 돈이 안 드는 홍보 방법을 강구해야 한다. 좀 더 알아보고 노력한다면 돈을 들이지 않고도 홍보할 수 있는 다양한 방법들이 있다.

표지 투표

출간 바로 직전에 책을 알리는 방법 중 하나가 제목 설문이나 표지 투표다. 나도 첫 번째 책은 비공개적인 공간에서 지인들에게만 표지 시안을 여쭤보았었다. 그러나 내 책을 미리 알리기 위해서는 좀 더 공개적인 공간에서 투표를 진행할 필요가 있다. 그래서 나의 두 번째 책 《북클럽 사용 설명서》는 두 가지 표지 디자인을 두고 실제로 고민이 되기도 했고, 미리 홍보도 할 겸 블로그와 인스타그램에 표지 투표를 진행했다. 그때 많은 분이 호응해 주었다. 그중 몇 분 추첨해서 스타벅스 커피 쿠폰을 선물로 드렸다.

이 과정은 홍보에도 도움이 되지만, 책을 만드는 과정에 참여의식을 준다. 자신이 투표한 표지 디자인이 선택되면 자기 의견이 반영되어 책에 대한 애정이 생기고 호기심도 늘어나게 된다. 제목이나 표지 디자인이 결정되면 선택된 표지를 다시 알린다. 이런 과정은 책에 대한 참여의식과 기대감을 동시에 상승시키는 역할을 한다.

바이럴 입소문 마케팅

SNS 채널을 통한 바이럴 마케팅을 적극 활용해야 한다. 자신의 채널이 있다면 더욱 좋다. 출판사에만 홍보를 맡겨서는 안 된다. SNS 채널이 제대로 되어 있지 않은 출판사도 의외로 많다. SNS만 잘 구축되어 있다면 출판사보다 저자의 마케팅력이 오히려 더 강할 수 있다. 저자와 출판사가 함께 힘을 합칠 때 퍼스널브랜딩이 가장 빠르다. 협력하되 홍보의 주도권은 작가에게 있어야 한다.

개인적으로 서평단을 몇 번 모집해서 운영해 보았다. 되도록 책 계정을 운영하는 분들 중심으로 선택했음에도 100퍼센트 참여율을 보이진 않았다. 책만 무료로 받고 실제 서평을 쓰지 않는 분들도 의외로 많았다. 서평단을 모집하는 홍보 글을 올리는 것 자체가 홍보 효과가 있기도 하지만, 후기 참여율을 100프로 끌어올리기 위해서는 진심으로 책 콘텐츠로 활동하는 북인플루언서들에게 직접 DM을 보내서 부탁한다.

내 SNS 채널이 빈약하다면 마이크로 인플루언서들을 활용한다. 요즘 북콘텐츠로만 활동하는 인플루언서들이 많다. 매일 책 한 권을 소개하는 사람도 많다. 나 또한 그 중 한 사람이었다. 한 달에 책을 서른 권을 협찬받기도 했었다. 책 협찬, 서평단을 무료 또는 유료로 진행하는 사람도 있다. 유료든 무료든 서평단을 모집하고 책 협찬으로 후기를 요청한다. 블로그, 인스타그램처럼 다양한 채널을 활용한다.

그리고 저자가 운영하는 커뮤니티가 있다면 제일 좋다. 사실 책을 좋아하는 사람들이 모인 커뮤니티를 운영하고 있음에도 이 생각을 하지 못했다. 커뮤니티 회원들은 특히 여러 모임에서 나와 함께해 주고 있는 분들이다. 나를 어느 정도는 알고 신뢰해 주셨기에 이 커뮤니티를 선택해 준 분들이다. 나는 그동안 외부에서만 서평단을 모집하려고 했다. 리뷰 100퍼센트 참여를 위해서 커뮤니티 회원 중심으로 먼저 서평단을 모집하는 것도 좋은 방법이다.

특히 책을 좋아하는 지인들이 있다면 인쇄 직후 첫 책을 보내주어 책 후기를 빠르게 요청한다. 그러면 감사한 마음으로 후기를 작성한다. 캡처 사진들은 홍보 자료가 된다. 독자 후기, 카톡 대화 후기, 이메일로 받은 후기, 베스트셀러 인증 등 이 모든 것은 자신의 홍보 자산이다. 독자들이 후기를 써 주면 인스타그램 리그램을 이용해서 리뷰어들의 SNS 채널을 간접 홍보하면서 책 홍보도 동시에 한다. 이 외에도 인쇄 과정, 배본 과정 (배본은 서점에 책을 깔아놓는 행위), 오프라인 서점 인증 사진, 북콘서트, 출간기념회 등도 모두 홍보에 활용한다. 이런 각각의 캡쳐 사진들은 또 다른 바이럴 마케팅이 되어 내 책을 홍보해 주는 역할을 한다.

북 크리에이터로 활동하는 인플루언서들에게 책 협찬이나 인터뷰 제안도 먼저 해 본다. 돈이 들더라도 SNS 영향력을 무시할 수 없다. 책을 제공하여 리뷰를 받거나 그들의 커뮤니티에서 홍보 기회를 얻는다. 긍정적인 리뷰는 홍보 효과를 낳고 더 많은 독자를 만들어 낸다.

검색 노출 플랫폼에 연재하기

책 내용을 블로그나 브런치에 연재한다. 나도 첫 책 《하루 한 페이지 나를 사랑하게 해 주는 독서의 힘》은 한 네이버 플랫폼에 제안해 연재한 적이 있다. 그 플랫폼에서는 책을 두 권 보내주고, 연재할 소꼭지를 여섯 개 정해달라고 요청해 왔다. 그럼 내 책을 여섯 번 정도 연재 형식으로 노출해 준다. 외부에 연재할 수도 있지만 블로그나 브런치를 운영하는 사람이라면 자신의 플랫폼에도 책 일부분을 연재 형식으로 포스팅할 수 있다.

이벤트 진행하기

그 외에 책 구매 인증해 주면 커피 쿠폰, 일대일 코칭, 컨설팅 이벤트 등을 진행할 수도 있다. 이 외에 온라인 서점에서는 굿즈 이벤트도 진행한다. 책을 좋아하시는 이들의 60~65%가 여성이다. 보통 책을 좋아하는 여성들은 문구에 대한 애정도 많다. 감각적인 디자인이 담긴 굿즈는 책 구매로 연결하는 중요한 미끼 상품이 된다.

온라인 서점의 채널 인터뷰를 활용할 수 있다. 예스24의 '채널 예스'는 저자 인터뷰를 하면 저자 사진 세 장 정도를 실어 주고 밀도 있는 내용이 담긴 인터뷰도 해 준다. 교보 문고의 '북모닝'도 책 소개와 이벤트를 해 준다. 이런 기사를 보는 사람들은 기본적으로 책에 관심이 많은 독자이기에 이런 인터뷰를 활용하면 책 구매로 이어질 가능성이 있다.

콘텐츠 제작하기

책내용으로 콘텐츠를 제작한다. 이를 '콘텐츠 마케팅'이라고도 부른다. 책을 쓰지 않은 사람들도 카드 뉴스나 북트레일러, 오디오북, 숏폼 영상 제작 등을 통해서 다른 저자들의 책 내용을 콘텐츠로 만든다. 나 또한 북콘텐츠크리에이터로 활동한다. 내 SNS 계정은 책 내용으로 가득하다. 어떤 사람은 카드 뉴스 형태로 일관되게 기록해 가기도 하지만 나는 책 장르마다 표현할 수 있는 형식이 다르다고 생각해서 어떤 책은 표지만, 어떤 책은 릴스로, 어떤 책은 카드 뉴스 형태로 정보를 전달한다.

그저 가볍게 처음으로 올린 북콘텐츠 인스타그램 릴스 영상은 80만 가까운 조회수를 기록했다. 내가 소개한 책의 저자는 알고 보니 자녀교육 쪽에서 이미 유명하신 분이었다. 내 릴스로 팔로워가 늘기도 했지만, 수천 명의 공유로 인해서 그때 그분의 책 판매에도 일정 부분 영향을 주지 않았을까 생각한다. 이렇게 독자들이 호기심을 가질 만한 정보로 카드 뉴스를 만들면 저장과 공유가 늘어나면서 바이럴 효과가 나서 팔로워도 늘게 된다. 다른 사람의 책도 이렇게 콘텐츠를 만드는데 자신이 쓴 책은 더욱 진정성을 갖고 임해야 할 것이다.

책 내용을 오디오 콘텐츠로 발행할 수도 있다. 팟빵이나 팟캐스트, 네이버 오디오 클립에서 저자 인터뷰나 책 낭독 형식으로 발행해볼 수 있다. 팟빵은 안드로이드 기반으로 만든 것이고, 팟캐스트는 IOS 기반으로 만든 것이다. 오디오 클립은 네이버에서 팟빵과 팟캐스트를 인식해서 만든 것이다. 은유의 《글쓰기 상담소》라는 책은 〈은유의 글쓰기 상담소〉라는 이름으로 팟빵에 매주 하나씩 올린 오디오 콘텐츠를 책으로 만들었다. 은유의 오디오 클립을 듣지는 못했지만, 이 책으로 내가 운영하는 북클럽에서 토론도 했었다.

이렇게 다양한 형식의 플랫폼을 이용해서 하나의 콘텐츠지만 다양하게 활용하는 이유는 바이럴 효과 때문이다. 원소서 멀티 유저! 하나의 콘텐츠지만 여러 개의 플랫폼을 통해서 적극적으로 책을 알린다.

독자 입장에서 본다면 듣기가 편한 사람이 있고, 읽기가 편한 사람이 있고, 영상 시청이 편한 사람이 있다. 선호하는 학습 형태가 모두 다르기에 다양한 형태로 자신의 책을 알린다면 홍보 효과도 더 극대화될 것이다.

이제 책 판매와 홍보를 출판사에만 맡기는 저자는 살아남을 수 없다. 출판사들이 기피하는 저자 유형 중 하나는 책만 쓰고, 홍보도 강연도 소극적으로 하는 이들이다. 저자 중에 대중매체 출연이나 독자와의 만남, 강연 요청 등을 꺼리는 사람들도 많다. 그들은 아직 자신이 그런 곳에 나갈 위치가 아니라거나 내성적인 성향 등을 이유로 들며 책을 홍보할 수 있는 황금 같은 기회를 포기한다. 또한 상담, 코칭, 강연, 컨설팅으로 얻을 수 있는 막대한 수익까지 포기한다.

저자는 메신저다

책을 쓴 저자가 되었다는 것은 메신저가 되었다는 뜻이다. 책과 강연은 한 몸이다. 책은 썼지만, 강의를 두려워하는 저자도 있다. 강의 경험이 없는 경우에는 그럴 수 있다. 한 권의 책을 출간하기까지 굉장한 노동이 들어간다. 그러나 전하고 싶은 메시지가 있기에 책을 쓴 것이다. 조금만 스피치 훈련을 한다면 충분히 강의할 수 있다. 저자는 이제 메신저라는 사실을 잊지 말아라.

책을 쓰면서 책을 통한 강연 콘텐츠 기획을 미리 해 두면 좋다. 책 한 권에 전하고자 하는 메시지를 충분히 썼기에 강의 기획이 어렵지 않을 것이다. 책 출간 초기에는 무료 강의라도 많이 뛰어야 한다. 자신이 운영하는 커뮤니티가 있다면 거기에서뿐 아니라 다른 커뮤니티에도 적극 제안할 수 있다. 무료 강연을 거절하는 데는 많지 않다.

내가 운영하는 커뮤니티에 고명환 작가를 초대한 적이 있다. 조건은 책 구매였다. 책을 구매해 오신 분들도 있지만 미처 구매하지 못하신 분은 강의를 듣고 좋아서 뒤늦게 구매했다. 그때 신청자가 100명이 넘어갔다. 무료는 신청자가 많기에 파급력이 더 크다. 그리고 커뮤니티 운영자가 알아서 카드 뉴스를 만들어 SNS에 홍보 글을 올려준다. 그리고 북토크가 끝난 후 후기를 또 올려준다. 참여자들도 SNS에 기록한다. 무료이지만 이중 삼중의 기록으로 책 홍보 효과는 어마어마하다.

고명환 작가는 인원에 상관없이 다양한 곳에서 요청하면 강의하는 것으로 알고 있다. 그분만의 나눔에 대한 철학이 있기도 하지만, 그로 인한 책 홍보 효과도 엄청날 것이다. 어느 정도 인지도가 있는 분들은 몇 명 참여, 책 구매, 또한 일정 금액 이상을 요구하기도 한다. 그러나 고명환 작가는 이미 인지도가 있음에도 열심히 무료 강연을 뛴다. 이를 통해 자신의 책과 사업체는 자연스럽게 홍보된다. 참여자들은 강의를 통해 저자를 좀 더 가까이에서 만나게 되고 그에 대한 호감도가 급상승하게 된다.

고명환 작가는 최근 《나는 어떻게 삶의 해답을 찾는가》라는 책을 또 출간했다. 이번에도 내가 운영하는 커뮤니티에서 북토크를 진행해 주기로 하셨다. 이번에는 감사하는 마음으로 내가 더 적극적으로 책 구매 조건을 필수로 사람들을 모집해 드리기로 했다. 100명이 금방 채워졌다. 모든 나눔은 선순환이 된다. '이렇게 힘들게 무료로 강의를 뛰어야 해!'라고 생각할 수 있지만, 모든 나눔은 선순환이 되어서 나에게 좋은 결과물로 돌아온다.

그리고 유료 강의도 준비해야 한다. 프로필 사진과 신분증, 강연 제안서를 미리 작성해 두면, 각 지역 문화센터, 도서관, 지자체, 출신 학교 등에 강연 제안서를 제출할 수 있다. 강연이 오기만을 기다리지 말아라. 특히 책 출간 초반에는 이 모든 것이 협력하여 선을 이룬다.

강의 형식도 좋지만 좀 더 소통 형식을 담은 북콘서트를 진행해 봐도 좋다. 북콘서트도 한 번만 하지 말고 다양한 커뮤니티에서 제안하고 진행해 본다. 요즘은 줌 온라인으로 소규모 북토크도 많이 한다. 오프라인보다 물리적 시간적 에너지가 줄어드니 부담 없이 다양한 곳에서 북토크를 열 수 있다.

무료 강의나 북콘서트는 해당 커뮤니티에서도 이벤트가 되고 좋은 지식을 나누는 기회가 되니 관련 커뮤니티에도 사람들을 유입할 수 있는 마케팅이 된다. 내 강의뿐 아니라 다른 저자의 북토크를 진행할 때 내가 운영하는 커뮤니티에도 몇십 명씩 사람들이 유입된다. 서로에게 도움이 되는 것이다. 다양한 커뮤니티에서 북토크 전 홍보, 진행 후 후기 피드 업로드 등을 통해서 책의 존재를 알려야 한다. 이 모든 이벤트가 점을 찍듯이 눈에 띄게 되면서 잠재 독자들에게 노출이 되고 입소문이 나게 된다.

일상 소통도 꾸준히

평상시 대인관계도 잘 다져놓는다. 오프라인뿐 아니라 온라인 관계도 마찬가지다. 단톡방, 카페 등 다양한 커뮤니티에 가입하고, 가끔 글도 올리고 댓글도 달면서 꾸준히 소통해 간다. 커뮤니티에 도움이 되는 활동이 있다면 평상시 도움을 베푼다. 운영진은 그런 사람에게 감사한 마음을 갖게 되고, 눈여겨보게 된다. 책이 출간되면 당연히 그 마음을 되돌려주는 방법으로 홍보할 기회를 베풀 것이다.

오프라인 책 마케팅도 할 수 있다. 지역 서점에 제안하여 책 사인회, 낭독회, 워크샵 등의 작가 행사를 진행해 보아라. 내가 사는 지역에서도 작은 서점을 살리기 위한 지원 사업들이 많이 있다. 내가 알고 있는 작은 책방은 그런 지원 사업을 활용해서 책방 홍보도 할 겸 다양한 북콘서트를 개최한다. 나도 제안받아 내 책으로 지역 책방에서 북콘서트를 진행해 보았다. 지역 작가와 협업하는 좋은 취지로 저자가 먼저 제안해 볼 수도 있다. 서점 내 전시와 사인을 통해 책에 관한 관심을 유도한다.

출간기념회는 이벤트의 꽃

출간기념회를 준비해보자. 지인들을 초대하여 거창하게 출간기념회를 진행할 수도 있지만, 미니멀하게 해도 좋다. 오프라인에서 진행할 경우에는 플랜 카드도 준비하고, 꽃과 와인, 이름과 책표지가 새겨진 케이크도 준비하면 아주 멋진 추억과 함께 사진들이 결과물로 남는다. 이후 사진과 영상 작업은 좋은 홍보 자료로 활용된다.

내 개인 책은 미처 출간기념회를 갖지 못했지만, 공동 저자 프로젝트로 진행한 도서는 작은 출간 기념회를 열어 드렸다. 이때 찍어놓은 사진들과 짧은 동영상들을 모아서 영상 제작도 했다. 이는 홍보 역할을 톡톡히 해 준다. 물론 상황이 안 되면 온라인 줌으로 진행해도 된다. 오프라인과 같은 효과는 안 나지만 안 하는 것보다 훨씬 낫다.

언론 홍보

언론 홍보는 어떻게 이루어지는 것일까? 언론 홍보는 신문사, 방송 매체도 해당한다. 언론사에 책을 보내는 것을 '릴리즈'한다라고 한다. 신문사도 온라인으로 많이 전환되었지만, 여전히 종이신문을 보는 이들이 있다. 서평 코너에 책이 실리면 중요 포인트는 그것이 인터넷 서점과도 연동되어 뉴스로 나온다는 것이다. 주요 신문사나 방송사가 네이버나 다음 같은 포털 사이트와 다 제휴되어 있다. 그래서 종이 신문에 기사화되면 온라인 검색에도 자동으로 이중 노출이 된다. 내 책이 신문에도 다루어지면 신뢰도는 몇 배 상승한다.

나는 첫 책이 나오고 지역 신문과 도서관에서 내 책을 홍보할 기회가 있었다. 그 기사와 포스터를 보고 한 지역 신문사에서 연락이 왔다. 책을 홍보해 줄 뿐만 아니라 한 달에 두 번 서평을 해 달라는 의뢰였다. 지역 신문이지만 이는 신뢰도를 상승시켜 줄 뿐 아니라 나와 책이 함께 홍보되는 역할을 해 준다.

요즘은 유명 저자들도 자신의 유명세를 놓치지 않기 위해서라도 적극적으로 홍보를 열심히 한다. 내가 활동했던 MKYU라는 온라인 대학 플랫폼 김미경 대표를 옆에서 가까이 지켜보았다. 이미 유명해질 대로 유명해졌음에도 《김미경의 마흔 수업》이라는 책 출간 후 정말 미친 듯이 전국으로 강연을 다니고, TV와 라디오 매체에 쉼 없이 나오고, 그렇게 자신의 책을 홍보하는 과정을 보았다. 이렇게 이미 내로라하는 유명하신 분도 목숨 걸고 전방위로 뛰시는데 이제 갓 초보 저자로 책을 쓰기 시작한 우리 같은 사람들은 열심히 뛰지 않을 이유가 없다.

이처럼 책이 나오기 전후에 출판사와 저자는 함께 홍보 전략을 짜며 준비해야 한다. 책 출간 기쁨에 젖혀만 있다면 금세 잊히고 찾아보기 힘든 책이 된다. 출판사는 계속 다른 책 작업을 진행하기에 하나의 책에만 계속 집중할 수 없다. 저자는 출판사에 의지하면 안 되고 이후에도 계속 홍보 방법에 대해 계속 고민해야 한다. 책이 자신이 하는 일을 더 확장하도록 그 환경을 만드는 일은 매우 중요하다. 책 출간 마케팅은 초기 2~3개월에 승부가 남을 잊지 말라.

나만의 1인 미디어 확장하기

1인 미디어 전성시대다. 나를 알릴 수 있는 도구들이 우리 손에 주어졌다. 그 도구들을 활용하는 자와 활용하지 않는 자의 포지셔닝은 천지 차이일 것이다. 이제 평범한 사람도 SNS만 잘 활용한다면 어느 날 작가로, 유명 인플루언서로 등극할 수 있다.

각 SNS 특성을 파악하고 활용해 보자. 책을 쓰고 이를 통해 1인 기업가로 자신의 지식과 경험을 나누고자 하는 사람은 블로그는 기본 플랫폼이다. 블로그는 모든 SNS를 연결하는 베이스캠프이다. 블로그를 전문적인 홈페이지처럼 사용하는 사람도 있고, 좋아하는 콘텐츠를 누적해가는 자료 창고로 활용하는 사람도 있다. 어떤 형태든 SEO (search engine optimization, 검색

엔진 최적화) 상위노출 검색을 활용한다면 더 빠르게 나를 알리고 사람들과 연결될 수 있다. 아직 우리는 유명인이 아니다. 그렇다면 내 이름을 알고 찾아올 리가 없다. 그래서 자기 분야에서 사람들이 많이 쓰는 검색 키워드를 찾아 SEO에 맞춰 적절히 넣어 준다면 그 키워드는 사람들이 내 블로그로 찾아오도록 도와주는 연결다리가 될 것이다.

브런치도 있다. 책을 쓰는 형식처럼 본인이 쓰고자 하는 주제와 관련 목차, 그리고 원고 5~6개를 제출하면 브런치 작가로 승인해 준다. 출판사들도 좋은 작가를 만나기 위해서 불을 켜고 이런 공간을 살펴보고 있다. 예비 작가로서 꾸준히 자신의 글을 누적해가고 출판에도 관심이 있다면 브런치를 활용해 보라. 정기적으로 브런치 작가를 심사해서 출간 이벤트를 진행하기도 한다. 혹시 아는가? 내가 그 행운의 주인공이 될지 말이다.

그 외에도 페이스북, 인스타그램이 있다. 인스타그램도 좀 더 젊은 계층, 여성들이 많이 사용하는 플랫폼이고 페이스북은 좀 더 중년, 그리고 남성들이 많이 사용한다. 이런 특성을 알고 자신의 타깃이 어디에 적절한지 알고 활용하면 마케팅에 더 유용하다. 블로그와 브런치는 좀 더 긴 글, 페이스북과 인스타그램은 짧은 글과 감성적인 사진에 적합한 플랫폼이다. 그러나 사용해 본 결과, 중요한 건 '꾸준함'이다. 짧은 글이든 긴 글이든 꾸준함을 이길 재량은 없다. 팔로워들은 그 꾸준함을 보고 팔로잉하며 구독해 준다.

유튜브도 있다. 과거에는 광고 게재로 인해서 8분 이상의 영상이 대세였다. 이것도 긴 것은 아니다. 그러나 이제는 이 또한 길다고 느낄 만큼 1분 내외의 숏폼이 대세이다. 처음에는 틱톡이 유행했는데, 유튜브와 인스타그램에서도 유저들을 잃지 않기 위해 비슷한 숏폼을 만들었다. 바로 유튜브 숏츠와 인스타그램 릴스이다. 숏츠는 1분, 릴스는 1분 30초까지 가능하다. 감성적인 컨셉뿐만 아니라 정보성 내용도 짧은 숏츠 안에 담아 전달하는 흐름이 대세다. 이미지 시대다. 글과 함께 놓쳐서는 안 될 도구이다.

이 글을 쓰고 있는 오늘, 스레드에 가입했다. 스레드는 메타가 내놓은 짧은 글 기반의 사회관계망서비스(SNS)다. 닷새 만에 가입자 1억 명을 모았다. 짧은 동영상(숏폼) 틱톡이 9개월, 인스타그램이 2년 반 만에 세운 기록을 닷새 만에 달성한 것이다.

스레드는 월 이용자가 20억 명이 넘는 인스타그램과 연동되어 있다 보니 업계에서는 이용자 확보에서 괜찮은 성적을 낼 것이라고 예상하고 있었다. 그런데도 스레드의 가입자 증가세는 놀랍다는 반응이 많다. 마크 저커버그 메타 최고경영자(CEO)조차 "우리 예상을 뛰어넘는 속도"라고 치켜세웠다. 트위터의 하락세를 힘입어 반사이익을 보인다는 분석도 있다. 여하튼 모든 플랫폼은 뜨고 진다. 우리는 영리하게 그것을 잘 이용하면 된다.

내가 스레드를 처음 가입했을 때 팔로우가 200명이었는데, 한달 만에 4천명의 팔로우가 생겼다. 소통할 수 있는 또 하나의 플랫폼이 생긴 것이다. 스레드는 이미지 열 개, 영상도 다 넣을 수 있지만, 짧은 글 중심이기에 인스타그램보다도 반응 속도가 더 빠르게 느껴진다. 글 안에 링크 삽입도 가능하기에 여러 플랫폼과 상품으로도 바로 연결이 된다. 그래서 가끔 유튜브 링크를 걸어놓기도 하고, 인스타그램 링크를 걸어놓기도 한다. 책 출간 이후에는 yes24 책 구매 링크를 걸어놓기도 했다.

시간이 없다는 것은 이제 핑계다. AI가 우리의 생산성을 10배, 100배 빠르게 높여주었다. 이 모든 것을 활용해서 자신의 콘텐츠인 책을 알려야 한다. 하나의 콘텐츠 내용을 각 플랫폼에 맞게 조금씩만 수정해서 활용하면 더욱 빠르게 작업할 수 있다. 이제 저자는 모두 마케팅의 대가가 되어야 한다.

마케팅을
열심히 해야 하는 이유

 책을 쓰는 과정은 쉽지 않다. A4 100장의 분량을 채우고, 그것을 수없이 퇴고하는 과정은 고된 노동이 필요하다. 그렇게 내 손 안에 들어온 책을 자동으로 사람들이 알아주지도 않는다. 나 또한 첫 책을 쓰고 나니 주변 지인들은 놀라워했고, 그들에게 많은 축하를 받았다. 그러나 딱 거기뿐이다.
 책을 썼다고 저절로 어떤 제안이 들어오거나 바빠지지도 않는다. 지속적인 홍보와 마케팅, 저자의 활동이 너무나 중요함을 뒤늦게 알았다. 머리로는 이해했지만, 나를 적극적으로 알리는 환경에 적응하지 못했던 나는 2년 동안의 꾸준해 했던 SNS 활동을 접고 6개월 동안 잠적했다. 매일 하나씩 SNS에 글을 발행했던 생활을 뒤로 하고, 6개월 동안 SNS도 쉬고, 나만의 세계로 들어간 것이다. 책을 쓰고 나를 알리고, 마케팅하는 삶이 나에게는 스트레스였다.
 첫 책을 쓰고 빠르게 두 번째 책의 목차도 만들어 놓았다. 그러나 이 또한 잠시 멈췄다. 이것을 왜 해야 하는지에 대한 이유가 분명하지 않아 혼란이 왔다. 내 인생에 영향을 주었던 주제를 담고, 나를 글로 표현하고, 책으로 만들어 가는 과정은 엄청난 뿌듯함을 준다. 그러나 그 이후 무엇을 할지에 대한 고민이 충분하지 않았다. 그저 만족감, 자아실현을 위해서만 글을 쓰고 책을 출간할 수도 있다. 그러나 이는 수많은 사람의 노동이 들어가고, 종이를 만들어 낸 나무에 너무 미안한 일이 아닐까. 겨우 나 한 사람의 만족감을 위해서라니.

그렇게 6개월의 고민 끝에 다시 세상에 나와야 하는 이유를 발견했다. 오늘도 책쓰기 코칭 마지막 수업을 하며 마케팅에 관한 이야기를 했다. 글을 쓰는 과정도 고되지만, 출간 전후의 마케팅이 너무 중요하다고 이야기했다. 아직은 나를 노출하고 마케팅을 부담스러워하는 분들도 있음을 안다. 나 또한 그랬으니 충분히 이해한다. 초보 작가들은 대부분 그렇다. 수업 후 이런 글을 책쓰기 코칭을 받는 분들이 있는 톡방에 남겼다.

"책쓰기뿐 아니라 마케팅에 대해서도 조금 고민해 보세요. 책쓰기는 나를 세상에 내던지는 것입니다. 내 삶의 어떤 재료라도 세상(독자)을 위해 쓰겠다는 결단이기도 하지요."

특히 내향적인 사람에게는 나를 적극적으로 알리는 마케팅이 부담스러울 수 있다. 나도 내향형에 좀 더 가까운 사람이다. 어쩌면 이런 스트레스 때문에 첫 책을 쓰고 도망을 갔던 것이다. 그러나 책쓰기가 나에게 어떤 의미가 있는지를 다시 진지하게 고민했다. 그리고 세상에 나와야 하는 이유에 대해 다시 정리했다. 책쓰기는 나의 존재 이유와 연결이 되어 있었다. 책을 쓴다는 것은 세상과 소통하겠다는 결단이며, 내 삶의 어떤 재료라도 독자를 위해 쓰겠다는 마음이었다. 책 쓰는 것도 용기가 필요하지만, 책 출간 전후의 마케팅을 위한 용기도 필요했다.

이처럼 책을 써야 하는 이유가 분명하다면 내향형이든 외향형이든 상관없이 앞에서 이야기한 다양한 마케팅을 실천할 에너지를 얻게 된다. 글이 편한 사람은 글로 소통할 수 있고, 말이 편한 사람은 말로 소통할 수 있다. 중요한 점은 자기에게 맞는 형식과 채널을 찾아 책과 연결된 일들을 적극적으로 도모하면 된다.

책쓰기는 묘한 중독성이 있다. 기대했던 베스트셀러가 되지 않아도, 생각보다 큰일이 일어나지 않더라도 그 과정에서 자신의 지식과 경험이 정리되고, 지나온 삶에 대한 통찰이 다시 일어나고, 내 안의 목소리를 재발견하는 희열을 경험하고, 내 분야에 대한 진한 내공들이 하나둘 쌓여간다. 이 맛을 안 저자들은 그 과정에서의 고통을 잃어버리고 두 번째 세 번째 책도 바로 내야 하는 생각을 한다. 출산의 고통에 아이를 다시 안 낳겠다고 하는 여성들이 금세 까먹고 눈앞의 이쁜 아이를 보며 다시 아이를 낳는 것처럼 말이다.

나 또한 매년 최소 한 권의 책은 출간하는 것이 목표다. 건강이 허락한다면 70세까지는 쓸 수 있지 않을까. 베스트셀러 작가가 되면 좋겠지만 꼭 되지 않아도 상관없다. 베스트셀러 작가가 되는 데는 여러 가지 요소가 작용하기에 최선을 다해야겠지만 그 모두를 저자가 통제할 수는 없다. 그러나 책을 쓰는 과정에서 저자 본인이 가장 많이 성장하고, 많은 독자가 아닐지라도 누군가에게도 메시지를 전하며 연결되는 특권을 누릴 수 있다. 또 모를 일이다. 이렇게 꾸준히 글을 쓰다 보면 더 많은 독자에게 가 닿는 베스트셀러작가가 되어 있을지.

책쓰기로
나만의 비즈니스 창조하기

평생 현역으로

100세 시대를 살고 있다. 중요한 건 살아온 날만큼 살아갈 날이 많은 100세 시대에 건강하게 평생 현역으로 사는 것이다.

《인포프래너》라는 책이 있다. 인포프래너(infopreneur)란 지식이란 정보를 파는 1인 기업가를 말한다. 한 전문 분야의 지식이나 정보, 기술, 노하우를 상품화해 팔거나 서비스하는 일을 하는 사람들이다. 정보(information)란 단어에 기업가(entrepreneur)란 단어를 더해 만든 새로운 말인데 이미 수년 전부터 미국이나 일본 등지에서는 비교적 널리 알려진 개념이라고 한다. 요즘에는 1인 기업, 1인 비즈니스, 무자본 창업이라는 말로 많이 사용된다.

이들은 자신의 지식과 경험을 정보 상품으로 만들고, 그 콘텐츠로 강연도

하고 코치, 컨설팅, 1인 사업가로 자신의 지식과 경험을 나눈다. 당신에게는 수월한 어떤 일이 다른 이들에겐 돈을 주고 사서라도 얻고 싶을 만큼 어렵거나 몹시 필요한 것이다.

은퇴 이후에도 자신이 좋아하고 열정을 쏟을 주제를 상품으로 바꾼다면 원하는 한 얼마든지 오랫동안 현역으로 활동할 수 있다. 조직에 매여 있지 않기에 일하는 방식을 스스로 정할 수 있으며 일에 대한 대가도 내가 정한다.

이 책의 저자 또한 기자라는 직업을 떠나 인포프래머로 좋아하는 일, 하고 싶었던 일을 하고 있다고 한다. 이를 위해 그녀는 꾸준히 책을 낸다. 100세 시대 평생 현역으로 살 것을 도전하며 최고의 노후 준비는 평생 현역으로 사는 길을 마련하는 것이라고 말한다.

책쓰기는 인포프래머로서의 출발점이다. 평생 현역으로 사는 길을 마련하는 시작점이다. 이미 가지고 있는 지식과 경험을 책이라는 상품으로 만들어내면 된다. 약간의 수고가 담기지만 책 한 권을 출간하고 나면 엄청난 성취감을 맛보고, 내공도 쌓고 세상과 소통할 수 있는 다리 하나가 만들어진다. 평생 해야 할 일이기에 조급해하지 말고 천천히 그러나 꾸준히 책을 쓰고 자신의 비즈니스를 하나씩 만들어가면 된다.

《웹진화론》을 쓴 일본의 IT 전문가 우메다 모치오는 아래와 같이 말했다.

> "사무 처리와 회의로 정신없이 바빠 지적 생산의 시간이 없는 대학교수보다는 시간을 자유롭게 사용할 수 있는 재야의 인물이 빛을 발하는 시대가 오지 않겠는가?"

그저 연명하는 수준의 은퇴 준비가 아니라 99세까지 의미 있는 삶을 만끽하기 위해서 인포프래머로 살 것을 저자는 도전한다. 회사가 만들어 준 명함이 아니라 내가 만든 명함으로 무엇을 할 수도 하지 않을 수도 있는 자유를 누리며 원하는 곳에서 원하는 시간에 원하는 사람들과 일할 수 있는 자유가 보장된다. 필요한 한 가지는 직장형 인간에서 탈피해 기업가적 마인드로 무장하는 인식의 전환이 필요하다. 책쓰기는 그 출발점이다.

0원으로 온라인 비즈니스

영어 학원 원장들과 함께 책을 쓰고 있다. 학원을 개원하는데 리모델링 비용이 얼마 정도 드는지 물어본 적이 있다. 최소 5천만 원 정도의 비용이 든다고 한 원장이 말했다. 나는 2천만 원 정도 들어도 많이 든다고 생각했는데 생각보다 큰 액수였다. 학원 나름이겠지만 리모델링 비용을 상쇄할 순수익을 만들어내기까지는 시간이 걸리겠다고 생각했다. 어떤 비즈니스든 투자 리스크가 존재한다. 부동산이든 주식이든 말이다.

그러나 온라인 비즈니스는 플랫폼도 거의 무료로 사용할 수 있고, 확장성도 크며, 돈도 거의 제로에 가깝다. 물론 실제 온라인 비즈니스를 해보니 완전 제로는 아니다. 지식 창업이다 보니 끊임없이 배움에 재투자해야 한다. 가장 가성비 좋은 독서에서부터 강의, 코칭 등 나 또한 배움을 즐겨야 누군가를 또 가르칠 수 있다. 암튼 온라인 비즈니스는 시작부터 시설에서부터 많은 투자를 해야 하는 오프라인보다도 리스크가 훨씬 작다, 온라인 창업은 심지어 사무실도 필요 없다. 노트북만 있다면 어느 곳이든 나의 사무실이 되기 때문이다.

어제는 전라도 광주에 한 멘토를 만나러 갔다. 정확히는 모르겠지만 수백억대의 자산가로 알고 있다. 그런데 그가 만나자고 한 곳은 스터디 카페 안에 7~8명 겨우 들어가는 룸이었다. 그는 말한다. 자신은 차도 없고, 사무실도 없다고. 그래도 수백억의 자산을 만들었다고 말이다. 지식 창업은 이것이 가능하다.

책쓰기 비즈니스의 시작

《제로 창업》의 저자 요시에 마사루는 일곱 가지 지식 창업을 소개하고 있다. 그중 하나가 출판 창업인데. 책을 출판하는 것만으로 고객이 당신을 전문가로 인정하며 가격경쟁에서 해방된다는 것이다. 그뿐만 아니라 출판한다는 것은 전국서점이 당신의 사업을 일제히 광고한다는 것을 의미한다.

더불어 책 마케팅으로 할 수 있는 세 가지 비법을 소개한다.
첫째, 책에 무료 상담 오퍼를 제안하는 전단지를 넣는다.
둘째, 마지막 페이지에 당신의 홈페이지 광고를 한다.
셋째, 에필로그에 무료 상담 신청서와 더불어 소감문 모집을 권한다.

비즈니스를 할 때 고객 모집은 쉬운 일은 아니다. 어떤 문제에 있어서 매우 뛰어난 해결 방법과 지식과 경험이 있다고 할지라도 고객을 만날 방법이 없다면 아무 소용 없다. 위 세 가지 방법을 통해 책은 고객을 만나는 다리가 되어줄 것이다. 요시에 마사루는 "다른 어떤 매체 또는 기회를 통해 모집한 리스트보다도 장기간에 걸쳐 지속적인 관계성을 구축할 수 있는 출판은 창업에 있어 최강의 고객 확보 수단"이라고 단언한다. 향후 비즈니스 고객이 되어줄 독자는 당신의 책을 읽고, 감응하며 문제를 해결 받았다면, 당신의 초청에 응하고 연락할지 모른다. 이처럼 출판은 시작일 뿐, 최고의 고객 확보 수단이 된다.

한 권 출간하면
두 번째부터는 쉽다

　보통 한 권의 책을 쓰고 나면 지친다. 똑같은 내용의 퇴고를 완성할 때까지 계속 반복하는 것은 여간 힘든 일이 아니다. 이 책을 퇴고하고 있는 지금도 책쓰기 코칭을 받은 후, 퇴고 중인 한 예비 저자가 톡방에 "퇴고가 생각보다 쉽지 않군요."라는 말을 남겼다. 빨리 퇴고하고 얼른 이 주제에서 벗어나고 싶다는 마음이 강렬하다. 책 한 권을 마무리하는 것에는 이처럼 많은 에너지가 들지만, 이 과정의 성취감을 느낀 사람은 한 권으로 끝내지 않는다.
　그다음 책은 어떤 책으로 쓸지는 걱정하지 말아라. 보통 책을 쓰는 중에 또 다른 관심 주제가 대부분 생겨난다. 오히려 쓰고자 하는 책을 빨리 마무리하지 못할 때 원래의 주제에 대한 열정이 식고 다른 주제로 책을 써 볼까? 하는 유혹에 직면한다. 그래서 첫 책은 최소 3개월 이내에 초고를 마무리하는 것이 좋다. 그래야 열정을 유지하고 그다음 주제로 넘어가기 쉽다.
　그래서 지금 쓰고 있는 책 출간 목표를 신선하게 유지하기 위해서는 초고 기간을 너무 오래 설정하면 안 된다. 책을 쓰는 열정을 유지하기 위해서라도 초고를 3개월 안에 빠르게 쓴다. 중간중간 내 열정을 뒤흔드는 다른 주제들이 나를 유혹하지만 잠시도 고개를 돌려서는 안 된다. 그렇게 첫 책의 초고와 퇴고를 마무리하면 그다음 책의 목차를 작업한다. 하나의 책을 마무리했다는 성취감과 함께 잠시 미뤄두었던 새로운 주제에 대한 호기심과 열정은 증폭된다. 주제와 컨셉, 제목과 목차를 완성해 가는 과정에서 또 다른 배움에 대한 욕구가 강렬해진다.

책쓰기도 점을 찍듯이

한 권의 책은 브랜딩의 시작일 뿐이다. 평생직장이 없다. 직장인이든 이른 퇴사자나 은퇴자든 이제 자신을 스스로 브랜딩하는 능력이 필요한 시대이다. 박사학위보다 책 한 권 쓰는 저자가 낫다는 말을 현장에서 많이 한다. 물론 책도 쓰고 박사학위도 있으면 더 전문성이 돋보이겠지만, 박사들이 수두룩 한 시대에 자신을 차별화하고 대중들의 눈높이에 맞는 책을 출간하는 것이 자신을 브랜딩하는데 있어 더 효과적일 수 있다.

수년의 시간을 쏟아붓고, 몇천만 원의 재정이 있어야 가능한 박사 학위증보다 100권의 책을 읽고 책 한 권 쓰는 것이 더욱 빠르게 전문가로 가는 길이며 자신이 좋아하는 분야에 대해 내공을 쌓는 길이다.

한 권의 책은 브랜딩의 시작일 뿐이다. 요즘에는 직장인부터 1인 기업가, 은퇴자들까지 책을 쓰려고 하는 사람들이 많기에 책 한 권에서 그치면 안 된다. 꾸준히 공부하고 그 공부한 것을 책으로 출간해야 한다. 책 출간은 시작이다. 이제 이 책은 자기소개서가 되기도 하고, 비즈니스 명함이 되기도 한다. 아니면 먼저 강의하고 그 강의 콘텐츠를 정리해서 책으로 출간해도 된다.

"미련하게 당신의 길을 가라.
모든 점이 하나로 연결된다는 것을 믿어야 한다.
무엇인가 그것이 당신의 육감이든 운명이든
인생 그 자체이든 혹은 업이든 믿어야만 한다.
늘 배고프고 미련한 상태를 유지하라."
_스티브 잡스. 〈스탠퍼드 대학 졸업식 축사〉

첫 책을 썼다는 성취감도 있었고, 두 번째 책에 대한 기대감도 있었지만, 내가 계속 잘 써 갈 수 있겠냐는 의심이 들었다. 책이 잘 안 팔리면 어쩌지? 라는 걱정도 들었지만, 이 부분은 생각보다 저자가 해야 하는 일에 달려 있음도 알게 되었다. 책쓰기는 시작에 불과했다. 책을 쓰고 비즈니스로 확장하고 독자와 고객을 만나는 삶을 상상할 때 설렘과 함께 마음 한구석에는 주어질 일에 대한 압박감도 동시에 몰려왔다.

그러나 다시 마음을 다잡았다. 인생은 길다. 앞날을 미리 걱정하지 말자. 결과도 예상하지 말자. 오늘에 집중하며 점을 찍듯이 내가 해야 할 일들을 묵묵히 해 간다면 그것이 선이 되고 면이 되어 퍼즐이 맞춰지듯 언젠가 소박하더라도 완성된 그림 하나가 완성되어 있지 않을까 하는.

점 없이 선이 될 수 없다. 선 없이 면이 될 수 없다. 그러나 우리는 바로 선으로 면으로 점프하려고 한다. 그 점은 오늘 하루 한 문장을 쓰는 것이 될 수 있다. 한 문장이 한 문단이 되고, 한 문단이 모여 한 꼭지가 되고, 한 꼭지들이 모여 책이 완성되는 것이다.

책을 출간 후에는 SNS 한구석에 한 줄 카피를 올리고, 잊을 만하면 올리고 또 올리면 된다. 이런 과정에서 한 명의 독자에서 두 명, 세 명으로 늘어나게 된다.

에필로그

나도 책 한 권 써 볼까요

　오랜 시간 책이 좋아 책 속에 파묻혀 있었다. 내가 책을 읽었지만, 어느 순간 책이 나를 읽고 있었다. 어느 순간 사람이 책으로도 보이기 시작했다. 각 사람 안에 있는 이야기를 책으로 끄집어내고 싶었다. 출판사에 투고하고 기다리는 지난한 과정들을 생략하고 좀 더 쉽게 그 일들을 하고 싶었다. 그렇게 책을 읽고 쓸 뿐만 아니라 책을 만드는 사람도 되었다.
　내가 책을 좋아하는 이유는 그 속에 다양한 이야기가 있어서이다. 책을 좋아하는 사람은 세상의 온갖 것에 관심이 있다. 함께 책을 쓰는 과정을 오픈한 이유도 그 이야기에 호기심이 있어서이다. 책이 범람하는 시대에 또 하나의 책은 쓰레기 같은 정보가 될 수도 있겠지만, 한 사람이 살아온 삶의 무게는 절대 가볍지 않다. 보통 사람의 글쓰기를 하고 싶었다. 누구나 글을 씀으로 당신의 삶이 절대 작지 않음을 말해주고 싶었다. 누구나 글을 쓰고 책도 낼 수 있는 시대가 되었다는 것은 이를 이용하라는 시대의 메시지가 아닌가.

책을 읽는 마음으로 각 사람 안에 흩어져 있는 책에 주목한다. 기다리고 인내하고 할 수 있다고 동기를 부여해 가는 과정이 무척 즐겁다. 처음에는 자신의 글에 대해 확신이 없고, 자신을 드러내는 것에 수줍어하던 이들이 조금씩 글을 쓰며 모양을 잡아가고, 자신감을 얻어 가고, 그것을 책이라는 형태로 만났을 때의 기쁨을 경험하는 모습을 볼 때 나는 안다. 어제보단 더 나은 삶을 살아갈 것을, 나처럼 두 번째, 세 번째 책도 이어서 쓰리라는 것을.

워런 버핏은 이런 말을 남겼다.

"성공하기 위해 모두가 셰익스피어가 될 필요는 없다. 그저 누군가에게 좋은 정보를 전하고 싶다는 진심 어린 욕구면 충분하다."

당신에게 글을 쓰고 싶다는 마음, 내 이야기를 나누고 싶다는 진심 어린 마음 하나만 있으면 충분하다. 지금, 이 마음을 미루지 말고, 바로 당신의 이야기를 써 보아라. 지금의 출판 시장을 이용해라. 자신의 이야기를 기록함으로 내가 얼마나 소중한지, 자존감을 되찾아라. 내 삶의 이야기가 절대 작지 않음을 책을 쓰며 경험해 보아라. 누군가에게 당신의 이야기는 귀한 약재료가 될 것이다.

글을 쓰고 싶은가? 이 책을 읽었던 그 마음으로 충분하다. 자, 노트북을 켜고 지금 그 마음을 우선 기록해 보자. 당신이 가장 쓰고 싶은 것부터 써 보는 거다. 그렇다면 당신도 작가다. 그 글을 모아 책을 낸다면 당신도 출간 작가가 된다. 자, 이제 함께 책 한 번 써 볼까요?

체인지 라이터 스쿨
(change writer school)

클래스 사명문
- 나는 체인지라이터 (change writer)로
  내 지식과 경험으로 나와 세상을 바꾸는 작가입니다.

클래스 목적
- 삶의 의미와 목적을 찾아가는 책쓰기로 자신의 가치를
  세상과 당당히 거래하는 비즈니스인으로서의 경쟁력을 갖춘다.

클래스 효과
- 소명에 기반한 책쓰기 목표를 확정하고
  자신의 지식과 경험을 책에 담아 전문가로 성장한다.
- 마인드에서 기획, 집필, 마케팅까지 전 과정을 코칭 받고
  실행함으로 삶의 의미와 목적을 재확인한다.
- 책쓰기로 퍼스널 브랜딩을 하고 마케팅하여
  1인 비즈니스를 창조한다.

클래스 특징
- 100일 동안 진행한다.
- 과정 대부분은 매주 강의, 코칭, 실습, 과제로 이루어진다.
- 수강생의 기획서와 완성된 원고는
  저자에게 적절한 출판 경로를 선택해 100% 출간을 목표로 한다.

시간	학습 내용	학습 방법
1강	책 쓰는 동기 점검 쓰고 싶은 주제 탐색 쓸 수 있는 주제 분석	일대일 컨설팅 주제 탐색 키워드 마인드맵
2강	무엇을 쓸 것인가 출판 시장에 대한 이해 주제와 콘셉트 경쟁도서 분석 샘플 도서 선정 제목 만들기	자료 수집과 분석
3강	매력적인 목차 만들기 글이 술술 써지는 목차 만들기 장, 꼭지 제목 만들기	주제와 컨셉 확정 제목 확정
4강	책쓰기를 위한 원고작성법 책쓰기를 위한 발췌독서법 초고 빠르게 쓰기	목차 확정 실습
5강	원고 퇴고법 맞춤법 활용 팁	원고 첨삭 1 실습
6강	출간기획서 작성법 출간 마케팅 책쓰기 비즈니스 수익화	원고 첨삭 2 출간기획서 실습
7강	출간기획서 코칭	출간기획서 코칭
8강	출간기획서 투고	원고 완성하기

100일 책쓰기 비지니스 클래스